BIBLIOTHECA INDOLOGICA ET BUDDHOLOGICA 20

『中観五蘊論』における五位七十五法対応語

—仏教用語の現代基準訳語集および定義的用例集—

バウッダコーシャ IV

編著

宮崎　泉（代表）
横山　剛
岡田英作
高務祐輝
林　玄海

TOKYO : THE SANKIBO PRESS 2017

BIBLIOTHECA INDOLOGICA ET BUDDHOLOGICA
edited in chief by Kenryō MINOWA

20

Bauddhakośa:

A Treasury of Buddhist Terms and Illustrative Sentences

Volume IV

The Seventy-five *Dharma*s

Extracted from the *Madhyamakapañcaskandhaka*

Written and Edited by

Izumi MIYAZAKI (in chief)
Takeshi YOKOYAMA
Eisaku OKADA
Yūki TAKATSUKASA
Genkai HAYASHI

Published in March 2017 by the SANKIBO PRESS, Tokyo

Distributed by the SANKIBO PRESS
5-28-5 Hongo, Bunkyo-ku, Tokyo 113-0033 Japan

BIBLIOTHECA INDOLOGICA ET BUDDHOLOGICA 20

『中観五蘊論』における五位七十五法対応語

—仏教用語の現代基準訳語集および定義的用例集—

バウッダコーシャ IV

編著

宮崎　泉（代表）
横山　剛
岡田英作
高務祐輝
林　玄海

TOKYO : THE SANKIBO PRESS 2017

はじめに Preface

本書は、斎藤明教授が主導する一連の科研プロジェクトの成果のひとつである。この科研プロジェクトでは、インド仏教の様々な分野から主要な仏教用語の定義的用例が収集され、その現代語訳が検討されている。京都大学の研究者を中心とした本グループは、平成23年にプロジェクトに合流し、中観派の論書に見られる定義的用例について研究を進めてきた。大乗仏教の一派である中観派は、あらゆる存在を勝義的な立場から否定することを専らとするため、中観論書に定義的用例を見出すことは概して難しい。そのため、本グループでは二つの方向性を定めてこれまで検討を重ねてきた。一つは、中観派には既に多くの研究が存在し、原典の現代語訳も多数あるので、既存の研究を整理しながら現代語訳を検討することである。しかし、この場合当然定義的用例を欠くため、これまでの研究の蓄積に基づく現代語訳をまとめることが出来たとしても、客観的な根拠を示すことには常に困難がつきまとう。そのため、整理に時間がかかり、この方向はなお検討途上にある。もう一つは、中観論書の中で例外的に定義的用例を挙げる『中観五蘊論』を取り上げ、定義的用例を収集し、それに基づく訳例を提示することである。けれども、『中観五蘊論』もまた、その論書の性格や著者性に問題が残り、さらにサンスクリット原典が現存しない上に唯一残るチベット語訳にも問題があるなど、これも容易な課題ではなかった。しかしながら、編著者のひとりであり、アビダルマ仏教の範疇論を専門にする横山剛が、その立場から『中観五蘊論』を博士論文で取り上げようとしており、その成果の一部を先に本研究班に提供してくれたこともあって、『中観五蘊論』の定義的用例の整理が比較的順調に進み、本書の出版にこぎ着けることができた。『中観五蘊論』は、チベット語訳だけが現存し、チベット大蔵経には「論疏部」（テンギュル, bsTan 'gyur）中の「中観部」（dBu ma）に収められる。本書は、その『中観五蘊論』に見られる定義的用例のうち、五位七十五法対応語のみを抽出し、関連研究とともにまとめたものであり、基盤研究（A）「バウッダコーシャの新展開—仏教用語の日英基準訳語集—」（16H01901）の研究成果の一部として出版するものである。

『中観五蘊論』（*dBu ma phuṅ po lṅa pa*, **Madhyamaka-pañcaskandhaka*）という書名は、後代の論書の中で言及されるものであり、本来は単に『五蘊論』（*Phuṅ po lṅa pa*, **Pañcaskandhaka*）と呼ばれていたようである（横山［2015a］）。チベット大蔵経では『五蘊論』（*Phuṅ po lṅa'i rab tu byed pa*）とされることが多いが、北京版チベット大蔵経の目録のように『中観五蘊論』という書名が出る場合もある。インド撰述の著作では、アティシャ（Atiśa, Dīpaṃkaraśrījñāna とも, 982–1054）著『菩提道灯細注』（*Byaṅ chub lam gyi sgron ma'i dka' 'grel*, **Bodhimārgadīpa-pañjikā*）やバヴィヤ（Bhavya）著と伝わる『中観宝灯論』（*dBu ma rin po che'i sgron ma*, **Madhyamakaratnapradīpa*）

に『中観五蘊論』という書名が引かれる。両書ともチベット語訳しか伝わらないため、チベット側のなんらかの事情が書名の訳語に影響を与えた可能性も残るが、後述する『牟尼意趣荘厳』(*Munimatālaṃkāra*) に対する影響も含め、後代のインドで本書が中観論師の著作と理解され、重視されていたのは確かであろう。そこで、本研究班では、編著者の一人である横山剛の提案に従い、主にヴァスバンドゥ(世親)著『五蘊論』と区別する目的で、このチベット大蔵経論疏部「中観部」所収の『五蘊論』を『中観五蘊論』と呼ぶこととした。

『中観五蘊論』の著者はチャンドラキールティ (Candrakīrti, 月称) と伝わるが、チャンドラキールティには、『中論』に注釈を著した著名なチャンドラキールティ (600–650 年頃) の他に、後期密教の時代に活躍し、密教者として重要な同名異人もおり、複数のチャンドラキールティが知られる。『中観五蘊論』の著者が『中論』注を著したチャンドラキールティと同一人物かどうかについては異論もあり (池田 [1985]、岸根 [2001])、なお議論の余地が残る。しかしながら、仮に同一人物であるとしても、そのチャンドラキールティもまた、密教者であるチャンドラキールティが出る頃までインドで大きな影響力を持つことはなかったようである。アヴァローキタヴラタの『中論』に対する複注『般若灯論注』に、チャンドラキールティが『中論』に注釈を著したことが出る以外、10 世紀頃までほぼ言及されることがないからである。10 世紀になると『中観五蘊論』の著者は『中論』注釈者のチャンドラキールティと同一人物と考えられていたようであるが、本書では『中観五蘊論』の著者問題そのものを扱うことはできないため、この問題は今後の研究に譲ることとしたい。むしろ、本書がそのような著者問題をはじめとする『中観五蘊論』に関わる諸問題に関する資料となることを願う。いずれにせよ、『中観五蘊論』が後期インド仏教の時代に中観論師に対して影響力を持っていたことは確実であり、ここで『中観五蘊論』を中観論書として取り上げるのは、まずその意味においてである。

しかし、後期インド仏教になってはじめて『中観五蘊論』の影響が明らかに見られるようになるとしても、それが『中観五蘊論』に新しい内容しかないことを意味するわけではない。『中観五蘊論』の著者が『中論』注釈者と同一人物であれ、別人物であれ、後代に絶大な影響力を持つ『倶舎論』より『中観五蘊論』の方が時代が下がるのは確実であるにも関わらず、『中観五蘊論』は『倶舎論』と共通の要素を持つばかりではなく、『入阿毘達磨論』に見られるような『倶舎論』より古い説一切有部の伝統を受け継いでいたり、『宝行王正論』の心所説と一致する箇所があるなど、古い要素も含むからである。ここに『中観五蘊論』の独自性があり、これがこのシリーズに本書に加える理由の一つでもある。『入阿毘達磨論』や『宝行王正論』との関係などには、既にこれまでの研究で指摘されてきたこともあるが、本書にはそういった関連する論書のテキストも合わせて挙げ、共通点や相違点が見えやすくなるように心がけた。

本書では『中観五蘊論』から七十五法に対応する仏教用語を抜粋して利用したが、実際に『中観五蘊論』が五位七十五法の枠組みに従って法を解説しているわけではない。『中観五蘊論』は五蘊の解説を枠組みとし、そこに説かれる法は七十五を越える。本書がその中から七十五法に対応する仏教用語だけを取り上げるのは、その他の法には複雑なものが多く、まだ整理が済んでいないこと、また、シリーズ既刊との比較には七十五法がまず最も重要であり、それだけでも先行して出版する価値があると判断したことによる。七十五法に対応がない諸法については、将来の出版を視野に、今後さらに整理と検討を進める予定である。『中観五蘊論』に説かれる法すべてを、想定されるサンスクリットを使って「『中観五蘊論』における諸法の体系」（pp. xxiv–xxv）にまとめたが、その中の太字が七十五法に対応するものであり、それ以外になお多くの法が説かれていることはすぐに分かるであろう。また、七十五法に対応する仏教用語がどのような分類の中に説かれているかについても充分注意が必要である。どういう列挙の中に説かれるかによって定義も当然変わり得るからである。言い換えれば、ここで取り上げた七十五法対応語には、有部が説く七十五法と内容的に異なるために定義が異なっているものもあるということである。その点は特に意識する必要があるため、本書を利用する際には充分注意して頂きたい。

さて、『中観五蘊論』のチベット語訳テキストには問題が多い。現存する翻訳にはしばしば明らかな誤りも含まれ、とても読みやすいとは言えない。しかし、後代のアバヤーカラグプタ（Abhayākaragupta, 11–12 世紀）著『牟尼意趣荘厳』（*Munimatālaṃkāra*）と『中観五蘊論』のテキストに共通する所があることが既に指摘され（横山［2014］）、さらに幸いなことに、近年『牟尼意趣荘厳』のサンスクリット原典の研究が始まり順次その成果が発表されている所である（李・加納［2015］）。それにより『中観五蘊論』のサンスクリットが回収できることがあるため、本書でも李学竹、加納和雄両氏の好意によりその最新の研究成果をいち早く利用させて頂き、『中観五蘊論』のチベット語訳に問題があると思われる場合は、適宜訳注に示した。

このような『中観五蘊論』の事情から、本書では七十五法対応語それぞれに対し、『中観五蘊論』の定義的用例の和訳とチベット語訳に加えて、「参考文献（1）」として『牟尼意趣荘厳』を、「参考文献（2）」として『入阿毘達磨論』を掲げている。さらに和訳には、煩雑になるのをおそれず訳注を付した。『牟尼意趣荘厳』を加えたのは、前述の通り、しばしば『中観五蘊論』のサンスクリット原典を想定するのに有用であるからである。また、『牟尼意趣荘厳』よりも参考になるサンスクリット原典がある場合はそれを注に示している。以前から指摘されている通り、『入阿毘達磨論』は、その心所法の構成や定義的用例が『中観五蘊論』とかなり一致し（瓜生津［1965］、池田［1985］）、『中観五蘊論』の読解に際しても参考になることが多い。それが「参考文献（2）」に『入阿毘達磨論』を挙げる理由である。その上、『入阿毘達磨論』には研究の蓄積があり、チベット語訳からの和訳（櫻部［1997］）の他、漢訳からの英訳（DHAMMAJOTI［2008］）並びに仏訳（VELTHEM［1977］）も存在するため、間接的に『中観五蘊論』の諸訳を見ることが出来ると言えるような状況も存在する。そこで、本書には『入阿毘達磨論』のチベット語訳、漢訳に加え、現代語諸訳も提示して既存の研究成果が利用しやすくなるよう配慮した。以上のような参考文献やその他のテキストに基づいて、『中観五蘊論』チベット語訳テキストに修正が必要な場合は、その根拠とともに訳注に示したが、訳注がもし煩雑に見えるとすれば、それは大抵チベット語訳テキストに問題が多いことに起因するので、その点はご容赦頂きたい。各項目の詳細は、「凡例」（pp. xvii–xxiii）を参照されたい。

このように、本書は、後代の『牟尼意趣荘厳』や説一切有部の論書である『入阿毘達磨論』を用いたことによって、時代や系統の異なる定義的用例を一箇所にまとめることになり、関連する定義的用例が重層的になっている。これは他のシリーズ既刊にはない本書の特徴である。結果として、本書は単なる中観論書の中の定義的用例集ではなく、シリーズ既刊に取り上げられていない説一切有部の別系統の『入阿毘達磨論』の定義的用例集にもなっている。このことから、バウッダコーシャシリーズ既刊の定義的用例と比較できるように、七十五法対応語それぞれの冒頭に既刊の対応ページ数も示し、シリーズ既刊が参照しやすくなるよう工夫した。

本書には、前記の「『中観五蘊論』における諸法の体系」のほか、七十五法対応語について、見出し語として挙げたサンスクリット、『中観五蘊論』チベット語訳、対応する『入阿毘達磨論』漢訳、本書の定義的用例に基づく訳例を一覧にして「『中観五蘊論』における七十五法対応語に関するサンスクリット、チベット語訳、漢訳、訳例の対照一覧」にまとめた（pp. xxvi–xxix）。ただし、凡例にも注記する通り、この四つが直接対応しているわけではないことには特に注意をお願いしたい。また、巻末には、七十五法対応語の定義が出るページのほか、別の語の定義的用例の中に七十五法対応語が出る場合にもそれが探しやすくなるよう、七十五法対応語の索引を付した。

仏教用語の定義的用例の検討に基づく現代語訳の試みがいかに重要であるかは、本プロジェクトのシリーズ既刊に詳しく述べられているので、ここには繰り返さない。特に『バウッダコーシャ III』（榎本ほか［2014］）「はじめに」を参照されたい。本書では七十五法対応語の訳例以外にはまだかなり漢訳語が残っていることは認めざるを得ないが、それでも同じ理念を共有し、そこに多少なりとも貢献するべくこれまで作業を進めてきたつもりである。「基準訳語」ということに対する思いも既刊と同じであり、本書でもまずは「叩き台」を提供することを目指した。

本書の現代語の訳例は既刊の訳語を引き継ぐ場合もあれば、別な訳語を提案していることもある。けれども、それは先行の訳語を批判しているわけではもちろんない。たとえ我々の訳語の提案が無用な変更だという指摘があったとしても、現代語訳が定着していく過程で少しでも役立つことがあれば、それが本書を叩き台とすることのひとつの意味であろう。けれども、もちろんこれは定義的用例が似通っている場合の話である。本書が取り上げた『中観五蘊論』にはシリーズ既刊が取り上げたものとは異なる定義的用例が挙げられる場合もあり、その定義をもとに訳例を変えていることもある。どのような理由で別の現代語訳を提案したかはいちいち注記していないが、本書は、本プロジェクトの既刊を利用する際の利便性にも幾許かの貢献が出来ればと願い、シリーズ既刊を参照しやすくするための工夫をしているので、是非それぞれの定義的用例も含めシリーズ既刊と比較しながら見て頂きたい。

本書が本研究グループの研究会に参加したメンバー全員による成果であることは言うまでもないが、中でも毎回資料の整理と下準備を行ってくれた横山剛の献身的な貢献がなければ本書の完成がなかったことは特に記しておきたい。しかし、そもそも斎藤明教授からの誘いがなければ、この成果を出版することはできなかった。このプロジェクトに参加し、本書を出版するという貴重な機会を与えて下さった斎藤明教授に心から感謝の意を表したい。また、編著者には名を連ねていないが、研究会に積極的に出席してくれた京都大学大学院修士課程に在学中の高橋慎太郎、竹田龍永、中山慧輝、木村整民の四人の意見も議論の端緒になるなど貴重なものであり、最終稿に反映されたことも多かったことも記しておく。

最後に、本書の出版を快く引き受けて頂いた三喜房佛書林の浅地康平氏のご厚意に心より感謝したい。

2017年2月28日

宮崎　泉

目次 Contents

はじめに Preface iii

目次 Contents viii

略号一覧 Abbreviations ix

参考文献一覧 Bibliography x

凡例 Explanatory Notes xvii

『中観五蘊論』における諸法の体系
System of *Dharma*s in the *Madhyamakapañcaskandhaka* xxiv

『中観五蘊論』における七十五法対応語に関する
サンスクリット、チベット語訳、漢訳、訳例の対照一覧
Comparative Table of the Seventy-five *Dharma*s
Extracted from the *Madhyamakapañcaskandhaka*:
Sanskrit and its Tibetan, Chinese and Japanese Translations xxvi

『中観五蘊論』における七十五法対応語の定義的用例集
Definitions of the Seventy-five *Dharma*s
Extracted from the *Madhyamakapañcaskandhaka* 1

索引 Index
サンスクリット Sanskrit 292
チベット語訳 Tibetan Translation 295
漢訳 Chinese Translation 298

略号一覧 Abbreviations

AA	*Abhidharmāvatāra*
ADV	*Abhidharmadīpavibhāṣāprabhāvṛtti*
AKBh	*Abhidharmakośabhāṣya*
AKVy	*Abhidharmakośavyākhyā*
AS	*Abhidharmasamuccaya*
C	Co ne edition of the Tibetan Tripiṭaka
D	sDe dge edition of the Tibetan Tripiṭaka
G	dGa' ldan manuscript of the Tibetan Tripiṭaka
MMA	*Munimatālaṃkāra*
MPSk	*Madhyamakapañcaskandhaka*
N	sNar thaṅ edition of the Tibetan Tripiṭaka
P	Peking edition of the Tibetan Tripiṭaka
PSk	*Pañcaskandhaka*
RĀ	*Ratnāvalī*
SS	*Sārasamuccaya nāma Abhidharmāvatāraṭīkā*
T	*Taishō Shinshū Daizōkyō*『大正新脩大蔵経』
Zh	Tibetan Tripiṭaka collected in the *Zhonghua Dazangjing*『中華大蔵経』
『順正理論』	『阿毘達磨順正理論』
『品類足論』	『阿毘達磨品類足論』

参考文献一覧 Bibliography

一次文献一覧 Primary Sources

Abhidharmāvatāra

（Tib.）C *ñu* 303a5–324a7, D（4098）*ñu* 302a7–323a7, G（3598）*thu* 490b1–522a6, N（3590）*thu* 403b2–429a4, P［119］（5599）*thu* 393a3–417a8; DHAMMAJOTI［2008］pp. 208–275, Zh［82］（3327）pp. 1549–1604.
（Ch.）T, vol. 28, No. 1554, pp. 980–989, translated by Xuanzang 玄奘.
（Eng.）DHAMMAJOTI［2008］pp. 71–208.
（Fr.）VELTHEM［1977］pp. 1–79.
（Jpn.）櫻部［1997］pp. 182–241.

Abhidharmadīpavibhāṣāprabhāvṛtti

（Skt.）JAINI［1959］
（Jpn.）三友［2007］

Abhidharmakośabhāṣya

（Skt.）Chap. I: EJIMA［1989］, Chap. II: PRADHAN［1967］
（Jpn.）Chap. I, II: 櫻部［1969］

Abhidharmakośavyākhyā

（Skt.）WOGIHARA［1936］
（Jpn.）Chap. V: 小谷・本庄［2007］

**Abhidharmanyāyānusāra*『阿毘達磨順正理論』

（Ch.）T, vol. 29, No. 1562, pp. 329–775, translated by Xuanzang 玄奘.

Abhidharmasamuccaya

（Skt.）GOKHALE［1947］
（Tib.）D（4090）*ri* 44b1–120a7, P［112］（5550）*li* 51a2–141b2.

Madhyamakapañcaskandhaka

（Tib.）C *ya* 236a7–263a7, D（3866）*ya* 239b1–266b7, G（3266）*ya* 326a–365b3, N（3258）*ya* 264a6–295a3, P［99］（5267）*ya* 273b6–305b5; LINDTNER［1979］pp. 95–145, Zh［60］（3095）pp. 1535–1605.

Munimatālaṃkāra

（Skt.）李・加納［2015］
（Tib.）C *a* 73a2–291b4, D（3903）*a* 73b1–293a7, G（3298）*ha* 66b2–415a5, N（3290）*ha* 66b2–415a5, P［101］（5299）*ha* 71b3–398b3; AKAHANE and YOKOYAMA［2014］［2015］, ISODA［1984］［1987］［1991］, Zh［63］（3132）pp. 1055–1828.
（Jpn.）李ほか［2015］［2016］

Pañcaskandhaka

（Skt.）LI and STEINKELLNER［2008］
（Tib.）D（4059）*śi* 11b4–17a4, P［113］（5560）*si* 12b6–19a2.

**Pañcavastukavibhāṣā*『五事毘婆沙論』

（Ch.）T, vol. 28, No. 1555, pp. 987–995, translated by Xuanzang 玄奘.

Ratnāvalī

（Skt.）HAHN［1982］
（Jpn.）瓜生津［1974］

Prakaraṇapāda『阿毘達磨品類足論』

（Ch.）T, vol. 26, No. 1542, pp. 692–770, translated by Xuanzang 玄奘.

Sārasamuccaya nāma Abhidharmāvatāraṭīkā

（Tib.）D（4097）*ñu* 237a2–302a7, P［119］（5598）*thu* 315a2–393a2.

研究一覧 Modern Studies

AKAHANE, Ritsu and YOKOYAMA, Takeshi　赤羽律，横山剛

［2014］"The Sarvadharma Section of the *Munimatālaṃkāra*, Critical Tibetan Text, Part I: with Special Reference to Candrakīrti's *Madhyamakapañcaskandhaka*",『インド学チベット学研究』18，pp. 14–49.

［2015］"The Sarvadharma Section of the *Munimatālaṃkāra*, Critical Tibetan Text, Part II: with Special Reference to Candrakīrti's *Madhyamakapañcaskandhaka*",『インド学チベット学研究』19，pp. 97–137.

DHAMMAJOTI, Kuala Lumpur　法光

［2008］*Entrance into the Supreme Doctrine*, *Skandhila's Abhidharmāvatāra*, The University of Hong Kong, 2nd ed., Hong Kong.（1st ed., Colombo, 1998）

EJIMA, Yasunori　江島恵教

［1989］*Abhidharmakośabhāṣya of Vasubandhu, Chapter I: dhātunirdeśa*，Bibliotheca Indologica et Buddhologica 1，山喜房佛書林，東京.

ENOMOTO, Fumio *et al*.　榎本文雄ほか

［2014］『ブッダゴーサの著作に至るパーリ文献の五位七十五法対応語—仏教用語の現代基準訳語集および定義的用例集—バウッダコーシャ III』，インド学仏教学叢書 17，山喜房佛書林，東京.

GOKHALE, V. V.

［1947］"Fragments from the Abhidharmasamuccaya of Asaṅga", *Journal of the Bombay Branch of the Royal Asiatic Society*, New Series 23, pp. 13–38.

HAHN, Michael

［1982］*Nāgārjuna's Ratnāvalī*, Indica et Tibetica, Band 1, Bonn.

IKEDA, Rentarō　池田練太郎

［1985］「Candrakīrti『五蘊論』における諸問題」,『駒澤大學佛教學部論集』16, pp. 588–566.

ISODA, Hirofumi　磯田熙文

［1984］「Abhayākaragupta『Munimatālaṃkāra』（Text）（I）」,『東北大学文学部研究年報』34，pp. 1–70.

［1987］「Abhayākaragupta『Munimatālaṃkāra』（Text）（II）」,『東北大学文学部研究年報』37，pp. 1–39.

［1991］「Abhayākaragupta『Munimatālaṃkāra』（Text）（III）」,『東北大学文学部研究年報』41，pp. 1–42.

JAINI, Padmanabh S.

［1959］*Abhidharmadīpa with Vibhāṣāprabhāvṛtti*, Tibetan Saskrit Works Series 4, Kashi Prasad Jayaswal Research Institute, 1st ed., Patna.（2nd ed., 1977）

KISHINE, Toshiyuki　岸根敏幸

［2001］『チャンドラキールティの中観思想』，大東出版社，東京.

LI, Xuezhu and KANŌ, Kazuo　李学竹，加納和雄

［2015］「梵文校訂『牟尼意趣荘厳』第一章—『中観五蘊論』にもとづく一切法の解説（fol. 48r4–58v1）—」,『密教文化』234，pp. 7–44.

LI, Xuezhu, KANŌ, Kazuo and YOKOYAMA, Takeshi　李学竹，加納和雄，横山剛

［2015］「梵文和訳『牟尼意趣荘厳』—一切法解説前半部—」,『インド学チベット学研究』19，pp. 138–157.

［2016］「梵文和訳『牟尼意趣荘厳』—一切法解説後半部—」,『インド学チベット学研究』20，近刊予定.

LI, Xuezhu 李学竹 and STEINKELLNER, Ernst

［2008］ *Vasubandhu's Pañcaskandhaka*, Sanskrit Texts from the Tibetan Autonomous Region, No. 4, China Tibetology Research Center and Austrian Academy of Sciences, Beijing-Vienna.

LINDTNER, Christian

［1979］ "Candrakīrti's Pañcaskandhaprakaraṇa, I. Tibetan Text", *Acta Orientalia* XL, pp. 87–145.

MITOMO, Kenyō　三友健容

［2007］『アビダルマディーパの研究』，平楽寺書店，京都.

ODANI, Nobuchiyo and HONJŌ, Yoshifumi　小谷信千代，本庄良文

［2007］『倶舎論の原典解明 随眠品』，大蔵出版，東京.

PRADHAN, Prahlad

［1967］ *Abhidharmakośabhāṣya of Vasubandhu*, Tibetan Sanskrit Works Series 8, Kashi Prasad Jayaswal Research Institute, 1st ed., Patna.（2nd ed., 1975）

SAITŌ, Akira *et al*.　斎藤明ほか

［2011］『『倶舎論』を中心とした五位七十五法の定義的用例集—仏教用語の用例集（バウッダコーシャ）および現代基準訳語集 1—』，インド学仏教学叢書 14，山喜房佛書林，東京.

［2014］『瑜伽行派の五位百法—仏教用語の現代基準訳語集および定義的用例集—バウッダコーシャ II』，インド学仏教学叢書 16，山喜房佛書林，東京.

SAKURABE, Hajime　櫻部建

［1969］『倶舎論の研究 界・根品』，法藏館，京都.

［1997］「附篇『入阿毘達磨論』（チベット文よりの和訳）」，『増補版 佛教語の研究』，文栄堂書店，京都，pp. 184–241.

URYŪZU, Ryūshin　瓜生津隆真

［1965］「中観仏教におけるボサツ道の展開—チャンドラキールティの中観学説への一視点」，『鈴木学術財団年報』1，pp. 63–77.

［1974］「宝行王正論（一連の宝珠—王への教訓）」，『大乗仏典 14 龍樹論集』，中央公論社，東京，pp. 231–316.

VELTHEM, Marcel van

［1977］*Le traité de la descente dans la profonde loi (Abhidharmāvatāraśāstra) de l'Arhat Skandhila*, Publications de l'Institut orientaliste de Louvain 16, Université catholique de Louvain, Institute orientaliste, Louvain-la-Neuve.

WOGIHARA, Unrai　荻原雲来

［1936］*Sphuṭārthā Abhidharmakośavyākhyā by Yaśomitra*, 山喜房佛書林, 東京.

YAMAGUCHI, Susumu　山口益

［1966］「月称造五蘊論における慧の心所の解釈」，『金倉博士古希記念 印度学仏教学論集』，平楽寺書店，京都，pp. 293–321.（再録『山口益仏教学文集』下，春秋社，東京，1973，pp. 437–464）

YOKOYAMA, Takeshi　横山剛

［2014］「『牟尼意趣荘厳』（*Munimatālaṃkāra*）における一切法の解説—月称造『中観五蘊論』との関連をめぐって—」，『密教文化』233，pp. 51–77.

［2015a］"A Reconstruction of the Sanskrit Title of Candrakīrti's *Phuṅ po lṅa'i rab tu byed pa*: with Special Attention to the Term '*rab tu byed pa*'"，『印度學佛教學研究』63-3，pp. 208–212.

［2015b］「中観派における術語の定義的用例と現代語訳の検討—『中観五蘊論』に基づく研究成果の公開に向けて—」，*Bauddhakośa Newsletter* 4，pp. 3–9.（公開 URL：http://www.l.u-tokyo.ac.jp/~b_kosha/pdf/news_letter_004.pdf）

［2015c］「『中観五蘊論』における諸法解説の性格—無我説との関係をめぐって—」，『密教文化』235，pp. 89–114.

［2016a］“An Analysis of the Textual Purpose of the *Madhyamakapañcaskandhaka*: with a Focus on its Role as a Primer on Abhidharma Categories for Buddhist Beginners”，『印度學佛教學研究』64-3，pp. 164–168.

［2016b］「『中観五蘊論』の思想的背景について—『五蘊論』ならびに『入阿毘達磨論』との関係についての再考察—」，『真宗文化』25，pp. 23–42.

［2017］“An Analysis of the Conditioned Forces Dissociated from Thought in the *Madhyamakapañcaskandhaka*”，『印度學佛教學研究』65-3，近刊予定.

凡例 Explanatory Notes

用例集の構成

本用例集では、『中観五蘊論』が解説する諸法の中から、一般に「七十五法」として知られる諸法を抜き出して、その定義と訳語について検討する。七十五法とその順序に関しては、バウッダコーシャプロジェクトの既刊研究である斎藤ほか[2011]を基準とした。各法における構成は、見出し語、バウッダコーシャプロジェクトの既刊三研究への参照、使用する三つの文献における定義的用例の検討と訳語の提案からなる。七十五法の中から cakṣus / cakṣurindriya の解説を例に、これらの項目の詳細について、以下に述べる。

1. 見出し語

（例）

1. cakṣus / cakṣurindriya

『牟尼意趣荘厳』のサンスクリットと比較すると、『中観五蘊論』における七十五法対応語の中には、七十五法における一般的なサンスクリットと異なる語が使用されている可能性のあるものが存在するが（例えば spraṣṭavya に対する spṛśya）、見出し語としては七十五法として一般的なサンスクリットを採用した（上の例では spraṣṭavya）。また、七十五法に 1 から 75 の通し番号を付した。

2. バウッダコーシャプロジェクトの既刊研究への参照

（例）

【七十五法】pp. 1–4【百法】pp. 184–186【パーリ文献】pp. 1–12

本用例集では、バウッダコーシャプロジェクトにおける『倶舎論』の七十五法、瑜伽行派の百法、パーリ文献の七十五法対応語に関する研究成果との比較を容易にするために、同プロジェクトの既刊研究である斎藤ほか［2011］、斎藤ほか［2014］、榎本ほか［2014］の対応頁を見出し語の下に示した。

3. 使用する三つの文献における定義的用例の編集方針

本用例集では『中観五蘊論』を主要文献とし、それに『牟尼意趣荘厳』と『入阿毘達磨論』という二つの参考文献の情報を補う形で各法の定義的用例を検討する。『牟尼意趣荘厳』と『入阿毘達磨論』を参考文献とする理由については「はじめに」を参照されたい。以上の三つの文献について各法の訳語と定義的用例を示すが、主要文献である『中観五蘊論』に限り、定義的用例を和訳し、訳例を提案する。二つの参考文献は、あくまでも『中観五蘊論』の情報の不足を補うために用いるものであるため、本用例集では和訳と訳例を提示せずに、先行研究における翻訳と訳例を参考として挙げる。各文献における定義的用例の編集方針を以下に述べる。

3.1.『中観五蘊論』における定義的用例の編集方針

（例）

Madhyamakapañcaskandhaka

【訳例】眼 / 眼という感覚器官
【チベット語訳】mig / mig gi dbaṅ po

【定義的用例】

〔和訳〕

さて、これらの大種は触覚対象（→10. spraṣṭavya）の領域（処）に含まれるために、世間の者の個々の感覚器官（根）によってそれぞれ知られるから、直接知覚されるものに他ならないが、**眼**などはそうではない。感覚器官の対象を超えているために、自らの結果である認識から推理されるものであるから、推理により知られる。すなわち、母と父に依拠して息子が生まれる様に、**眼**と視覚対象（→6. rūpa）に依拠して眼による認識（眼識、→12. vijñāna）が生じる場合、それ（眼による認識）の母の立場の如きものが**眼**であり、それ（眼）の変化によって、認識の変化が生じる。なぜならば、〔眼を〕大切にしたり、傷つけたりすることで、〔眼による認識が〕明瞭になったり、不明瞭になったりするからである。

したがって、**眼という感覚器官**（眼根）はこれ（認識）の拠り所であるから、眼による認識と言うように、それ（眼）に関するものとして説示される。…

〔チベット語訳〕

yaṅ ji ltar 'byuṅ ba chen po 'di dag reg bya'i skye mched kyis bsdus pa ñid kyis 'jig rten pa'i dbaṅ po daṅ dbaṅ pos so sor rtogs pas mṅon sum ñid yin pa ltar **mig** la sogs pa ni ma yin te / dbaṅ po'i yul las 'das pa ñid kyis na raṅ gi 'bras bu rnam par śes pa las rjes su dpag par bya ba yin pa'i phyir rjes su dpag pas rtogs so // 'di ltar ma daṅ pha la brten nas bu 'byuṅ bar 'gyur ba de bźin du **mig** daṅ gzugs la brten nas mig gi[1] rnam par śes pa 'byuṅ ba na de'i ma'i[2] gnas lta bu ni **mig** ste / [a]…de'i yoṅs su (3'gyur bas3) rnam par śes pa'i 'gyur ba 'byuṅ bar 'gyur te / phan btags pa daṅ gnod pa byas pa dag gis gsal ba daṅ mi gsal ba dag tu rjes su sgrub pas so // de lta bas na **mig gi dbaṅ po** ni 'di'i rten du 'gyur bas na mig gi rnam par śes pa źes de yir bstan to //[4] …a …

1) *gis* G　2) *ma rig* CD, *me'i* N　3) *gyur pa las* CD　4) / N …

a AKBh ad I. 45: kiṃ punaḥ kāraṇam ubhayādhīnāyāṃ vijñānotpattau cakṣurādayaḥ evāśrayā ucyante na rūpādayaḥ /
tadvikāravikāritvād āśrayāś cakṣurādayaḥ / 45ab
dhātava ity adhikāraḥ / … (p. 54, *ll*. 17–23; 櫻部〔1969〕p. 231)

（C 237b1–238a5, D 240b1–241a5, G 327b6–329a1, N 265b2–266a7, P 275a2–276a1; LINDTNER〔1979〕p. 97, *l*. 8–p. 98, *l*. 19, Zh, vol. 60, p. 1538, *l*. 2–p. 1539, *l*. 17）

『中観五蘊論』はチベット語訳でのみ現存する。**【定義的用例】**の〔チベット語訳〕は、北京版（P）を底本として、チョネ版（C）、デルゲ版（D）、金写本（G）、ナルタン版（N）と校合した批判校訂テキストである。以上のテキストにおいては、見出し語を太字で示した。また、二種類の注を付し、異読を 1) 等の注として挙げ、二つの参考文献以外の論書における並行箇所や参照すべき解説を a 等の注として挙げた。そして、その後にチベット語訳四版一本のロケーションを示し、LINDTNER 校訂本（北京版とナルタン版に基づく）と『中華大蔵経』「蔵文部」所収のテキスト（金写本以外の四版を参照するが、本文にはデルゲ版の読みを示し、異読を巻末に示す）の対応頁も併せて表記した。〔和訳〕は以上のチベット語テキストを翻訳したものである。和訳においては、見出し語をゴシック体で表記した。また、解説の中で挙げられる他の七十五法対応語については、その定義的用例を簡単に参照できるように、本用例集における通し番号を示した。チベット語訳を訂正して翻訳するなど、注記が必要な場合には、和訳の直後に訳注を付した。そして、以上の【定義的用例】から導かれた各法の現代日本語訳を【訳例】として示し、チベット語訳を【チベット語訳】として併記した。

3.2.『牟尼意趣荘厳』における定義的用例の編集方針

（例）

参考文献（1）

Munimatālaṃkāra

【原語】cakṣurindriya
【チベット語訳】mig gi dbaṅ po

【定義的用例】

〔原文〕

cakṣurindriyaṃ cakṣurgolake 'kṣitārābhyantarastham …

（李・加納［2015］p. 15, *ll.* 5–6）

〔チベット語訳〕

mig gi dbaṅ po ni mig gi zlum skor na mig 'bras kyi [1)] naṅ na gnas pa …

[1)] G inserts *kyi*.

（C 127b3–4, … P 150b7–8; Akahane and Yokoyama［2014］p. 25, *ll.* 14–17, 磯田［1987］p. 27, *ll.* 12–14, Zh, vol. 63, p. 1189, *ll.* 1–3）

【先行研究における翻訳】

〔原文からの和訳〕

眼根は、眼球内の瞳孔の中にあり、…

（李ほか［2015］p. 147）

『牟尼意趣荘厳』にはサンスクリット原典とチベット語訳が現存する。【定義的用例】の〔原文〕は、李・加納［2015］による。〔チベット語訳〕は、北京版を底本として、チョネ版、デルゲ版、金写本、ナルタン版と校合した批判校訂テキストである。金写本、ナルタン版、北京版の三版には割注が挿入されるが、煩雑になるのを避けるために省略した。チベット文の直後には、異読に関する注とロケーションを示し、磯田校訂本（金写本以外の四版を対照、割注を省略）と『中華大蔵経』「蔵文部」所収のテキスト（編集方針は『中観五蘊論』の場合と同じ）の対応頁を併せて表記した。以上のサンスクリットとチベット語訳のテキストにおいては、見出し語を太字で表記した。なお、『牟尼意趣荘厳』の一切法解説のチベット語訳については、四版一本を対照し、割注を含めて校訂を行った Akahane and Yokoyama［2014］［2015］が刊行されており、これらの研究の対応頁も表記した。本用例集において省略したチベット語訳の割注については、以上の研究を参照されたい。また、同論の一切法解説については、サンスクリットからの和訳が李ほか［2015］［2016］として刊行されており、これらの研究が提示する和訳を【先行研究における翻訳】として挙げた。和訳においては見出し語をゴシック体で示した。そして、以上の【定義的用例】から原語とチベット語訳を回収し、【原語】と【チベット語訳】として示した。

3.3.『入阿毘達磨論』における定義的用例の編集方針

（例）

参考文献（2）

Abhidharmāvatāra

【チベット語訳】mig
【漢訳】眼

【定義的用例】

〔チベット語訳〕

… **mig** ni … gzugs (1daṅ ba'o1) //

1) *pa'o* CD

（C 303b7, … P 393b6; Dhammajoti［2008］p. 211, *ll*. 29–30, Zh, vol. 82, p. 1551, *ll*. 1–2）

〔漢訳〕

… **眼**者 … 淨色爲體。

（T, vol. 28, 980c19–20）

【先行研究における翻訳と訳例】

〔チベット語訳からの和訳〕

… **眼** cakṣus は、… 浄色 rūpaprasāda である。

（櫻部［1997］p. 193）

〔漢訳からの英訳〕eye

… The **eye** is … and its essence consists of subtle matter (*prasāda-rūpa*).

（Dhammajoti［2008］p. 73）

〔漢訳からの仏訳〕œil

… «L'**œil**» (*cakṣuḥ*) est … et pour substance (*dravya*) la matière pure (*rūpaprasāda*).

（Velthem［1977］p. 3）

『入阿毘達磨論』にはチベット語訳と漢訳が現存し、翻訳研究としてはチベット語訳からの和訳と、漢訳からの英訳、仏訳が存在する。【定義的用例】における〔チベット語訳〕は、北京版を底本として、チョネ版、デルゲ版、金写本、ナルタン版と校合した批判校訂テキストである。チベット文の直後には、異読に関する注とロケーションを示し、Dhammajoti 校訂本（デルゲ版を底本として、『中華大蔵経』が示す異読等を参考にしながら、北京版とデルゲ版を対照）と『中華大蔵経』「蔵文部」所収のテキスト（編集方針は『中観五蘊論』の場合と同じ）の対応箇所を併せて表記した。〔漢訳〕は『大正新脩大蔵経』所収のテキストに基づくものであり、直後にロケーションを示した。句点に関しては、一文の終わりに限って付すものとし、『大正蔵』所収のテキストに、適宜、訂正を加えた。また、その他の訂正を加える場合には、注として示した。以上のチベット語訳と漢訳テキストにおいては、見出し語をそれぞれ太字とゴシック体で示した。さらに『入阿毘達磨論』では、【先行研究における翻訳と訳例】として、〔チベット語訳からの和訳〕として櫻部［1997］の和訳を、〔漢訳からの英訳〕として DHAMMAJOTI［2008］の英訳を、〔漢訳からの仏訳〕として VELTHEM［1977］の仏訳を示し、各研究の該当頁を示した。和訳では見出し語をゴシック体で示し、英訳と仏訳では太字で示した。そして、以上の【定義的用例】から訳語を回収し、【チベット語訳】と【漢訳】として示した。

4. 本用例集で使用する表記、記号

ある語の原語や漢訳などを示す場合、あるいは、指示語の対象を示す場合などには（　）を用い、本文に補足の語句や解説を挿入する場合には〔　〕を用いる。

例：... 個々の感覚器官（根）は〔それらを〕それぞれ知るから、...

右肩に付した 1）などの注番号は、付された一語、一記号に対するものである。注が複数の語や記号に及ぶ場合には、注の始まりを左肩に付して、その範囲を示した。また、『中観五蘊論』のチベット語訳において、他の論書における並行する解説や参照すべき解説を a 等の注として挙げる場合も、該当箇所の始まりを左肩に示した。

例：... gi[1)] ...　　[1)] *gis* G

例：[a...]de'i yoṅs su [(3]'gyur bas[3)] rnam par śes pa'i … źes de yir bstan to //[4)] [...a]

[3)] *gyur pa las* CD

[a] AKBh ad I. 45: kiṃ punaḥ kāraṇam ubhayādhīnāyāṃ …

文を省略する場合には、省略箇所を … で示した。

原語が確認できず、チベット語訳に基づいて推定した語を提示する場合には、左肩にアステリスクを付した。

例：... 自らの対象に傾倒する知（*jñāna, śes pa）を自体とし、...

『中観五蘊論』における諸法の体系

System of *Dharma*s in the *Madhyamakapañcaskandhaka*

『中観五蘊論』では、五蘊、十二処、十八界の下で諸法が説かれるが、それらの諸法を『牟尼意趣荘厳』等から想定される原語で示せば、以下の通りである。なお、本用例集で分析の対象となる七十五法に含まれる諸法を太字で表記した。

pañcaskandha

rūpaskandha

mahābhūta: pṛthivī-dhātu, ap-dh°, tejo-dh°, vāyu-dh°

bhautika: pañca-indriya (**cakṣur**-i°, **śrotra**-i°, **ghrāṇa**-i°, **jihvā**-i°, **kāya**-i°);
pañca-artha (**rūpa**, **śabda**, **gandha**, **rasa**, **spraṣṭavya**), **avijñapti**

vedanāskandha

saṃjñāskandha

saṃskāraskandha

cittasaṃprayukta: **cetanā**, **sparśa**, **manaskāra**, **chanda**, **adhimokṣa**, **śraddhā**, **vīrya**, **smṛti**, **samādhi**, **prajñā**, **vitarka**, **vicāra**, **pramāda**, **apramāda**, nirvid, prāmodya, **praśrabdhi**, apraśrabdhi, **vihiṃsā**, **avihiṃsā**, **hrī**, **apatrāpya**, **upekṣā**, vimukti, kuśalamūla (**alobha**, **adveṣa**, amoha), akuśalamūla (lobha, dveṣa, moha), avyākṛtamūla (tṛṣṇā, avidyā, mati), saṃyojana (anunaya-s°, **pratigha**-s°, **māna**-s°, **avidyā**-s°, dṛṣṭi-s°, parāmarśa-s°, **vicikitsā**-s°, **īrṣyā**-s°, **mātsarya**-s°), bandhana (**rāga**-b°, dveṣa-b°, moha-b°), anuśaya (rāga-a°, pratigha-a°, māna-a°, avidyā-a°, dṛṣṭi-a°, viciktsā-a°), upakleśa (**māyā**, **mada**, **vihiṃsā**, **pradāśa**, **upanāha**, **śāṭhya**), paryavasthāna (**styāna**, **middha**, **auddhatya**, **kaukṛtya**, īrṣya, mātsarya, **āhrīkya**, **anapatrāpya**, **krodha**, **mrakṣa**), āsrava (kāma-ā°, bhava-ā°, avidyā-ā°), ogha (kāma-o°, bhava-o°, dṛṣṭi-o°, avidyā-o°), yoga (kāma-y°, bhava-y°, dṛṣṭi-y°, avidyā-y°), upādāna (kāma-u°, dṛṣṭi-u°, śīlavrata-u°, ātmavāda-u°), kāyagrantha (abhidhyā-k°, vyāpāda-k°, śīlavrataparāmarśa-k°, dṛṣṭiparāmarśa-k°), nivaraṇa (kāmacchanda, vyāpāda, styāna-middha, auddhatya-kaukṛtya, vicikitsā), jñāna (dharma-j°, anvaya-j°, paracitta-j°, saṃvṛtti-j°, duḥkha-j°, samudaya-j°, nirodha-j°, mārga-j°, kṣaya-j°, anutpāda-j°), kṣānti (duḥkhe dharmajñāna-k°, duḥkhe 'nvayajñāna-k°, samudaye dharmajñāna-k°, samudaye 'nvayajñāna-k°, nirodhe dharmajñāna-k°, nirodhe 'nvayajñāna-k°, mārge dharmajñāna-k°, mārge 'nvayajñāna-k°)

cittaviprayukta: **prāpti**, **aprāpti**, **asaṃjñisamāpatti**, **nirodhasamāpatti**, **āsaṃjñika**, **jīvitendriya**, **sabhāgatā**, *āśrayapratilābha (or *upadhipratilābha, gnas so sor thob pa), *vastupratilābha (dṅos so sor thob pa), *āyatanapratilābha (skye mched so sor thob pa), **jāti**, **jarā**, **sthiti**, **anityatā**, **nāmakāya**, **padakāya**, **vyañjanakāya**, *pratyayāsāmagrī (rkyen ma tshogs pa), *pratyayasāmagrī (rkyen tshogs pa)

vijñānaskandha

dvādaśāyatana

daśa-āyatana, mana-ā°, dharma-ā° (vedanā-skandha, saṃjñā-s°, saṃskāra-s°, avijñapti, asaṃskṛta: **ākāśa**, **apratisaṃkhyānirodha**, **pratisaṃkhyānirodha**)

aṣṭādaśadhātu

『中観五蘊論』における七十五法対応語に関する

サンスクリット、チベット語訳、漢訳、訳例の対照一覧

Comparative Table of the Seventy-five *Dharma*s Extracted from the *Madhyamakapañcaskandhaka*: Sanskrit and its Tibetan, Chinese and Japanese Translations

『中観五蘊論』から抜き出した七十五法対応語について、サンスクリット（見出し語）、『中観五蘊論』におけるチベット語訳、『入阿毘達磨論』の漢訳における対応する漢訳語、『中観五蘊論』の定義的用例に基づく訳例、本用例集の頁数を一覧にして示す。

サンスクリット	チベット語訳	漢訳	訳例	頁
1. cakṣus	mig	眼	眼	2
cakṣurindriya	mig gi dbaṅ po	——	眼という感覚器官	
2. śrotra	rna ba	耳	耳	8
śrotrendriya	rna ba'i dbaṅ po	——	耳という感覚器官	
3. ghrāṇa	sna	鼻	鼻	11
ghrāṇendriya	sna'i dbaṅ po	——	鼻という感覚器官	
4. jihvā	lce	舌	舌	14
jihvendriya	lce'i dbaṅ po	——	舌という感覚器官	
5. kāya	lus	身	身体	17
kāyendriya	lus kyi dbaṅ po	——	身体という感覚器官	
6. rūpa	gzugs	色	視覚対象	20
7. śabda	sgra	聲	音、聴覚対象	26
8. gandha	dri	香	におい、嗅覚対象	32
9. rasa	ro	味	味、味覚対象	36
10. spraṣṭavya	reg bya	觸	触覚対象	39
11. avijñapti	rnam par rig byed ma yin pa	無表	表示しないもの、知らしめないもの	45
12. vijñāna	rnam par śes pa	識	認識	56

13. vedanā	tshor ba	受	感受	62
14. saṃjñā	'du śes	想	表象作用	74
15. cetanā	sems pa	思	意思	82
16. chanda	'dun pa	欲	意欲	86
17. sparśa	reg pa	觸	接触	91
18. prajñā	śes rab	慧	知	96
19. smṛti	dran pa	念	記憶、留意	100
20. manaskāra	yid la byed pa	作意	注意、気に留めること	103
21. adhimokṣa	mos pa	勝解	傾倒、のめり込むこと	107
22. samādhi	tiṅ ṅe 'dzin	定	精神集中、専心	111
23. śraddhā	dad pa	信	確信	114
24. vīrya	brtson 'grus	精進	精励	119
25. upekṣā	btaṅ sñoms	捨	平静	122
26. hrī	ṅo tsha śes pa	慚	自律的羞恥心、自己に照らして恥じること	126
27. apatrāpya	khrel yod pa	愧	他律的羞恥心、他者に照らして恥じること	129
28. alobha	ma chags pa	無貪	貪りがないこと	132
29. adveṣa	że sdaṅ med pa	無瞋	憎しみがないこと	136
30. avihiṃsā	rnam par mi 'tshe ba	不害	非暴力	140
31. praśrabdhi	śin tu sbyaṅs pa	輕安	軽快、軽やかさ	143
32. apramāda	bag yod pa	不放逸	勤勉、真面目	146
33. avidyā	ma rig pa	無明	無知	150
34. pramāda	bag med pa	放逸	怠慢、不真面目	154
35. kauśīdya	le lo	懈怠	怠惰	157
36. āśraddhya	ma dad pa	不信	不信	159
37. styāna	rmugs pa	惛沈	倦怠、だるさ	161
38. auddhatya	rgod pa	掉擧	高ぶり、浮つき	164
39. āhrīkya	ṅo tsha med pa	無慚	自律的羞恥心の欠如、自己に照らして恥じることがないこと	166
40. anapatrāpya	khrel med pa	無愧	他律的羞恥心の欠如、他者に照らして恥じることがないこと	169
41. krodha	khro ba	忿	怒気	172

42. mrakṣa	'chab pa	覆	隠蔽、包み隠すこと	175
43. mātsarya	ser sna	慳	吝嗇、物惜しみ	178
44. īrṣyā	phrag dog	嫉	嫉妬、やきもち	181
45. pradāśa	'tshig pa	悩	固執、しがみつくこと	185
46. vihiṃsā	rnam par 'tshe ba	害	暴力、傷害	188
47. māyā	sgyu	誑	欺瞞、惑わすこと	192
48. śāṭhya	g-yo	諂	不正直、歪んでいること	195
49. mada	rgyags pa	憍	自惚れ、思い上がり	198
50. upanāha	khon du 'dzin pa	恨	怨恨、憎しみ	201
51. kaukṛtya	'gyod pa	悪作	後悔、悔やむこと	204
52. middha	gñid	睡眠	眠気、睡魔	207
53. vitarka	rnam par rtog pa	尋	概察	210
54. vicāra	dpyod pa	伺	精察	214
55. rāga	'dod chags	貪	—— cf. MMA：貪り、貪欲	217
56. pratigha	khoṅ khro	恚	敵愾心	219
57. māna	ṅa rgyal	慢	慢心	222
58. vicikitsā	the tshom	疑	疑念	228
59. prāpti	thob pa	得	獲得	232
60. aprāpti	ma thob pa	非得	不獲得	236
61. sabhāgatā	skal ba mñam pa	衆同分	同類性	239
62. āsaṃjñika	'du śes med pa	無想事	表象作用がないこと	242
63. asaṃjñi-samāpatti	'du śes med pa'i sñoms par 'jug pa	無想定	表象作用がない精神統一	246
64. nirodha-samāpatti	'gog pa'i sñoms par 'jug pa	滅定	抑止の精神統一	250
65. jīvitendriya	srog gi dbaṅ po	命根	生命力	254
66. jāti	skye ba	生	生起	257
67. sthiti	gnas pa	住	存続	260
68. jarā	rga ba	老	変異	263
69. anityatā	mi rtag pa	無常滅	無常	266
70. nāmakāya	miṅ gi tshogs	名身	名称の集合	269
71. padakāya	tshig gi tshogs	句身	文の集合	273

72. vyañjanakāya	yi ge'i tshogs	文身	音節の集合	277
73. ākāśa	nam mkha'	虚空	空間	281
74. pratisaṃkhyā-nirodha	so sor brtags pa'i 'gog pa	擇滅	考察による抑止	284
75. apratisaṃkhyā-nirodha	so sor ma brtags pa'i 'gog pa	非擇滅	考察によらない抑止	288

『中観五蘊論』における七十五法対応語の定義的用例集

Definitions of the Seventy-five *Dharma*s Extracted from the *Madhyamakapañcaskandhaka*

1. cakṣus / cakṣurindriya

【七十五法】pp. 1–4【百法】pp. 184–186【パーリ文献】pp. 1–12

Madhyamakapañcaskandhaka

【訳例】眼 / 眼という感覚器官
【チベット語訳】mig / mig gi dbaṅ po

【定義的用例】

〔和訳〕

さて、これらの大種は触覚対象（→10. spraṣṭavya）の領域（処）に含まれるために、世間の者の個々の感覚器官（根）によってそれぞれ知られるから、直接知覚されるものに他ならないが、**眼**などはそうではない。感覚器官の対象を超えているために、自らの結果である認識から推理されるものであるから、推理により知られる。すなわち、母と父に依拠して息子が生まれる様に、**眼**と視覚対象（→6. rūpa）に依拠して眼による認識（眼識、→12. vijñāna）が生じる場合、それ（眼による認識）の母の立場の如きものが**眼**であり、それ（眼）の変化によって、認識の変化が生じる。なぜならば、〔眼を〕大切にしたり、傷つけたりすることで、〔眼による認識が〕明瞭になったり、不明瞭になったりするからである。したがって、**眼という感覚器官**（眼根）はこれ（認識）の拠り所であるから、眼による認識と言うように、それ（眼）に関するものとして説示される。

この**眼という感覚器官**は、**眼**の拠り所である瞳の中にあり、葡萄の実ほどの大きさで、アジャージーの花のようであり、眼に見えず、透明な皮によって覆われ、透明であり、自らの果である認識から知られる。また、それ（瞳）は、同様に、盲人達には、**眼**の拠り所のようなものとして存在するが、〔眼による〕認識は生じないから、感覚器官（根）は存在しないと知る。

眼に依拠する認識はまた、**眼**、視覚対象、光、注意（→20. manaskāra）という原因を得てから生じるが、固有な因により説示され、「太鼓の音（→7. śabda）」や「麦の芽」というように、それ（認識）の拠り所（眼）の認識として説示される。『品類足論』（*Prakaraṇa*）の文とも一致し、「**眼という感覚**

器官とは何か。眼による認識の拠り所である透明な物質的な存在（色）である」とある。この眼による認識の拠り所は二種類である。同時に生じている**眼**と過去の意である。その場合、**眼**（眼という感覚器官）に対して眼による認識の拠り所と説くならば、意も**眼**と呼ばれることになってしまうから、したがって、「透明な物質的な存在」と説かれる。

… 初めの三つの感覚器官（眼、耳、鼻）は、花輪のように存在する。

… **眼**を始めとするこの五つは、自らの対象を認識する主であるから、感覚器官（根）とよばれる。したがって、視覚対象を認識することに対しては、**眼**が勝れた力を発揮するが、視覚対象はそうではない。同様に耳（→2. śrotra / śrotrendriya）などについても理解すべきである。

〔チベット語訳〕

yaṅ ji ltar 'byuṅ ba chen po 'di dag reg bya'i skye mched kyis bsdus pa ñid kyis 'jig rten pa'i dbaṅ po daṅ dbaṅ pos so sor rtogs pas mṅon sum ñid yin pa ltar **mig** la sogs pa ni ma yin te / dbaṅ po'i yul las 'das pa ñid kyis na raṅ gi 'bras bu rnam par śes pa las rjes su dpag par bya ba yin pa'i phyir rjes su dpag pas rtogs so // 'di ltar ma daṅ pha la brten nas bu 'byuṅ bar 'gyur ba de bźin du **mig** daṅ gzugs la brten nas mig gi[1)] rnam par śes pa 'byuṅ ba na de'i ma'i[2)] gnas lta bu ni **mig** ste / [a…]de'i yoṅs su [(3]'gyur bas[3)] rnam par śes pa'i 'gyur ba 'byuṅ bar 'gyur te / phan btags pa daṅ gnod pa byas pa dag gis gsal ba daṅ mi gsal ba dag tu rjes su sgrub pas so // de lta bas na **mig gi dbaṅ po** ni 'di'i rten du 'gyur bas na mig gi rnam par śes pa źes de yir bstan to //[4)] [… a]

[b…]**mig gi dbaṅ po** 'di ni **mig** gi rten gyi mig gi 'bras bu'i naṅ na rgun 'bru'i 'bras bu'i tshad tsam zi ra'i me tog lta bu ltar med pa lpags[5)] pa daṅ bas g-yogs pa daṅ bar gnas pa[…b] raṅ gi[6)] 'bras bu rnam par śes pa las rtogs[7)] pa ste / de yaṅ 'di ltar cer[8)] re loṅ rnams kyi[9)] **mig** gi brten[10)] 'dra bar gnas kyaṅ rnam par śes pa mi 'byuṅ bas dbaṅ po med par rab tu śes so //

[c…]**mig** la[11)] brten pa'i rnam par śes pa yaṅ **mig** daṅ / gzugs daṅ / snaṅ ba daṅ / yid la byed pa'i rkyen rab tu rñed nas 'byuṅ bar 'gyur mod kyi / thun moṅ ma yin pa'i rgyus ñe bar bstan[12)] te ji ltar rṅa bo che'i sgra daṅ / nas kyi myu gu źes bya ba bźin du rten de'i rnam par śes pa źes bstan to[…c] // [d…]*Rab tu byed pa*'i gźuṅ daṅ yaṅ rjes su mthun par 'gyur te / **mig gi dbaṅ po** gaṅ źe na / mig gi rnam par śes pa'i rten gzugs daṅ pa'o[13)] źes 'byuṅ ṅo //[…d] mig gi[14)] rnam par śes pa [(15]'di yi[15)] rten ni rnam pa gñis te /[16)] lhan cig skyes pa'i **mig** daṅ /[17)] 'das pa'i yid do // de la **mig** la mig gi rnam par śes pa'i rten du brjod na yid kyis kyaṅ **mig** ces bya ba 'thob par 'gyur bas / de bas na gzugs daṅ ba źes smos so //

1. cakṣus / cakṣurindriya

... [e...]dbaṅ po daṅ po gsum ni phreṅ ba ltar gnas so[...e] //

... [f...]**mig** la sogs pa lṅa po 'di rnams ni raṅ gi yul la ñe bar dmigs pa'i bdag po yin pas dbaṅ po źes bya'o[...f] // de lta bas na **mig** ni gzugs la ñe bar dmigs pa la lhag par dbaṅ byed kyi[18)] gzugs ni ma yin no // de bźin du rna ba la sogs pa rnams la yaṅ rig par bya'o //

[1)] *gis* G [2)] *ma rig* CD, *me'i* N [3)] *gyur pa las* CD [4)] / N [5)] *pags* CD [6)] *gis* G [7)] *rtog* G [8)] *ce* CD [9)] *kyis* G [10)] *rten* CD [11)] *gi* CD [12)] *brten* CD [13)] *po'i* C [14)] *gis* G [15)] *'di'i* CD, *'di yis* G [16)] // N [17)] om. CD [18)] *kyis* G

[a] AKBh ad I. 45: kiṃ punaḥ kāraṇam ubhayādhīnāyāṃ vijñānotpattau cakṣurādayaḥ evāśrayā ucyante na rūpādayaḥ /

tadvikāravikāritvād āśrayāś cakṣurādayaḥ / 45ab

dhātava ity adhikāraḥ / cakṣurādīnāṃ hi vikāreṇa tadvijñānānāṃ vikāro bhavaty anugrahopaghātapaṭumandatānuvidhānāt na tu rūpādīnāṃ vikāreṇa tadvikāraḥ / tasmāt sādhīyas tadadhīnatvāt ta evāśrayā na rūpādayaḥ / (p. 54, *ll.* 17–23; 櫻部［1969］p. 231)

[b] AKBh ad I. 44: kathaṃ punar eṣāṃ cakṣurādīndriyaparamāṇūnāṃ saṃniveśaḥ / cakṣurindriyaparamāṇavas tāvad akṣitārakāyām ajājīpuṣpavad avasthitāḥ / acchacarmāvacchāditās tu na vikīryante / adharauttaryeṇa piṇḍavad avasthitā ity apare / na cānyonyam āvṛṇvanti sphaṭikavad acchatvāt / (p. 53, *ll.* 1–4; 櫻部［1969］p. 228)

[c] MMA: yady apīndriyaviṣayamanaskārasāmagrīm ālokaṃ ca yathāsaṃbhavaṃ pratītyotpadyate vijñānaṃ tathāpy asādhāraṇenaiva kāraṇena vyapadiśyate cakṣurvvijñānam ityādinā bherīśabdo yavāṅkura ity yathā / mātṛsthānīyasyendriyasya vikāro bhavati / anugrahopaghātābhyāṃ paṭumandatānuvidhānād ity uktam // (p. 37, *ll.* 12–17)

AKBh ad I. 45: kiṃ punaḥ kāraṇaṃ rūpādayaś ca tair vijñāyante cakṣurvijñānaṃ cocyate yāvan manovijñānam / na punā rūpavijñānaṃ yāvad dharmavijñānam iti / ya ete cakṣurādaya āśrayā eṣām

ato 'sādhāraṇatvād dhi vijñānaṃ tair nirucyate // 45cd

katham asādhāraṇatvam / na hi cakṣur anyasya vijñānasyāśrayībhavitum utsahate / rūpaṃ tu manovijñānasyālambanībhavaty anyacakṣurvijñānasyāpīti / evaṃ yāvat kāyo veditavyaḥ / tasmād āśrayabhāvād asādāraṇatvāc ca vijñānaṃ tenaiva nirdiśyate na rūpādibhiḥ / yathā bherīśabdo yavāṅkura iti / (p. 54, *l.* 24–p. 55, *l.* 6; 櫻部［1969］p. 232)

[d] evaṃ ca kṛtvā *Prakaraṇa*grantho 'py anuvṛtto bhavati / cakṣuḥ katamat / cakṣurvijñānāśrayo rūpaprasādaḥ / iti vistaraḥ // (p. 8, *ll.* 4–6, 櫻部［1969］p. 150)

『品類足論』: 眼根云何。謂眼識所依淨色。（T, vol. 26, 692c12–13）

[e] AKBh ad I. 44: ādyāni trīṇīndriyāṇi mālāvad avasthitāni / (p. 53, *l*. 7; 櫻部［1969］p. 228)

[f] AKBh ad II. 1: kaḥ punar indriyārthaḥ / idi paramaiśvarye / tasya indantīti indriyāṇi / ata ādhipatyārtha indriyārthaḥ / (p. 38, *ll*. 3–4; 櫻部［1969］p. 239)

（C 237b1–238a5, D 240b1–241a5, G 327b6–329a1, N 265b2–266a7, P 275a2–276a1; Lindtner［1979］p. 97, *l*. 8–p. 98, *l*. 19, Zh, vol. 60, p. 1538, *l*. 2–p. 1539, *l*. 17）

参考文献（1）

Munimatālaṃkāra

【原語】cakṣurindriya
【チベット語訳】mig gi dbaṅ po

【定義的用例】

〔原文〕

cakṣurindriyaṃ cakṣurgolake 'kṣitārābhyantarastham adṛśyaṃ drākṣāphala-pramāṇam ajājīpuṣpavad avasthitam acchacarmāvacchāditam //

（李・加納［2015］p. 15, *ll*. 5–6）

〔チベット語訳〕

mig gi dbaṅ po ni mig gi zlum skor na mig 'bras kyi [1)] naṅ na gnas pa mi mthoṅ ba rgun 'brum gyi 'bras bu'i tshad tsam pa zi ra'i me tog daṅ 'dra bar gnas pa śin tu daṅ ba'i pags pas g-yogs pa'o //

[1)] G inserts *kyi*.

（C 127b3–4, D 127b7–128a1, G 200a2–3, N 146a6–7, P 150b7–8; Akahane and Yokoyama［2014］p. 25, *ll*. 14–17, 磯田［1987］p. 27, *ll*. 12–14, Zh, vol. 63, p. 1189, *ll*. 1–3）

【先行研究における翻訳】

〔原文からの和訳〕

眼根は、眼球内の瞳孔の中にあり、見えず、葡萄の実ほどの大きさで、クミンの花のようなものとして存在し、透明な被膜に覆われている。

（李ほか［2015］p. 147）

参考文献（2）

Abhidharmāvatāra

【チベット語訳】mig
【漢訳】眼

【定義的用例】

〔チベット語訳〕

… **mig** ni mig gi rnam par śes pa'i rten lta bu gzugs la lta ba'i bya ba can gzugs (1dań ba'o1) //

1) *pa'o* CD

（C 303b7, D 303a2, G 491a6, N 404a6, P 393b6; Dhammajoti［2008］p. 211, *ll*. 29–30, Zh, vol. 82, p. 1551, *ll*. 1–2）

〔漢訳〕

… **眼**者謂眼識所依。以見色爲用淨色爲體。

（T, vol. 28, 980c19–20）

【先行研究における翻訳と訳例】

〔チベット語訳からの和訳〕

… **眼** cakṣus は、眼識 cakṣur-vijñāna の所依に似て、色を見る作用ある浄色 rūpaprasāda である。

（櫻部［1997］p. 193）

1. cakṣus / cakṣurindriya

〔漢訳からの英訳〕 eye

… The **eye** is the basis (*āśraya*) for visual consciousness (*cakṣur-vijñāna*). Its function is the seeing of visible, and its essence consists of subtle matter (*prasāda-rūpa*).

（Dhammajoti［2008］p. 73）

〔漢訳からの仏訳〕 œil

… «L'**œil**» (*cakṣuḥ*) est le point d'appui de la connaissance de l'œil (*cakṣur-vijñānāśraya*) ayant pour fonction de regarder le visible (*rūpa*) et pour substance (*dravya*) la matière pure (*rūpaprasāda*).

（Velthem［1977］p. 3）

2. śrotra / śrotrendriya

【七十五法】pp. 5–8【百法】pp. 187–188【パーリ文献】pp. 13–15

Madhyamakapañcaskandhaka

【訳例】耳 / 耳という感覚器官
【チベット語訳】rna ba / rna ba'i dbaṅ po

【定義的用例】

〔和訳〕

〔眼（→1. cakṣus / cakṣurindriya）の冒頭から「したがって、「透明な物質的な存在」と説かれる」に至る解説は〕**耳**などについても同様に知るべきである。〔眼との〕差異は以下の通りである。**耳という感覚器官**（耳根）の極微は、白樺の節のように存在する。… 初めの三つの感覚器官（眼、耳、鼻）は、花輪のように存在する。… 眼を始めとするこの五つは、自らの対象を認識する主であるから、感覚器官（根）とよばれる。したがって、視覚対象（→6. rūpa）を認識することに対しては、眼が勝れた力を発揮するが、視覚対象はそうではない。同様に**耳**などについても理解すべきである。

〔チベット語訳〕

de bźin du **rna ba** la sogs pa la yaṅ śes par bya'o // khyad par ni 'di yin te / [a…]**rna ba'i dbaṅ po**'i rdul phra rab ni gro ba'i[1)] mdud[2)] pa lta bur gnas so[…a] // … [b…]dbaṅ po daṅ po gsum ni phreṅ ba ltar gnas so[…b] // … [c…]mig la sogs pa lṅa po 'di rnams ni raṅ gi yul la ñe bar dmigs pa'i bdag po yin pas dbaṅ po źes bya'o[…c] // de lta bas na mig ni gzugs la ñe bar dmigs pa la lhag par dbaṅ byed kyi[3)] gzugs ni ma yin no // de bźin du **rna ba** la sogs pa rnams la yaṅ rig par bya'o //

[1)] sic read *ga'i*. [2)] *dud* G [3)] *kyis* G

[a] AKBh ad I. 44: śrotrendriyaparamāṇavo bhūrjābhyantarāvasthitāḥ / (p. 53, *l*. 5; 櫻部［1969］p. 228)

[b] AKBh ad I. 44: ādyāni trīṇīndriyāṇi mālāvad avasthitāni / (p. 53, *l*. 7; 櫻部［1969］p. 228)

[c] AKBh ad II. 1: kaḥ punar indriyārthaḥ / idi paramaiśvarye / tasya indantīti indriyāṇi / ata ādhipatyārtha indriyārthaḥ / (p. 38, *ll*. 3–4; 櫻部［1969］p. 239)

（C 238a1–5, D 241a2–5, G 328b3–329a1, N 266a3–7, P 275b4–276a1; LINDTNER［1979］p. 98, *ll*. 3–19, Zh, vol. 60, p. 1539, *ll*. 5–17）

参考文献（1）

Munimatālaṃkāra

【原語】śrotrendriya
【チベット語訳】rna ba'i dbaṅ po

【定義的用例】

〔原文〕

śrotrendriyaṃ bhūrjagranthivat karṇābhyantarastham //

（李・加納［2015］p. 15, *l*. 7）

〔チベット語訳〕

rna ba'i dbaṅ po ni gro ga gcus[1)] pa lta bu rna ba'i naṅ na gnas pa'o //

[1)] *bcus* P

（C 127b4, D 128a1, G 200a3–4, N 146a7, P 150b8–151a1; AKAHANE and YOKOYAMA［2014］p. 25, *ll*. 17–18, 磯田［1987］p. 27, *ll*. 14–15, Zh, vol. 63, p. 1189, *ll*. 3–4）

【先行研究における翻訳】

〔原文からの和訳〕

耳根は、樺の節のようなものとして、耳の内側にある。

（李ほか［2015］p. 147）

参考文献（2）

Abhidharmāvatāra

【チベット語訳】rna ba
【漢訳】耳

【定義的用例】

〔チベット語訳〕

'dis ni **rna ba** daṅ sna daṅ lce daṅ lus **kyi dbaṅ po** rnams kyaṅ so sor bstan to //

（C 304a1, D 303a2, G 491a6–b1, N 404a6–7, P 393b6; Dhammajoti［2008］p. 211, *ll*. 31–32, Zh, vol. 82, p. 1551, *l*. 3）

〔漢訳〕

耳鼻舌身准此應説。

（T, vol. 28, 980c20）

【先行研究における翻訳と訳例】

〔チベット語訳からの和訳〕

これによって、**耳** śrotra・鼻 ghrāṇa・舌 jihva・身 kāya **根**をも、それぞれ〔同様に〕説明する。

（櫻部［1997］p. 193）

〔漢訳からの英訳〕auditory faculty

The **auditory**, gustatory, olfactory and tactile **faculties** are to be understood in the same manner.

（Dhammajoti［2008］p. 73）

〔漢訳からの仏訳〕oreille

L'**oreille** (*śrotra*), le nez (*ghrāṇa*) , la langue (*jihvā*) et le corps (*kāya*) sont à définir de manière analogue.

（Velthem［1977］p. 3）

3. ghrāṇa / ghrāṇendriya

【七十五法】pp. 9–12【百法】pp. 189–190【パーリ文献】pp. 16–18

Madhyamakapañcaskandhaka

【訳例】鼻 / 鼻という感覚器官
【チベット語訳】sna / sna'i dbaṅ po

【定義的用例】

〔和訳〕

〔眼（→1. cakṣus / cakṣurindriya）の冒頭から「したがって、「透明な物質的な存在」と説かれる」に至る解説は〕耳（→2. śrotra / śrotrendriya）などについても同様に知るべきである。〔眼との〕差異は以下の通りである。… **鼻という感覚器官**（鼻根）の極微は、鼻腔中のうなじの側に、目薬の棒を並べたように存在する。初めの三つの感覚器官（眼、耳、鼻）は、花輪のように存在する。… 眼を始めとするこの五つは、自らの対象を認識する主であるから、感覚器官（根）とよばれる。したがって、視覚対象（→6. rūpa）を認識することに対しては、眼が勝れた力を発揮するが、視覚対象はそうではない。同様に耳などについても理解すべきである。

〔チベット語訳〕

de bźin du rna ba la sogs pa la yaṅ śes par bya'o // khyad par ni 'di yin te / … [a…]**sna'i**[1)] **dbaṅ po**'i [2)] rdul phra rab ni mtshul pa'i naṅ ltag khuṅ gi thad ka na mig[3)] sman gyi thur ma gśibs pa ltar gnas te[…a] / [b…]dbaṅ po daṅ po gsum ni phreṅ ba ltar gnas so[…b] // … [c…]mig la sogs pa lṅa po 'di rnams ni raṅ gi yul la ñe bar dmigs pa'i bdag po yin pas dbaṅ po źes bya'o[…c] // de lta bas na mig ni gzugs la ñe bar dmigs pa la lhag par dbaṅ byed kyi[4)] gzugs ni ma yin no // de bźin du rna ba la sogs pa rnams la yaṅ rig par bya'o //

1) *rna'i* N 2) G inserts *lus*. 3) *smig* G 4) *kyis* G

[a] AKBh ad I. 44: ghrāṇendriyaparamāṇavo ghāṭābhyantare śalākāvat / (p. 53, *l*. 6; 櫻部［1969］p. 228), AKVy: ghāṭābhyantare ghāṭā nāsāpuṭī (p. 86, *ll*. 6–7) 『倶舎論』の ghaṭābhyantare（Pradhan 本では ghaṭābhyantareṇa）を称友注により ghāṭābhyantare と訂正する。

[b] AKBh ad I. 44: ādyāni trīṇīndriyāṇi mālāvad avasthitāni / (p. 53, *l*. 7; 櫻部［1969］p. 228)

[c] AKBh ad II. 1: kaḥ punar indriyārthaḥ / idi paramaiśvarye / tasya indantīti indriyāṇi / ata ādhipatyārtha indriyārthaḥ / (p. 38, *ll*. 3–4; 櫻部［1969］p. 239)

（C 238a1–5, D 241a2–5, G 328b3–329a1, N 266a3–7, P 275b4–276a1; Lindtner［1979］p. 98, *ll*. 3–19, Zh, vol. 60, p. 1539, *ll*. 5–17）

参考文献（1）

Munimatālaṃkāra

【原語】ghrāṇendriya
【チベット語訳】sna'i dbaṅ po

【定義的用例】

〔原文〕

ghrāṇendriyaṃ ghrāṇābhyantare 'ñjanaśalākāvat //

（李・加納［2015］p. 15, *ll*. 7–8）

〔チベット語訳〕

sna'i dbaṅ po ni dril bu'i naṅ gi lce lta bu'o //

（C 127b4, D 128a1–2, G 200a4, N 146a7, P 151a1; Akahane and Yokoyama［2014］p. 25, *l*. 18, 磯田［1987］p. 27, *l*. 15, Zh, vol. 63, p. 1189, *ll*. 4–5）

【先行研究における翻訳】

〔原文からの和訳〕

鼻根は鼻の内側に、眼膏の棒のようなものとしてある（añjanaśalākāvat）。

（李ほか［2015］p. 147）

参考文献（2）

Abhidharmāvatāra

【チベット語訳】sna
【漢訳】鼻

【定義的用例】

〔チベット語訳〕

'dis ni rna ba daṅ **sna** daṅ lce daṅ lus **kyi dbaṅ po** rnams kyaṅ so sor bstan to //

（C 304a1, D 303a2, G 491a6–b1, N 404a6–7, P 393b6; Dhammajoti［2008］p. 211, *ll*. 31–32, Zh, vol. 82, p. 1551, *l*. 3）

〔漢訳〕

耳**鼻**舌身准此應説。

（T, vol. 28, 980c20）

【先行研究における翻訳と訳例】

〔チベット語訳からの和訳〕

これによって、耳 śrotra・**鼻** ghrāṇa・舌 jihva・身 kāya **根**をも、それぞれ〔同様に〕説明する。

（櫻部［1997］p. 193）

〔漢訳からの英訳〕gustatory faculty

The auditory, **gustatory**, olfactory and tactile **faculties** are to be understood in the same manner.

（Dhammajoti［2008］p. 73）

〔漢訳からの仏訳〕nez

L'oreille (*śrotra*), le **nez** (*ghrāṇa*), la langue (*jihvā*) et le corps (*kāya*) sont à définir de manière analogue.

（Velthem［1977］p. 3）

4. jihvā / jihvendriya

【七十五法】pp. 13–16【百法】pp. 191–192【パーリ文献】pp. 19–21

Madhyamakapañcaskandhaka

【訳例】舌 / 舌という感覚器官
【チベット語訳】lce / lce'i dbaṅ po

【定義的用例】

〔和訳〕

〔眼（→1. cakṣus / cakṣurindriya）の冒頭から「したがって、「透明な物質的な存在」と説かれる」に至る解説は〕耳（→2. śrotra / śrotrendriya）などについても同様に知るべきである。〔眼との〕差異は以下の通りである。… **舌という感覚器官**（舌根）の極微は、半月状に存在する。… 眼を始めとするこの五つは、自らの対象を認識する主であるから、感覚器官（根）とよばれる。したがって、視覚対象（→6. rūpa）を認識することに対しては、眼が勝れた力を発揮するが、視覚対象はそうではない。同様に耳などについても理解すべきである。

〔チベット語訳〕

de bźin du rna ba la sogs pa la yaṅ śes par bya'o // khyad par ni 'di yin te / … [a...]**lce'i dbaṅ po**'i rdul phra rab ni zla ba kham pa ltar gnas so[...a] // … [b...]mig la sogs pa lṅa po 'di rnams ni raṅ gi yul la ñe bar dmigs pa'i bdag po yin pas dbaṅ po źes bya'o[...b] // de lta bas na mig ni gzugs la ñe bar dmigs pa la lhag par dbaṅ byed kyi[1)] gzugs ni ma yin no // de bźin du rna ba la sogs pa rnams la yaṅ rig par bya'o //

[1)] *kyis* G

[a] AKBh ad I. 44: jihvendriyaparamāṇavo 'rdhacandravat / bālāgramātraṃ kila madhyajihvāyāṃ jihvendriyaparamāṇubhir asphuṭam / (p. 53, *ll.* 8–9; 櫻部 pp. 228–229)

[b] AKBh ad II. 1: kaḥ punar indriyārthaḥ / idi paramaiśvarye / tasya indantīti indriyāṇi / ata ādhipatyārtha indriyārthaḥ / (p. 38, *ll*. 3–4; S, p. 239)

（C 238a1–5, D 241a2–5, G 328b3–329a1, N 266a3–7, P 275b4–276a1; Lindtner［1979］p. 98, *ll*. 3–19, Zh, vol. 60, p. 1539, *ll*. 5–17）

参考文献（1）

Munimatālaṃkāra

【原語】jihvendriya
【チベット語訳】lce'i dbaṅ po

【定義的用例】

〔原文〕

jihvendriyam ardhacandravat sthitam //

（李・加納［2015］p. 15, *ll*. 8–9）

〔チベット語訳〕

lce'i dbaṅ po ni zla ba phyed pa lta bu'o //

（C 127b4, D 128a2, G 200a4, N 146a7, P 151a1; Akahane and Yokoyama［2014］p. 25, *ll*. 18–19, 磯田［1987］p. 27, *ll*. 15–16, Zh, vol. 63, p. 1189, *l*. 5）

【先行研究における翻訳】

〔原文からの和訳〕

舌根は半月の形状で存在する。

（李ほか［2015］p. 147）

参考文献（2）

Abhidharmāvatāra

【チベット語訳】lce
【漢訳】舌

4. jihvā / jihvendriya

【定義的用例】

〔チベット語訳〕

'dis ni rna ba daṅ sna daṅ **lce** daṅ lus **kyi dbaṅ po** rnams kyaṅ so sor bstan to //

（C 304a1, D 303a2, G 491a6–b1, N 404a6–7, P 393b6; DHAMMAJOTI［2008］p. 211, *ll*. 31–32, Zh, vol 82, p. 1551, *l*. 3）

〔漢訳〕

耳鼻**舌**身准此應説。

（T, vol. 28, 980c20）

【先行研究における翻訳と訳例】

〔チベット語訳からの和訳〕

これによって、耳 śrotra・鼻 ghrāṇa・**舌** jihva・身 kāya **根**をも、それぞれ〔同様に〕説明する。

（櫻部［1997］p. 193）

〔漢訳からの英訳〕olfactory faculty

The auditory, gustatory, **olfactory** and tactile **faculties** are to be understood in the same manner.

（DHAMMAJOTI［2008］p. 73）

〔漢訳からの仏訳〕langue

L'oreille (*śrotra*), le nez (*ghrāṇa*), la **langue** (*jihvā*) et le corps (*kāya*) sont à définir de manière analogue.

（VELTHEM［1977］p. 3）

5. kāya / kāyendriya

【七十五法】pp. 17–20【百法】pp. 193–194【パーリ文献】pp. 22–25

Madhyamakapañcaskandhaka

【訳例】身体 / 身体という感覚器官
【チベット語訳】lus / lus kyi dbaṅ po

【定義的用例】

〔和訳〕

〔眼（→1. cakṣus / cakṣurindriya）の冒頭から「したがって、「透明な物質的な存在」と説かれる」に至る解説は〕耳（→2. śrotra / śrotrendriya）などについても同様に知るべきである。〔眼との〕差異は以下の通りである。… **身体という感覚器官**（身根）の極微は、身体状に存在している。… 眼を始めとするこの五つは、自らの対象を認識する主であるから、感覚器官（根）とよばれる。したがって、視覚対象（→6. rūpa）を認識することに対しては、眼が勝れた力を発揮するが、視覚対象はそうではない。同様に耳などについても理解すべきである。

〔チベット語訳〕

de bźin du rna ba la sogs pa la yaṅ śes par bya'o // khyad par ni 'di yin te / … [a…]**lus kyi dbaṅ po**'i rdul phra rab ni lus bźin du gnas so[…a] // … [b…]mig la sogs pa lṅa po 'di rnams ni raṅ gi yul la ñe bar dmigs pa'i bdag po yin pas dbaṅ po źes bya'o[…b] // de lta bas na mig ni gzugs la ñe bar dmigs pa la lhag par dbaṅ byed kyi[1)] gzugs ni ma yin no // de bźin du rna ba la sogs pa rnams la yaṅ rig par bya'o //

[1)] *kyis* G

[a] AKBh ad I. 44: kāyendriyaparamāṇavaḥ kāyavad avasthitāḥ / (p. 53, *l*. 10; 櫻部［1969］p. 229)

[b] AKBh ad II. 1: kaḥ punar indriyārthaḥ / idi paramaiśvarye / tasya indantīti indriyāṇi / ata ādhipatyārtha indriyārthaḥ / (p. 38, *ll*. 3–4; 櫻部［1969］p. 239)

（C 238a1–5, D 241a2–5, G 328b3–329a1, N 266a3–7, P 275b4–276a1; LINDTNER［1979］p. 98, *ll*. 3–19, Zh, vol. 60, p. 1539, *ll*. 5–17）

参考文献（1）

Munimatālaṃkāra

【原語】*kāyendriya
【チベット語訳】lus kyi dbaṅ po

【定義的用例】

〔原文〕

([1] **kāyendriyaṃ** kāyavad avasthitam //[1])

1) 『牟尼意趣荘厳』のサンスクリットは kāyendriya の定義を欠く。以上は同論のチベット語訳と『倶舎論』（p. 53, *l*. 10）の定義から想定された原文である。

（李・加納［2015］p. 15, *l*. 9）

〔チベット語訳〕

lus kyi dbaṅ po ni lus lta bur gnas so //

（C 127b4–5, D 128a2, G 200a4, N 146a7–b1, P 151a1; AKAHANE and YOKOYAMA［2014］p. 25, *l*. 19, 磯田［1987］p. 27, *ll*. 16–17, Zh, vol. 63, p. 1189, *ll*. 5–6）

【先行研究における翻訳】

〔原文からの和訳〕

身根は、身体の形状で存在する。

（李ほか［2015］p. 147）

参考文献（2）

Abhidharmāvatāra

【チベット語訳】lus
【漢訳】身

5. kāya / kāyendriya

【定義的用例】

〔チベット語訳〕

'dis ni rna ba daṅ sna daṅ lce daṅ **lus kyi dbaṅ po** rnams kyaṅ so sor bstan to //

（C 304a1, D 303a2, G 491a6–b1, N 404a6–7, P 393b6; DHAMMAJOTI［2008］p. 211, *ll*. 31–32, Zh, vol. 82, p. 1551, *l*. 3）

〔漢訳〕

耳鼻舌**身**准此應説。

（T, vol. 28, 980c20）

【先行研究における翻訳と訳例】

〔チベット語訳からの和訳〕

これによって、耳 śrotra・鼻 ghrāṇa・舌 jihva・**身** kāya **根**をも、それぞれ〔同様に〕説明する。

（櫻部［1997］p. 193）

〔漢訳からの英訳〕tactile faculty

The auditory, gustatory, olfactory and **tactile faculties** are to be understood in the same manner.

（DHAMMAJOTI［2008］p. 73）

〔漢訳からの仏訳〕corps

L'oreille (*śrotra*), le nez (*ghrāṇa*), la langue (*jihvā*) et le **corps** (*kāya*) sont à définir de manière analogue.

（VELTHEM［1977］p. 3）

6. rūpa

【七十五法】pp. 21–23【百法】pp. 195–198【パーリ文献】pp. 26–29

Madhyamakapañcaskandhaka

【訳例】視覚対象
【チベット語訳】gzugs

【定義的用例】

〔和訳〕

… **視覚対象**の領域（処）は二種類であり、色と形である。その中で、色は四〔種類〕であり、青などである。他〔の色〕は、その区別（組み合わせ）である。形は八種類であり、長などから歪に至るまでである。同じその**視覚対象**の領域は、二十〔種類〕とも言われる。すなわち、(1) 青、(2) 黄、(3) 赤、(4) 白、(5) 長、(6) 短、(7) 円形、(8) 方形、(9) 凸、(10) 凹、(11) 整、(12) 歪、(13) 雲、(14) 煙、(15) 塵、(16) 霧、(17) 影、(18) 日光、(19) 光、(20) 闇である。その中で、整とは、歪さがないことである。歪とは、でこぼこした状態である。霧とは、水蒸気である。日光とは、太陽の光である。光とは、月、星、火、薬、宝石の光である。影とは、諸々の**視覚対象**が見える所である。その反対が闇である。残りは理解しやすい〔から解説しない〕。**視覚対象**の領域を説き終えた。

〔チベット語訳〕

… [a…]**gzugs** kyi skye mched ni rnam pa gñis su 'gyur te / kha dog daṅ dbyibs so // de la kha dog ni bźi ste / sṅon po la sogs pa'o // gźan ni de'i bye brag go // dbyibs ni rnam pa brgyad de / riṅ po la sogs pa nas [1)] mi mñam pa'i bar du'o // **gzugs** kyi skye mched de ñid yaṅ rnam pa ñi śur brjod par bya ste / 'di lta ste sṅon po daṅ / ser po daṅ / dmar po daṅ / dkar po daṅ / riṅ po daṅ / thuṅ ṅu daṅ / zlum po daṅ / lham pa daṅ / mtho ba daṅ / dma' ba daṅ / mñam pa daṅ / mi mñam pa daṅ / sprin daṅ / du ba daṅ / rdul daṅ / khug rna daṅ / grib ma daṅ / ñi ma daṅ / snaṅ ba daṅ / mun pa źes bya ba'o // [2)] de la mñam pa ni mi mñam pa med pa'o // mi mñam pa ni mthon dman du gnas pa'o // khug rna ni lho bur ro //[3] ñi ma ni ñi ma'i 'od do // snaṅ ba ni zla ba daṅ / skar ma daṅ / me daṅ /[4] sman daṅ / nor bu rnams kyi 'od do // grib ma ni gaṅ na **gzugs** rnams snaṅ ba'o // bzlog pa ni mun pa'o // lhag ma ni go sla'o…[a] // **gzugs** kyi skye mched bśad zin to //

[1] G inserts *dbyi*. [2] G inserts *de la mñam pa ni mi mñam pa źes bya'o //*. [3] om. N [4] om. GNP

[a] AKBh ad I. 10:

tad eva rūpāyatanaṃ punar ucyate /

viṃśatidhā / 10a

tad yathā nīlaṃ pītaṃ lohitam avadātaṃ dīrghaṃ hrasvaṃ vṛttaṃ parimaṇḍalam unnatam avanataṃ sātaṃ visātaṃ abhraṃ dhūmo rajo mahikā cchāyā ātapaḥ ālokaḥ andhakāram iti / kecin nabhaś caikavarṇam iti ekaviṃśatiṃ saṃpaṭhanti / tatra sātaṃ samasthānam / visātaṃ viṣamasthānam / mahikā nīhāraḥ / ātapaḥ sūryaprabhā / ālokaḥ candratārakāgnyoṣadhimaṇīnāṃ prabhā / chāyā yatra rūpāṇāṃ darśanam / viparyayād andhakāram / śeṣaṃ sugamatvān na vipañcitam / (p. 8, *ll*. 13–21; 櫻部〔1969〕pp. 150–151)

（C 238a7–b4, D 241a7–b4, G 329a4–b2, N 266b2–6, P 276a4–b1; Lindtner〔1979〕p. 98, *l*. 30–p. 99, *l*. 11, Zh, vol. 60, p. 1540, *ll*. 4–17）

参考文献（1）

Munimatālaṃkāra

【原語】rūpa
【チベット語訳】gzugs

【定義的用例】

〔原文〕

rūpāyatanaṃ varṇaḥ saṃsthānaṃ ceti dvidhā / varṇo nīlaṃ pītaṃ lohitam avadātam abhraṃ dhūmo rajo nīhāraś cchāyā ātapa āloko 'ndhakāraṃ ca / saṃsthānaṃ dīrghaṃ hrasvaṃ vṛttaṃ parimaṇḍalam unnatam avanataṃ samasaṃsthānaṃ viṣamasaṃsthānaṃ ca / ātapaḥ sūryaprabhā ālokaś candratārāgnyoṣadhīmaṇīnāṃ prabhā //

（李・加納［2015］p. 16, *ll.* 2–6）

〔チベット語訳〕

gzugs kyi skye mched ni kha dog daṅ dbyibs śes pa rnam pa gñis so // kha dog ni sṅon po daṅ ser po daṅ dmar po daṅ dkar po daṅ [1] sprin daṅ du ba daṅ rdul daṅ khug sna[2] daṅ grib ma daṅ ñi 'od daṅ snaṅ ba daṅ mun[3] pa'o // dbyibs ni riṅ po daṅ thuṅ ṅu daṅ lham pa daṅ zlum po daṅ mthon po daṅ dma' ba daṅ [4] dbyibs mñam pa daṅ dbyibs mi mñam pa'o // ñi 'od ni ñi ma'i 'od do // snaṅ ba ni zla ba daṅ skar ma daṅ me daṅ sman daṅ nor bu rnams kyi 'od do //

[1] G inserts *dkar po daṅ.* [2] *rna* CD [3] *sun* C [4] CD insert /.

（C 127b5–6, D 128a2–4, G 200a5–b1, N 146b1–3, P 151a2–5; Akahane and Yokoyama［2014］p. 25, *l.* 24–p. 26, *l.* 5, 磯田［1987］p. 27, *ll.* 19–24, Zh, vol. 63, p. 1189, *ll.* 7–13）

【先行研究における翻訳】

〔原文からの和訳〕

色処は、色彩と形状との二種である。色彩とは、青、黄、赤、白、雲、煙、塵、霧、影、日光（ātapa）、明かり（āloka）、闇である。形状とは、長、短、方形、円形、凸、凹、整った形、歪な形である。日光とは太陽の輝きであり、明かりとは月、星、炎、薬草、宝珠の輝きである。

（李ほか［2015］p. 147）

参考文献（2）

Abhidharmāvatāra

【チベット語訳】gzugs
【漢訳】色

6. rūpa

【定義的用例】

〔チベット語訳〕

gzugs ni rnam pa gñis te kha dog gi bdag ñid daṅ [1] dbyibs kyi bdag ñid de / ji skad du bcom ldan 'das kyis[2] kha dog ṅan pa daṅ dbyibs ṅan par 'gyur ro źes gsuṅs pa lta bu'o // de la kha dog gi **gzugs** ni rnam pa bcu gñis te / sṅon po daṅ ser po daṅ / dmar po daṅ / dkar po daṅ / sprin daṅ du ba daṅ / rdul daṅ /[3] khug rna [4] daṅ / grib ma daṅ /[5] ñi ma daṅ /[6] snaṅ ba daṅ mun pa'o // dbyibs ni rnam pa brgyad de riṅ po daṅ / thuṅ ṅu daṅ / lham pa daṅ /[7] dkyil 'khor daṅ / phya le ba daṅ /[8] phya le ba ma yin pa daṅ / sgaṅ daṅ gśoṅ ṅo // de la khug rna ni lho bur ro // snaṅ ba ni zla ba daṅ skar ma daṅ me daṅ sman daṅ nor bu rnams kyi 'od do // grib ma ni gaṅ na **gzugs** dag snaṅ ba'o // de las bzlog pa ni mun pa'o // lham pa ni gru bźi'o // dkyil 'khor ni zlum po'o // phya le ba ni dbyibs mñam pa'o // phya le ba ma yin pa ni dbyibs mi mñam pa'o // lhag ma ni brda phrad par bla[9] bas ma bśad do // rnam pa ñi śu po 'di dag mig gi rnam par śes pa daṅ / des draṅs[10] pa'i yid kyi rnam par śes pas rnam par rig go //

1) CD insert /.　2) *kyi* GNP　3) om. GNP　4) P inserts *rna*.　5) om. GNP　6) om. GN　7) 8) om. GNP　9) sic read *sla*.　10) *graṅs* GNP

（C 304a1–5, D 303a2–6, G 491b1–5, N 404a7–b4, P 393b6–394a3; DHAMMAJOTI［2008］p. 212, *ll*. 1–22, Zh, vol. 82, p. 1551, *ll*. 5–17）

〔漢訳〕

色有二種。謂顯及形。如世尊説惡顯惡形。此中顯**色**有十二種。謂青黄赤白(1 煙雲 1) 塵霧影光明闇。形**色**有八種。謂長短方圓高下正不正。此中霧者謂地水氣。日焔名光。月星火藥寶珠電等諸焔名明。障光明生於中餘**色**可見名影。翻此名闇。方謂叟方。圓謂團圓。形平等名正。形不平等名不正。餘**色**易了故今不釋。此二十種皆是眼識及所引意識所了別境。

1) sic read 雲煙.　大正蔵は「煙雲」とするが、チベット語訳や他の論書における列挙の順序を参考に、大正蔵の脚注に挙げられる宋元明本と宮内省本の異読を採り、「雲煙」と読む。

（T, vol. 28, 980c20–28）

【先行研究における翻訳と訳例】

〔チベット語訳からの和訳〕

色 rūpa は二種であって、顕〔色〕を体とすると形〔色〕を体とするとである。たとえば、世尊によって「悪顕・悪形なる durvarṇaduḥsaṃsthāna」と説かれているごとくである。その中、顕**色** varṇarūpa は十二種であって、（1）青 nīla（2）黄 pīta（3）赤 lohita（4）白 avadāta（5）雲 abhra（6）烟 dhūma（7）塵 rajas（8）霧 mahikā（9）影 chāyā（10）光 ātapa（11）明 āloka（12）闇 andhakāra である。形〔色〕は八種であって、（13）長 dīrgha（14）短 hrasva（15）方（16）円（17）正 śāta（または sāta）（18）不正 viśāta（または visāta）（19）高 unnata（20）下 nimna である。その中、（8）霧は水気 nīhāra である。（11）明は月・星・火・薬 oṣadhi・宝珠の光である。（9）影 chāyā はそこにおいて**色**が見られるところであり、（12）その反対が闇 andhakāra である。（15）方は四角 caturaśra であり、（16）円 *dkyil 'khor*、pariveṣa（?）、maṇḍala（?）は円 *zlum po* である。（17）正は均斉な形 samasthāna であり、（18）不正は不均斉な形 viṣamasthāna である。〔それ〕以外は了解し易いから説かない。これら二十種は眼識およびそれに引かれる意識によって識られるのである。

（櫻部［1997］pp. 193–194）

〔漢訳からの英訳〕visible

The **visible** is of two kinds: colours (*varṇa*) and shapes (*saṃsthāna*). Thus, the Bhagavat has spoken of bad colours and bad shapes. Among them, there are twelve kinds of **visibles** which are colour: blue (*nīla*), yellow (*pīta*), red (*lohita*), white (*avadāta*), cloud (*abhra*), smoke (*dhūma*), dust (*rajas*), mist (*mahikā*), shadow (*chāyā*), sun-light (*ātapa*), luminosity (*āloka*) and darkness (*andhakāra*). There are eight kinds of **visibles** which are shapes: long (*dīrgha*), short (*hrasva*), square (*vṛtta*), round (*parimaṇḍala*), high (*unnata*), low (*avanata*), even (*śāta*), uneven (*viśāta*). [Thus, we have a total of twenty kinds of visibles.] Herein, mist is the water vapour (*nihāra*) from the earth. Sun-light is the radiance (*prabhā*) of the sun. Luminosity is that of the moon, stars, fire, herbs, gems and lightning etc. Shadow is that which is born from obstruction to sunlight and luminosity [by an object], and where other **visibles** [remain] visible; darkness is the contrary to this, [i.e. where there is no visibility at all]. A square shape is that whose boundary is square. A round shape is one [whose boundary] is circular. A regular shape is even. An irregular shape is uneven. Other **visibles** will not be explained as they can be easily understood (*śeṣaṃ sugamatvān na vipañcitam*). These twenty-one kinds are the objects (*viṣaya*) of the visual consciousness as well as the mental consciousness induced thereby.

(DHAMMAJOTI［2008］pp. 73–74)

〔漢訳からの仏訳〕visible

Le **visible** est de deux sortes : la couleur (*varṇa*) et la forme (*saṃsthāna*). (Rappelez-vous que) le Bienheureux (*bhagavat*) a parlé des mauvaises couleurs et des mauvaises formes. Le **visible** «couleur» (*varṇarūpa*) est de douze espèces : le bleu (*nīla*), le jaune (*pīta*) , le rouge (*lohita*), le blanc (*avadāta*), le nuage (*abhra*), la fumée (*dhūma*), la poussière (*rajaḥ*), le brouillard (*mahikā*), l'ombre (*chāyā*), la lumière chaude (*ātapa*), la clarté (*āloka*) et l'obscurité (*andhakāra*). Quant au **visible** «forme» (*saṃsthānarūpa*), il est de huit sortes : le long (*dīrgha*), le court (*hrasva*), le carré (*vṛtta*), le rond (*parimaṇḍala*), le haut (*unnata*), le bas (*avanata*), l'égal (*sāta*) et l'inégal (*visāta*). Dans tout cela, le brouillard (*mahikā*) désigne la vapeur (*nīhāra*) de la terre et de l'eau. La lumière chaude (*ātapa*) désigne la luminescence du soleil (*sūryaprabhā*), la clarté (*āloka*) la luminescence de la lune, des étoiles, du feu, des plantes, des joyaux, des éclairs, etc. (*candratārakāgny-oṣadhimaṇyaśani*). L'ombre est un obstacle à la lumière chaude (*ātapa*) et à la claret (*āloka*) quand les autres **visibles** peuvent encore être vus (*yatra rūpāṇāṃ darśanam*), contrairement à (ce qui se passe dans) l'obscurité (*viparyayād andhakāra*). Carré (*vṛtta*) veut dire «ayant quatre côtés» (*caturasra*). Rond (*parimaṇḍala*) veut dire «circulaire» (*maṇḍala*). Egal (*sāta*) désigne une régularité de la forme (*samasthāna*) et inégal (*visāta*) une irrégularité de la forme (*viṣamasthāna*). Les autres **visibles** étant faciles à comprendre, je n'en parle point ici (*śeṣaṃ sugamatvān na vipañcitam*). Toutes ces vingt espèces sont objets distingués par la connaissance de l'œil (*cakṣur-vijñāna*) et la connaissance mentale (*manovijñāna*) qui en dérive.

(VELTHEM［1977］pp. 3–4)

7. śabda

【七十五法】pp. 24–27【百法】pp. 199–202【パーリ文献】pp. 30–32

Madhyamakapañcaskandhaka

【訳例】音、聴覚対象
【チベット語訳】sgra

【定義的用例】

〔和訳〕

音は八種類である。有感覚な、或いは、無感覚な大種という因から生じたものは、それぞれ、〔音を発したのが〕有情と知られるもの、或いは、有情ではないと知られるものによって、四種類である。また、他ならぬそれ（四種類の音）は、それぞれ、さらに、快いものと不快なものの区別により、八種類である。その中で、有感覚とは、心と心所が生じる拠り所として把握されるからである。それは心を伴うという意味であり、感覚器官（根）と別に存在するのではない。因として有感覚な大種が存在するものが有感覚な大種を因とするものであり、手や言葉の**音**の如きである。その他のものが無感覚な大種を因とするものであり、風、森、川の**音**の如きである。有情と知られる**音**は、有情であることを確定させる**音**である。ある**音**により、有情、すなわち、生き物であると確定されるならば、それは有情と知られるものである。〔その〕反対が有情ではないと知られるものである。その中で、有感覚な大種を因とし、有情と知られる**音**は、言葉の**音**である。〔有感覚な大種を因を有し、〕有情と知られるものではないもの（有情でないと知られるもの）は、それ以外である。無感覚な大種を因とし、有情と知られるものは、幻の人が発する言葉の**音**である。〔無感覚な大種を因とし、〕有情と知られるものではないもの（有情でないと知られるもの）は、風、森、川の**音**である。快いものとは、意を喜ばすものである。不快なものとは、その反対である。他の者達は「有感覚と無感覚な大種を〔同時に〕因とする**音**も存在する。すなわち、手と太鼓が合わさることから生じた如きである」と言う。〔しかし〕それは適当ではない。色の極微一つに対して、二組の四大種によって生じることが認められないのと同様に、これも認められない。

〔チベット語訳〕

[a...]**sgra** ni rnam pa brgyad [(1]do //[1)] zin pa daṅ ma zin pa'i 'byuṅ ba chen po'i[2)] rgyu las byuṅ ba dag so sor sems can daṅ sems can ma yin par ston pas rnam pa bźi'o // yaṅ de ñid re re źiṅ yid[3)] du 'oṅ ba daṅ / yid du mi 'oṅ ba'i bye brag gis rnam pa[4)] brgyad do // de la sems daṅ sems las byuṅ ba skye ba'i rten ñid du bzuṅ bas zin pa'o // de ni sems daṅ bcas pa źes bya ba'i don te / dbaṅ po las tha dad du gyur pa ma yin pa'o //[5)] gaṅ la rgyu zin pa'i 'byuṅ ba chen po yod pa de ni zin pa'i 'byuṅ ba chen po'i rgyu can te lag pa daṅ ṅag gi **sgra** lta bu'o // gźan ni ma zin pa'i 'byuṅ ba chen po'i[6)] rgyu can te / ji ltar [7)] rluṅ daṅ nags tshal daṅ chu kluṅ[8)] gi **sgra** [9)] lta bu'o // sems can du ston pa'i **sgra** ni sems can du ṅes par[10)] byed pa'i **sgra** ste / **sgra** gaṅ gis sems can te srog chags so źes ṅes par 'gyur ba de ni sems can du ston pa'o // bzlog pa ni sems can ma yin par ston pa'o // de la zin pa'i 'byuṅ ba chen po'i rgyu can sems can du ston pa'i **sgra** ni ṅag gi **sgra**'o // sems can du ston[11)] pa ma yin pa ni de las gźan pa'o // ma zin[12)] pa'i 'byuṅ ba chen po'i rgyu can [13)] sems can du ston pa ni sprul pa'i ṅag [(14]gi **sgra**'o[14)] // sems can du ston pa ma yin pa ni rluṅ daṅ nags tshal daṅ chu kluṅ gi **sgra**'o // yid du 'oṅ ba ni yid dga' bar byed pa'o // yid du mi 'oṅ ba ni de las bzlog pa'o // gźan dag na[15)] re zin pa daṅ ma zin pa'i 'byuṅ ba chen po'i rgyu can gyi[16)] **sgra** yaṅ yod do // 'di lta ste / lag pa daṅ rṅa'i sbyor ba las byuṅ ba lta bu'o [17)] źes zer ro // de ni mi ruṅ ste / kha dog gi rdul phra rab gcig la 'byuṅ ba chen po bźi tshan[18)] gñis kyis bskyed[19)] par mi 'dod pa de bźin du 'di yaṅ mi 'dod do[...a] //

[1)] *de* / CD [2)] *po* CD [3)] *yin* C [4)] *par* G [5)] / D [6)] *po* GNP [7)] G inserts *daṅ*. [8)] *rluṅ* P [9)] G inserts *daṅ*. [10)] *pa* GNP [11)] *rten* G [12)] *yin* NP [13)] CD insert *du*. [14)] *gi'o* GNP [15)] *ni* N [16)] *gyis* G [17)] GNP insert //. [18)] *mtshan* CD [19)] *skyed* G

[a] AKBh ad I. 10:

śabdas tv aṣṭavidhaḥ / 10b

upāttānupāttamahābhūtahetukaḥ sattvāsattvākhyaś ceti caturvidhaḥ / sa punar manojñāmanojñabhedād aṣṭavidho bhavati / tatropāttamahābhūtahetuko yathā hastavākchabdaḥ / anupāttamahābhūtahetuko yathā vāyuvanaspatinadīśabdaḥ / sattvākhyo vāgvijñaptiśabdaḥ / asattvākhyo 'nyaḥ / upāttānupāttamahābhūtahetuko 'py asti śabda ity apare / tadyathā hastamṛdaṅgasaṃyogaja iti / sa tu yathaiko varṇaparamāṇur na bhūtacatuṣkadvayam upādāyeṣyate, tathā naivaiṣṭavya iti / uktaḥ śabdaḥ // (p. 9, *ll*. 8–18; 櫻部〔1969〕pp. 151–152)

7. śabda

（C 238b4–239a2, D 241b4–242a3, G 329b2–330a3, N 266b6–267a5, P 276b1–277a1, LINDTNER［1979］p. 99, *ll.* 12–36, Zh, vol. 60, p. 1540, *l.* 18–p. 1541, *l.* 17）

参考文献（1）

Munimatālaṃkāra

【原語】śabda
【チベット語訳】sgra

【定義的用例】

〔原文〕

śabda upāttānupāttobhayamahābhūtahetuḥ / upāttaṃ sacetanam / anupāttaṃ nakhakeśādikaṃ yacchedān na vyathā //

（李・加納［2015］p. 16, *ll.* 6–8）

〔チベット語訳〕

sgra ni zin pa daṅ ma zin pa daṅ gñis ka'i 'byuṅ ba chen po'i rgyu can no // zin pa ni sems daṅ bcas pa'o // ma zin pa ni sen mo daṅ skra la sogs pa gaṅ bcad[1] pa la nad med pa'o //

[1] *gcad* CD

（C 127b6–7, D 128a4, G 200b1–3, N 146b3–5, P 151a5–6; AKAHANE and YOKOYAMA［2014］p. 26, *ll.* 7–12, 磯田［1987］p. 27, *ll.* 25–27, Zh, vol. 63, p. 1189, *ll.* 13–16）

【先行研究における翻訳】

〔原文からの和訳〕

声〔処〕は、感覚的（執受）、無感覚的（無執受）、および両者からなる大種を原因として持つものである。感覚的とは、心を有するものである。無感覚的とは、爪や髪などであり、切断されても痛みがないものである。

（李ほか［2015］p. 147）

参考文献（2）

Abhidharmāvatāra

【チベット語訳】sgra
【漢訳】聲

【定義的用例】

〔チベット語訳〕

sgra ni zin pa daṅ ma zin pa'i[1)] 'byuṅ ba chen po'i bye brag gis rnam pa gñis so // de la lus su gtogs pa rnams ni zin pa dag ste[2)] sems pa daṅ bcas pa'i don gaṅ yin pa'o // bzlog pa ni ma zin pa[3)] dag go // gaṅ sṅa mas bskyed pa de ni zin pa'i 'byuṅ ba chen po'i rgyu las byuṅ ba ste / 'di lta ste [4)] lag pa daṅ smra ba'i **sgra**'o // gaṅ phyi mas bskyed pa de ni ma zin pa'i 'byuṅ ba chen po'i rgyu las byuṅ ba ste / 'di lta ste rluṅ daṅ nags tshal daṅ 'bab chu'i **sgra** ste / sems can du ston pa daṅ / sems can du ston pa ma yin pa rnam pa bźi'o // 'di lta ste smra ba'i **sgra** ni sems can du ston pa'o // lhag ma ni sems can du ston pa ma yin pa'o // gźan yaṅ sprul pa'i smra ba'i **sgra** ni sems can du ston pa'o // lhag ma ni sems can du ston pa ma yin pa'o // de yaṅ yid du 'oṅ ba daṅ yid du mi 'oṅ[5)] ba'i bye brag gis rnam pa brgyad du 'gyur ro // rnam pa brgyad po de yaṅ rna ba'i rnam par śes pa daṅ des draṅs pa'i yid kyi rnam par śes pas rnam par rig go //

[1)] *sa'i* C　[2)] om. GNP　[3)] *pa'i* G　[4)] CD insert /.　[5)] *bod* C, *'oṅs* G

（C 304a5–b1, D 303a6–b2, G 491b5–492a3, N 404b4–405a1, P 394a3–7; Dhammajoti［2008］p. 212, *l.* 24–p. 213, *l.* 3, Zh, vol. 82, p. 1551, *l.* 17–p. 1551, *l.* 9）

〔漢訳〕

聲有二種。謂有執受及無執受大種爲因有差別故。墮自體者名有執受。是有覺義。與此相違名無執受。前所生者名有執受大種爲因。謂語手等**聲**。後所生者名無執受大種爲因。謂風林等**聲**。此有情名非有情名差別爲四。謂前**聲**中語**聲**名有情名餘**聲**名非有情名。後**聲**中化語**聲**名有情名餘**聲**名非有情名。此復可意及不可意差別成八。如是八種皆是耳識及所引意識所了別境。

（T, vol. 28, 980c28–981a8）

7. śabda

【先行研究における翻訳と訳例】

〔チベット語訳からの和訳〕

声 śabda は〔有〕執受 upātta か無執受 anupātta かの大種〔を因とする〕の差別によって二種である。その中、自身 ātmabhāva に属するものが有執受であって、感知があるという意味である。〔その〕逆が無執受である。前者から生ずるのが「〔有〕執受の大種を因とする〔声〕」であって、たとえば手や語言の**声**である。後者から生ずるのが「無執受の大種を因とする〔声〕」であって、たとえば風・林・河の**声**である。有情名 sattvākhya か非有情名 asattvākhya か〔によって〕四種である。すなわち、〔有執受の大種を因とする声の中で、〕語言の**声**は有情名であり、他は非情名である。また〔無執受の大種を因とする声の中で、〕化人 nirmāna の**声**は有情名である。それはまた可意 manojña か不可意 amanojña かの別によって八種となる。その八種は共に耳識およびそれに引かれる意識によって識られるのである。

（櫻部［1997］p. 194）

〔漢訳からの英訳〕sound

There are two kinds of **sound**, differentiated as to whether they are caused by the Great Elements which are appropriated [by consciousness] (*upātta-mahābhūta-hetuka*), or by those which are not appropriated (*anupātta-mahābhūta-hetuka*). What is integrated into the human organism (*ātmabhāva*) is said to be appropriated [by consciousness], which is to say, conscious; otherwise they are said to be unappropriated. Those produced by the former are said to be caused by appropriated Great Elements — **sounds** of speech and the hands, etc. Those produced by the latter are said to be caused by unappropriated Great Elements — **sounds** of wind, the forest, etc. These two kinds are subdivided into four, according as whether they relate to a being or not (*sattvākhya*, *asattvākhya*): Among the first kind of **sound**, human speech relates to a being, the other **sounds** do not relate to a being. Among the second kind of **sounds**, the speech of an apparitional being relates to a being, the other **sounds** do not relate to a being. These again are divisible as being agreeable or disagreeable (*manojña*, *amanojña*), thus making a total of eight different kinds of **sounds** which are all objects of the auditory consciousness and the mental consciousness induced thereby.

（DHAMMAJOTI［2008］p. 74）

〔漢訳からの仏訳〕son

Le **son** (*śabda*) est de deux types, selon qu'il a pour cause des grands éléments assumés ou non (*upāttānupāttamahābhūtahetuka*). Quand ces éléments appartiennent à un corps (*kāyaparyāpanna*), ils sont dits assumés (*upātta*), c'est-à-dire munis de conscience. Le contraire de cette caractéristique fait parler du «non assumé» (*anupātta*). (Les sons) nés des premiers s'appellent «ayant pour cause de grands éléments assumés» (*upāttamahābhūtahetuka*). Il s'agit de **sons** de la voix (*vāk*), de la main (*hasta*), etc. (Les sons) nés des seconds sont qualifiés de «ayant pour cause de grands éléments non assumés» (*anupāttamahābhūtahetuka*). Il s'agit des **sons** du vent (*vāyu*), de la forêt (*vana*), etc. Selon que les **sons** impliquent un être vivant ou qu'ils n'en impliquent pas, les distinctions sont quatre (*sattvākhyāsattvākhyabhedāc chaturvidhaḥ*). Parmi les premiers **sons**, les **sons** de la voix (*vāk*) sont dits «impliquant un être vivant» (*sattvākhya*) et les autres «n'impliquant pas un être vivant» (*asattvākhya*). Parmi les **sons** suivants, ceux d'une voix magique sont «impliquant un être vivant», les autres «n'impliquant pas un être vivant». En outre, une distinction entre «agréable» (*manojña*) et désagréable (*amanojña*) fait qu'il y a huit (types de sons). Ces huit espèces sont objets distingués par la connaissance de l'oreille (*śrotravijñāna)* et la connaissance mentale qui en dérive (*manovijñāna*).

（VELTHEM［1977］pp. 4–5）

8. gandha

【七十五法】pp. 28–29【百法】pp. 203–205【パーリ文献】pp. 33–35

Madhyamakapañcaskandhaka

【訳例】におい、嗅覚対象
【チベット語訳】dri

【定義的用例】

〔和訳〕

においは四種類である。好い**におい**と悪い**におい**〔という両者に関する〕適度な**におい**と過度な**におい**である。論書には、好い**におい**、悪い**におい**、普通の（好くも悪くもない）**におい**という三種類が説かれる。

〔チベット語訳〕

[a...]**dri** ni rnam pa bźi ste / **dri** źim pa daṅ / mi źim pa daṅ / mñam pa daṅ / mi mñam pa ñid do // bstan bcos las ni **dri** źim pa daṅ / **dri** mi źim pa daṅ / **dri** mñam pa źes rnam pa gsum 'byuṅ ṅo[...a] //

[a] AKBh ad I. 10:

caturvidho gandhaḥ / 10c

sugandhadurgandhayoḥ samaviṣamagandhatvāt / trividhas tu śāstre sugandho durgandhaḥ samagandha iti / (p. 9, *l.* 22–p. 10, *l.* 1; 櫻部［1969］pp. 152–153)

『品類足論』: 香云何。謂諸所有香。若好香若惡香若平等香鼻所嗅。(T, vol. 26, 692c22–23)

（C 239a2–3, D 242a3–4, G 330a3–4, N 267a5–6, P 277a1–2; Lindtner［1979］p. 100, *ll.* 1–3, Zh, vol. 60, p. 1541, *ll.* 18–20）

参考文献（1）

Munimatālaṃkāra

【原語】gandha
【チベット語訳】dri

【定義的用例】

〔原文〕

gandhaḥ sphuṭaḥ //

（李・加納［2015］p. 16, *l*. 8）

〔チベット語訳〕

dri ni gsal lo //

（C 127b7, D 128a4–5, G 200b3, N 146b5, P 151a6–7; Akahane and Yokoyama［2014］p. 26, *ll*. 14–15, 磯田［1987］p. 27, *l*. 28, Zh, vol. 63, p. 1189, *l*. 16）

【先行研究における翻訳】

〔原文からの和訳〕

香〔処〕については自明である。

（李ほか［2015］p. 147）

参考文献（2）

Abhidharmāvatāra

【チベット語訳】dri
【漢訳】香

8. gandha

【定義的用例】

〔チベット語訳〕

dri ni rnam pa gsum ste **dri** źim pa daṅ **dri** ṅa ba daṅ **dri** mñam pa'o // **dri** źim pa ni dbaṅ po'i 'byuṅ ba chen po rgyas par byed pa'o // de las bzlog pa ni **dri** ṅa ba'o // gñi ga las bzlog pa ni **dri** mñam pa ste rnam pa gsum po 'di yaṅ sna'i rnam par śes pa daṅ des draṅs pa'i yid kyi rnam par śes pas rnam par rig go //

（C 304b1–2, D 303b2–3, G 492a3–5, N 405a1–3, P 394a8–b1; Dhammajoti［2008］p. 213, *ll*. 5–9, Zh, vol. 82, p. 1551, *ll*. 9–13）

〔漢訳〕

香有三種。一好**香**二惡**香**三平等**香**。謂能長養諸根大種名好**香**。若能損害諸根大種名惡**香**。若俱相違名平等**香**。如是三種皆是鼻識及所引意識所了別境。

（T, vol. 28, 981a8–12）

【先行研究における翻訳と訳例】

〔チベット語訳からの和訳〕

香 gandha は三種であって（1）好**香** sugandha（2）悪**香** dur-g°（3）等**香** sama-g° である。（1）好**香**は根 indriya の大種を養う。その逆が（2）悪**香**である。〔その〕二〔のどちらでも〕ないのが（3）等**香**である。この三種は共に鼻識およびそれに引かれる意識によって識られるのである。

（櫻部［1997］p. 194）

〔漢訳からの英訳〕smell

There are three kinds of **smell**: good, bad and neutral (*sama*). That which nourishes the Great Elements of the sense faculties is said to be a good **smell**. That which does damage to them is said to be a bad **smell**. That which does neither the one nor the other, is said to be neutral. All these three kinds of **smell** are the objects of the olfactory consciousness and of the mental consciousness induced thereby.

（Dhammajoti［2008］p. 75）

8. gandha

〔漢訳からの仏訳〕 odeur

L'**odeur** (*gandha*) est de trois sortes (*trividha*) : bonne (*sugandha*), mauvaise (*durgandha*) ou indifférente (*samagandha*). Est dite bonne celle qui nourrit les grands éléments des organes (*indriyamahābhūta*). Si (au contraire, l'odeur) détruit les grands éléments des organes, elle s'appelle mauvaise. Si elle ne nourrit ni ne détruit, elle est nommée indifférente (*samagandha*). Ces trois espèces sont objets distingués par la connaissance du nez (*ghrāṇavijñāna*) et la connaissance mentale (*manovijñāna*) qui en dérive.

（VELTHEM［1977］p. 5）

9. rasa

【七十五法】pp. 30–31【百法】pp. 206–208【パーリ文献】pp. 36–38

Madhyamakapañcaskandhaka

【訳例】味、味覚対象
【チベット語訳】ro

【定義的用例】

〔和訳〕

味は六〔種類〕であり、(1) 甘味、(2) 酸味、(3) 塩味、(4) 辛味、(5) 苦味、(6) 渋味の区別による。これらの基本的な**味**が結びつくことから、**味**の区別は限りないものとなる。

〔チベット語訳〕

[a]…**ro** ni drug ste / mṅar ba daṅ / skyur ba daṅ / lan tshwa daṅ / tsha ba daṅ / kha ba daṅ / bska ba'i bye brag gis so…[a] // rtsa[1)] ba'i **ro** 'di rnams kyi[2)] yaṅ dag par sbyor ba las **ro**'i bye brag mtha' yas par 'gyur ro //

[1)] *rtse* N [2)] *kyis* CD

[a] AKBh ad I. 10:

rasaḥ / ṣoḍhā / 10bc

madhurāmlalavaṇakaṭukatiktakaṣāyabhedāt // (p. 9, *ll.* 19–22, 櫻部〔1969〕p. 152)

（C 239a3–4, D 242a4, G 330a4–5, N 267a6, P 277a2–3; Lindtner〔1979〕p. 100, *ll.* 4–7, Zh, vol. 60, p. 1541, *l.* 21–p. 1542, *l.* 2）

参考文献 (1)

Munimatālaṃkāra

【原語】rasa
【チベット語訳】ro

【定義的用例】

〔原文〕

rasaḥ ṣoḍhā madhurāmlalavaṇakaṭukatiktakaṣāyabhedāt //

（李・加納［2015］p. 16, *ll*. 8–9）

〔チベット語訳〕

ro ni rnam pa drug ste /[1] mṅar ba daṅ skyur ba daṅ lan tshwa[2] daṅ tsha ba daṅ kha ba daṅ bska[3] ba'i bye brag gis so //[4]

1) om. CD　2) *tsha* P　3) *ska* GNP　4) om. G

（C 127b7, D 128a5, G 200b3, N 146b5, P 151a7; Akahane and Yokoyama［2014］p. 26, *ll*. 17–18, 磯田［1987］p. 27, *ll*. 29–30, Zh, vol. 63, p. 1189, *ll*. 16–17）

【先行研究における翻訳】

〔原文からの和訳〕

味〔処〕は六種である。甘味、酸味、塩味、辛味、苦味、渋味の区別による。

（李ほか［2015］p. 147）

参考文献（2）

Abhidharmāvatāra

【チベット語訳】ro
【漢訳】味

【定義的用例】

〔チベット語訳〕

ro ni mṅar ba daṅ skyur ba daṅ [1] lan tshwa[2] daṅ kha ba daṅ (3tsha ba daṅ3) bska[4] ba'i bye brag gis rnam pa drug ste / drug po de dag kyaṅ lce'i rnam par śes pa daṅ des draṅs[5] pa'i yid kyi (6rnam par śes pas6) rnam par rig go //

1) CD insert /.　2) *tsha* CD　3) om. GNP　4) *bskal* P　5) *graṅs* GNP　6) om. P

（C 304b2–3, D 303b3–4, G 492a5–6, N 405a3, P 394b1–2; Dhammajoti［2008］p. 213, *ll*. 12–14, Zh, vol. 82, p. 1552, *ll*. 13–15）

〔漢訳〕

味有六種。謂甘酢鹹辛苦淡別故。如是六種皆是舌識及所引意識所了別境。

（T, vol. 28, 981a12–14）

【先行研究における翻訳と訳例】

〔チベット語訳からの和訳〕

味 rasa は（1）甘 madhura（2）酸 āmla（3）鹹 lavaṇa（4）苦 tikta（5）辛 kaṭuka（6）澀（しぶさ）kaṣāya の別によって六種である。これら六は共に舌識およびそれに引かれる意識によって識られる。

（櫻部［1997］pp. 194–195）

〔漢訳からの英訳〕taste

There are six kinds of **taste**: sweet (*madhura*), sour (*āmla*), salty (*lavaṇa*), pungent (*kaṭuka*), bitter (*tikta*) and astringent (*kaṣāya*). All these six kinds are the objects of the gustatory consciousness and the mental consciousness induced thereby.

（Dhammajoti［2008］p. 75）

〔漢訳からの仏訳〕saveur

La **saveur** (*rasa*) est de six espèces (*ṣoḍhā*) de par la différence entre l'onctuosité (*madhura*), l'aigreur (*āmla*), la salinité (*lavaṇa*), l'âcreté (*kaṭuka*), l'amertume (*tikta*) et l'astringence (*kaṣāya*). Ces six espèces sont objets distingués par la connaissance de la langue (*jihvāvijñāna*) et la connaissance mentale (*mano-vijñāna*) qui en dérive.

（Velthem［1977］p. 5）

10. spraṣṭavya

【七十五法】pp. 32–33【百法】pp. 209–212【パーリ文献】pp. 39–40

Madhyamakapañcaskandhaka

【訳例】触覚対象
【チベット語訳】reg bya

【定義的用例】

〔和訳〕

触覚対象は十一を本体とする。（1–4）四大種、（5）滑らかさ、（6）粗さ、（7）重さ、（8）軽さ、（9）冷たさ、（10）飢え、（11）渇きである。その中で、大種は解説し終えた。滑らかさとは、触れた際に快いものである。粗さとは、触りたくないものである。重さとは、それによって物が量られるものである。軽さは、その反対である。冷たさとは、暖かさを欲せしめるものである。飢えとは、食べ物が欲しくなるものである。渇きとは、飲み物が欲しくなるものである。〔飢えと渇きに関しては〕原因に対して結果を比喩的に表現しているのである。それは、また、「仏が現われることは楽である。法が説かれることも楽である。僧団の集いは楽である。集った者達の修練は楽である」というように。火界と水界という大種が突出したものが滑らかさである。地と風が突出したものが粗さである。地と水が突出したものが重さである。火と風が突出したものが軽さである。水と風が突出したものが冷たさである。風が突出したものが飢えである。火と風が突出したものが渇きである。

〔チベット語訳〕

[a…]**reg bya** ni[1)] bcu gcig gi[2)] bdag ñid de 'byuṅ ba chen po bźi daṅ / 'jam pa ñid daṅ / rtsub pa ñid daṅ / lci ba ñid daṅ / yaṅ ba ñid daṅ / graṅ ba [3)] daṅ / bkres pa daṅ / skom pa źes [(4]bya ba'o[4)] // de la 'byuṅ ba chen po ni bśad zin to // 'jam pa ni reg pa na bde ba'o // rtsub pa ñid ni reg par mi 'dod pa'o // lci ba ñid ni gaṅ gis dṅos po rnams 'jal bar byed pa'o // yaṅ ba ñid ni de las bzlog pa'o // graṅ ba ni dro ba 'dod par byed pa'o // bkres pa ni zas 'dod par byed pa'o // skom pa ni btuṅ ba 'dod par byed pa ste / rgyu la 'bras bu ñe bar btags pa'o // de yaṅ 'di ltar [5)] saṅs rgyas 'byuṅ ba bde ba ste //[6] chos bstan pa yaṅ bde ba yin //[7] dge 'dun mthun pa bde ba ste // mthun pa rnams kyi[8] dka' thub bde [9] źes bya ba lta bu'o…[a] // [b]…dṅos po gaṅ la 'byuṅ ba me daṅ chu'i khams śas che ba de ni[10] 'jam pa ñid do // sa daṅ rluṅ śas che ba de ni rtsub pa ñid do // sa daṅ chu śas che ba de ni [11] lci ba ñid do // me daṅ rluṅ śas che ba de ni yaṅ ba ñid do // chu daṅ rluṅ śas che ba de ni graṅ ba'o // rluṅ śas che ba de ni bkres pa'o // me daṅ rluṅ śas che ba de ni skom pa'o…[b] //

1) om. G 2) *gis* G 3) CD insert *ñid*. 4) *bya'o* G 5) CD insert /. 6) / GP 7) / GP 8) *kyis* G 9) CD insert //. 10) om. G 11) GNP insert /.

[a] AKBh ad I. 10:

spṛśyam ekādaśātmakam // 10d

spraṣṭavyam ekādaśadravyasvabhāvam / catvāri mahābhūtāni ślakṣṇatvaṃ karkaśatvaṃ gurutvaṃ laghutvaṃ śītaṃ jighatsā pipāsā ceti / tatra bhūtāni paścād vakṣyāmaḥ / ślakṣṇatvaṃ mṛdutā / karkaśatvaṃ paruṣatā / gurutvaṃ yena bhāvās tulyante / laghutvaṃ viparyayāt / śītam uṣṇābhilāṣakṛt / jighatsā bhojanābhilāṣakṛt / kāraṇe kāryopacārāt / yathā buddhānāṃ sukha utpādaḥ sukhā dharmasya deśanā / sukhā saṃghasya sāmagrī samagrāṇāṃ tapaḥ sukham // iti / (p. 10, *ll*. 2–10; 櫻部［1969］p. 153)

[b]『五事毘婆沙論』: 復有説者。水火界增故能造滑。地風界增故能造澁。火風界增故能造輕。地水界增故能造重。水風界增故能造冷。唯風界增故能造飢。唯火界增故能造渴。（T , vol. 28, 992b28–c3）

『順正理論』: 何縁滑等展轉差別。所依大種增微別故。水火界增故生滑性。地風界增故生澁性。地水界增故生重性。火風界增故生輕性。故死身内重性偏增。水風界增故生於冷。… 風界增故生飢。火界增故生渴。（T, vol. 29, 335a5–14）

（C 239a4–b1, D 242a4–b1, G 330a5–b4, N 267a6–b4, P 277a3–8; Lindtner［1979］p. 100, *ll*. 8–24, Zh, vol. 60, p. 1542, *ll*. 3–18）

参考文献（1）

Munimatālaṃkāra

【原語】spṛśya
【チベット語訳】reg bya

10. spraṣṭavya

【定義的用例】

〔原文〕

spṛśyam ekādaśātmakaṃ catvāri mahābhūtāni ślakṣṇatvaṃ karkaśatvaṃ gurutvaṃ laghutvaṃ śītaṃ jighatsā pipāsā ca / antarudare kāyendriyeṇa spṛśyate sā jighatsā bhojanābhilāṣakṛt / pipāsā pānābhilāṣakṛt / kāraṇe kāryopacārāt / aptejodhātūtsade bhūtasaṃghāte ślakṣṇatvam / bhūvāyūtsade karkaśatvam / pṛthivyambūtsade gurutvam / tejovāyūtsade ca laghutvam / jalānilotsade śītam / vāyūtsade jighatsā / tejovāyūtsade pipāsā //

（李・加納［2015］p. 16, *ll*. 9–15）

〔チベット語訳〕

reg bya ni bcu gcig gi bdag ñid de 'byuṅ ba chen po bźi rnams daṅ / 'jam pa ñid daṅ [1)] rtsub pa ñid daṅ [2)] lci ba ñid daṅ [3)] yaṅ ba ñid daṅ [4)] graṅ ba daṅ [5)] bkres pa daṅ skom[6)] pa'o // lto ba'i naṅ gi gaṅ lus kyi dbaṅ pos reg par bya ba de bkres pa ste bza' ba mṅon par 'dod par byed pa daṅ / skom pa ni btuṅ[7)] ba mṅon par 'dod pa ste rgyu[8)] las 'bras bu btags pa'i phyir ro // chu daṅ me'i khams śas che ba'i 'byuṅ ba 'dus na 'jam pa ñid do // sa daṅ rluṅ śas che na rtsub pa ñid do // sa daṅ chu śas che na lci ba ñid do // me daṅ rluṅ śas che na yaṅ ba ñid do // chu daṅ rluṅ śas che na graṅ ba'o // rluṅ śas che na bkres so // me daṅ rluṅ śas che na skom pa'o [9)] źes pa dbaṅ po lṅa'i yul rnams so //

1) 2) 3) 4) 5) CD insert /.　6) *skam* CD　7) *ltuń* N　8) om. G　9) GNP insert //.

（C 127b7–128a3, D 128a5–7, G 200b4–201a1, N 146b5–147a1, P 151a7–b3; Akahane and Yokoyama［2014］p. 26, *l*. 20–p. 27, *l*. 10, 磯田［1987］p. 27, *l*. 31–p. 28, *l*. 6, Zh, vol. 63, p. 1189, *l*. 17–p. 1190, *l*. 6）

【先行研究における翻訳】

〔原文からの和訳〕

所触は十一種である。つまり、四大種、滑らかさ（すべすべ）、粗さ（ざらざら）、重さ、軽さ、冷たさ、空腹感、渇きである。腹の中で身根によって触れられるものが空腹感であり、食事を欲せしめるものである。渇きとは、飲み物を欲せしめるものである。原因（のどが渇いた感覚）に対して結果（飲みたいという欲望）でもって比喩的に表現していることによる。〔四大種全体の均衡において〕水界と火界とが突出した大種が集まった時に滑らかさがある。地と風が突出した時に粗さがある。地と水が突出した時に重さがある。そして火と風が突出した時に軽さがある。水と風が突出した時に冷たさがある。風が突出した時に空腹感がある。火と風が突出した時に渇きがある。

（李ほか［2015］pp. 147–148）

参考文献（2）

Abhidharmāvatāra

【チベット語訳】reg bya
【漢訳】觸

【定義的用例】

〔チベット語訳〕

reg bya'i phyogs gcig ni rnam pa[1] bdun te / 'jam pa ñid daṅ / rtsub pa ñid daṅ lci ba ñid daṅ yaṅ ba ñid daṅ / graṅ ba daṅ bkres[2] pa daṅ skom pa'o // de la 'jam pa ni mñen pa ste reg tu mi bzod pa'i don gaṅ yin pa'o // rtsub pa ni rud rud po'o // lci ba ni gaṅ gis sraṅ gi mgo dma' bar 'gyur ba'o[3] // yaṅ ba ni de las bzlog pa'o // graṅ ba ni gaṅ gis ñen[4] pas tsha ba 'dod pa'o // bkres pa ni zas 'dod pa'i rgyu'o // skom pa ni (5'thuṅ ba5) 'dod pa'i rgyu'o // rgyu la 'bras bu gdags[6] par bya ste / ji skad du saṅs rgyas rnams ni 'byuṅ ba bde[7] źes bya ba la sogs pa lta bu'o // 'byuṅ ba chen po 'dus pa me daṅ chu'i śas che na 'jam pa'o // sa daṅ rluṅ gi śas che na rtsub pa'o // sa daṅ chu'i śas che na lci[8] ba'o // me daṅ rluṅ gi śas che na yaṅ ba'o // chu daṅ rluṅ gi[9] śas che na graṅ ba'o // rluṅ gi śas che na bkres pa'o // me'i khams kyi śas che na skom pa'o // bdun po de dag daṅ 'byuṅ ba chen po bźi rnams ni lus kyi rnam par śes pa daṅ [10] des draṅs[11] pa'i yid kyi rnam par śes pas rnam par rig go //

1) om. GNP　2) *bskres* CD　3) *ro* N　4) *ñan* CD　5) *'thuṅ* CD, *mthuṅ ba* P　6) *bdags* N　7) om. GNP　8) *lce* G　9) *gis* P　10) CD insert /.　11) *graṅs* GNP

（C 304b3–7, D 303b4–304a1, G 492a6–b4, N 405a3–b1, P 394b2–6; Dhammajoti［2008］p. 213, *ll*. 17–36, Zh, vol. 82, p. 1552, *l*. 16–p. 1553, *l*. 8）

10. spraṣṭavya

〔漢訳〕

觸一分有七種。謂滑性澁性重性輕性及冷飢渴。柔軟名滑。是 (1 意觸 1) 義。麁強名澁。可稱名重。翻此名輕。由此所逼煖欲因名冷。食欲因名飢。飲欲因名渴。此皆於因立果名故作如是說。如説諸佛出現樂等。大種聚中水火増故有滑性。地風増故有澁性。地水増故有重性。火風増故有輕性。水風増故有冷。風増故有飢。火増故有渴。

1) sic read 喜觸. 大正蔵は「意觸」とするが、チベット語訳を参考に、大正蔵の脚注に挙げられる宋元明本と宮内省本の異読を採り、「喜觸」と読む。

（T, vol. 28, 981a14–21）

【先行研究における翻訳と訳例】

〔チベット語訳からの和訳〕

所触 spraṣṭavya の一部分は七種である。(1) 滑性 ślakṣṇatva (2) 渋性 karkaśatva (3) 重性 gurutva (4) 軽性 laghutva (5) 冷 śīta (6) 飢 jighatsā (7) 渇 pipāsā である。その中、(1) 滑は柔かさ mṛdutā であって、触れるに堪えないという意味である。(2) 渋は粗さ paruṣatā である。(3) 重はそれによって秤の台が下がるものである。(4) 軽はその逆である。(5) 冷はそれに逼られて煖を欲するものである。(6) 飢は食物を欲する因、(7) 渇は飲物を欲する因である。因の意味で果の名を立てる kāraṇe kāryopacāraḥ のであって、ちょうど「仏たちの出生は楽 sukha である」というようなものである。〔四〕大種の聚まりであって火〔界〕と水〔界〕との強盛なのが滑である。地〔界〕と風〔界〕との強盛なのが渋である。地〔界〕と水界との強勢なのが重である。火〔界〕と風〔界〕との強盛なのが軽である。水〔界〕と風〔界〕との強勢なのが冷である。風〔界〕の強勢なのが飢である。火界の強盛なのが渇である。これら七と四大種とは身識およびそれに引かれる意識によって識られる。

（櫻部［1997］p. 195）

〔漢訳からの英訳〕tangible

There are seven items which form part of the **tangibles** (*spraṣṭavyaikadeśa*): smoothness (*ślakṣṇatva*), coarseness (*karkaśatva*), heaviness (*gurutva*), lightness (*laghutva*), coldness (*śīta*), hunger (*jighatsā*) and thirst (*pipāsā*). What is soft (*mṛdu*) is said to be smooth, its meaning being an agreeable tangible. What is hard and rough (*paruṣa*) is said to be coarse. What can be weighed is said to be heavy; otherwise light. Coldness, hunger and thirst are, respectively those under whose oppression, there arises a desire for warmth (*uṣṇābhilāṣakṛt*), food (*bhojanābhilāṣakṛt*) and drink (*pānābhilāṣakṛt*). In the last three cases, the cause is designated by the name of its effect (*kāraṇe kāryopacāra*). It is like when one says: "The appearance of Buddha-s is bliss", etc. [when in fact bliss is the effect of the Buddha's appearance in the world]. Smoothness results from predominance (*ud-√ bhū*) of the Water and Fire Elements in the agglomeration of the Great Elements; coarseness, of the Earth and Wind Elements; heaviness, of the Earth and Water Elements; lightness, of the Water and Wind Elements; coldness, of the Water and Wind Elements; hunger, of the Wind Element; thirst, of the Fire Element.

（Dhammajoti［2008］p. 75）

〔漢訳からの仏訳〕tangible

La partie du **tangible** (*spraṣṭavyaikadeśa*) est de sept catégories : la douceur (*ślakṣṇatva*), la rudesse (*karkaśatva*), la lourdeur (*gurutva*), la légèreté (*laghutva*), le froid (*śīta*), la faim (*jighatsā*) et la soif (*pipāsā*). La douceur (*ślakṣṇatva*) est la mollesse (*mṛdutā*) dans le sens d'un toucher agréable, la rudesse (*karkaśatva*) est l'âpreté (*paruṣatā*). Lourdeur (*gurutva*) égale pondérabilité (*yena bhāvās tulyante*), la légèreté (*laghutva*) égale l'opposé (*viparyaya*). Le froid (*śīta*), lorsqu'on est tourmenté par lui, crée le désir de chaleur (*uṣṇābhilāṣakṛt*), la faim (*jighatsā*) crée le désir de manger (*bhojanābhilāṣakṛt*) et la soif, le désir de boire (*pānābhilāṣakṛt*). C'est en désignant la cause par l'effet (*kāraṇe kāryopacārāt*) qu'on s'exprime de la sorte. On dit de même que la naissance du Buddha est un bonheur, etc. Dans l'ensemble des grands éléments, il y a douceur (*ślakṣṇatva*) par le fait d'une prédominance d'eau (*ap*) et de feu (*tejaḥ*). Il y a rudesse (*karkaśatva*) par le fait d'une prédominance de terre (*pṛthivī*) et de vent (*vāyu*). C'est à cause d'une prépondérance de terre (*pṛthivī*) et d'eau (*ap*) qu'il y a lourdeur (*gurutva*) et à cause d'une prépondérance de feu (*tejaḥ*) et de vent (*vāyu*) qu'il y a légèreté (*laghutva*). Le froid est dû à la prédominance de l'eau (*ap*) et du vent (*vāyu*), la faim (*jighatsā*) est due à celle du vent (*vāyu*) et la soif à celle du feu (*tejaḥ*).

（Velthem［1977］pp. 5–7）

11. avijñapti

【七十五法】pp. 34–38【百法】なし（cf. dharmāyatanaparyāpannarūpa, pp. 213–214）
【パーリ文献】なし（cf. viññatti, pp. 41–47）

Madhyamakapañcaskandhaka

【訳例】表示しないもの、知らしめないもの
【チベット語訳】rnam par rig byed ma yin pa

【定義的用例】

〔和訳〕

表示しないものとは何か。法の領域（処）にあり、眼に見えず（無見）、抵抗を持たず（無対）、思考による認識（意識）のみによって認識される物質的な存在（色）であり、(1) 律儀、(2) 不律儀、(3)〔両者の〕中間（非律儀非不律儀）〔の三種類〕であり、善と不善の連続を本性とするものが**表示しないもの**である。

その中で、あるものは心（禅定）に随って生じる。すなわち、静慮律儀と無漏律儀を本性とするものである。あるものは、〔戒を〕受けることから生じたものである。心が散乱した状態、心が散乱していない状態、無心の状態の三つともにおいて、川の流れのように働く。昼夜にわたり聖者に至るまで働く一生涯のもの、或いは、一日だけのものであり、すなわち、別解脱律儀を本性とするものである。あるものは、散乱した状態や散乱していない状態において働くものである。不律儀を本性とするものである。非律儀非不律儀を本性とするあるものは、ある時に、〔福徳を生み出す〕勝れた土地（福田）である者が、施物を受け取ることから生じたものであり、拠り所を有する、福徳をもたらす行為に関するもの（有依福業事）の如きである。あるものは、仏陀に対する供養や曼荼羅などを主尊としてを受け入れて行うこと〔から生じる〕。あるものは、敬意をもって仏塔に礼拝するなどの作法をなすこと〔から生じる〕。不善なるものは、女神ドゥルガーなどを所依として享受することと、煩悩の激しい力によって行為を始めることなどに適用せよ。…

それ（身体のかたち 1)）を拠り所（所縁）とする (2 意思（→15. cetanā）

によって[2]生ぜしめられた、身体のあれこれの特定の形が身体的な表示（身表）である。言語的な表示（語表）とは、それ（言葉の音（→7. śabda）[3]）を拠り所（所縁）とする[(4]意思によって[4)]生ぜしめられた、語るべきことを語る言葉である。以上のように、それら二つは、引き起こす心を知らしめることから、表示（表）である。表示と同種の法であり、牽引し支える大種に依拠して存在するものは、表示のようには他に知らしめないから、**表示しないもの**であり、教示のみによって知られ、比丘などを設定する因である。それと同種のものを否定することによるものである。〔クシャトリヤなどを〕非バラモン〔と呼ぶことの〕ように。

1) 以上の補足は『牟尼意趣荘厳』のチベット語訳中の割注による。

2)『中観五蘊論』のチベット語訳には「心（sems）によって」とあるが、『牟尼意趣荘厳』の解説に従って、sems pa（cetanā）と読む。

3) 以上の補足は『牟尼意趣荘厳』のチベット語訳中の割注による。

4)『中観五蘊論』のチベット語訳には「心（sems）によって」とあるが、『牟尼意趣荘厳』の解説に従って、sems pa（cetanā）と読む。

〔チベット語訳〕

rnam par rig byed ma yin pa gaṅ źe na / gzugs gaṅ chos kyi skye mched du gyur pa [1] bstan du med ciṅ thogs pa med pa yid kyi[2] rnam par śes pa tsam gyis śes par bya ba ste /[3] sdom pa daṅ / sdom pa ma yin pa daṅ / bar ma bsdus[4] pa dge ba daṅ mi dge ba'i rgyun gyi ṅo bo gaṅ yin pa de ni **rnam par rig byed ma yin pa**'o //

de la kha cig ni sems kyi rjes su 'jug pa ste / 'di lta ste / bsam gtan gyi sdom pa daṅ / zag pa med pa'i sdom pa'i ṅo po'o // kha cig ni yaṅ dag par blaṅs pa las byuṅ ba ste / sems g-yeṅs pa daṅ [5] ma g-yeṅs pa daṅ / sems med pa'i gnas skabs gsum char na'aṅ chu bo'i rgyun bźin du 'jug pa daṅ / ñin daṅ mtshan du ji srid [6] 'phags par rjes su 'jug pa ji srid 'tsho'i bar ram / ñin źag gcig pa ni 'di lta ste / so sor thar pa'i sdom pa'i ṅo bo'o // kha cig g-yeṅs pa daṅ ma g-yeṅs pa'i gnas skabs na[7] rjes su 'jug pa ni 'di lta ste / sdom pa ma yin pa'i ṅo bo'o // sdom pa yaṅ ma yin sdom pa ma yin pa yaṅ ma yin pa'i ṅo bo ni kha cig 'ga' [8] la źiṅ khyad par can gyis sbyin pa'i dṅos po loṅs spyad pa las byuṅ ba ste rdzas las byuṅ ba'i bsod nams bya ba'i dṅos po lta bu'o // kha cig ni saṅs rgyas la mchod pa daṅ / dkyil 'khor la sogs pa yi dam du blaṅs nas byed pa'o // kha cig ni gus pa daṅ bcas pas mchod rten la phyag 'tshal ba la sogs pa'i bya ba byed pa'o // mi dge ba[9)] ni lha mo du rga la sogs pa'i rten byed ciṅ loṅs spyod pa daṅ / ñon moṅs pa'i śugs drag pos bya ba rtsom pa la sogs par sbyar ro // …

de la dmigs pa'i sems[10)] kyis bskyed pa'i lus kyi[11)] de daṅ de lta bu'i dbyibs kyi khyad par ni lus kyi rnam par rig byed do[12)] // ṅag gi[13)] rnam par rig byed ni de la dmigs pa'i sems[14)] kyis bskyed pa'i brjod par bya ba brjod pa'i tshig ste / de lta bu de gñis ni kun nas sloṅ ba'i sems rnam par rig par byed pas na rnam par rig byed do // rnam par rig byed daṅ 'dra ba'i chos gaṅ 'phen pa yaṅ dag par 'dzin pa'i 'byuṅ ba chen po la brten pa daṅ gnas pa ni rnam par rig byed daṅ 'dra bar gźan la rnam par rig byed pa ma yin pas **rnam par rig byed ma yin pa** ste / man ṅag 'ba' źig tsam gyis śes par bya źiṅ dge sloṅ la sogs par 'jog pa'i rgyu'o // de daṅ 'dra ba las dgag pa'i rkyen gyis te / bram ze ma yin pa lta bu'o //

1) G inserts *ma*. 2) *kyis* C 3) // CD 4) *'dus* N 5) CD insert *sems*. 6) G inserts *du*. 7) *ni* CD 8) CD insert *źig*. 9) *ba'o* G 10) sic read *sems pa*. 11) *kyis* G 12) *de* C 13) *gis* G 14) sic read *sems pa*.

（C 239b3–240b2, D 242b3–243b2, G 331a1–332a5, N 267b6–268b6, P 277b3–278b5; Lindtner［1979］p. 100, *l*. 33–p. 102, *l*. 17, Zh, vol. 60, p. 1543, *l*. 4–p. 1545, *l*. 7）

参考文献（1）

Munimatālaṃkāra

【原語】avijñapti
【チベット語訳】rnam par rig byed ma yin pa

【定義的用例】

〔原文〕

nānyaḥ kaścid **avijñaptyā**khyo vastubhūto dharmaḥ / abhyupetyākaraṇamātratvād **avijñapteḥ** / akaraṇaṃ ca kriyāpratiṣedho na cāsau kiñcit / atītāni mahābhūtāny upādāya prajñapteś ca teṣāṃ cāsattvād iti na vastubhūtaḥ // Vaibhāṣikās tu —

yad rūpaṃ dharmāyatanasaṃgṛhītam anidarśanam apratighaṃ manovijñānamātravijñeyaṃ saṃvarāsaṃvaramadhyasthānāṃ kuśalākuśalobhayapravāharūpaṃ **sāvijñaptiḥ** // tatra rūpaṃ kiñcic cittānuparivarti / yathā dhyānānāsravasaṃvarasvabhāvaṃ sāsravānāsravadhyānacittalābhāl labdhaṃ taccittatyāgād yāgavat // kiñcit paravijñapanādinā saṃbhūtam / yathā prātimokṣasaṃvararūpam //

tatra tadālambanacetanājanitaḥ kāyasya tathā tathā saṃsthānaviśeṣaḥ kāyavijñaptiḥ / vāgvijñaptir api tadālambanacetanājanitaṃ vaktavyoccāraṇam / tad eva tad dvayaṃ samutthāpakacittavijñapanād vijñaptiḥ // vijñaptisadṛśas tu yo dharma ākṣepakasandhārakamahābhūtāny upādāya pravartate na ca vijñaptivat parān vijñāpayati, kevalam upadeśamātragamyo bhikṣvādivyavasthāhetur, asāv **aviñaptir** dravyasatī rūpaskandhasamgṛhītā / tatsadṛśena niṣedhanād abrāhmaṇavad

ity āhuḥ //

（李・加納［2015］p. 40, *l.* 17–p. 41, *l.* 15）

〔チベット語訳〕

rnam par rig byed ma yin pa źes [(1]bya ba[1)] dṅos por gyur pa'i chos gźan 'ga' yaṅ med de / **rnam par rig byed ma yin pa** ni khas blaṅs nas mi byed pa tsam yin pa ñid kyi phyir ro // mi byed pa'aṅ[2)] bya ba 'gegs[3)] pa ste 'di yaṅ cuṅ zad kyaṅ ma yin no // 'das pa'i 'byuṅ ba chen po rnams rgyur byas nas 'dogs na'aṅ de rnams kyaṅ med pa ñid kyi phyir dṅos por [(4]gyur pa[4)] med do // Bye brag tu smra ba rnams ni

gzugs gaṅ chos kyi skye mched kyis yaṅ dag par bsdus pa bstan du med la thogs pa med pa yid kyi[5)] rnam par śes pa tsam gyis rnam par śes par bya ba sdom pa daṅ sdom pa ma yin pa daṅ bar mar gnas pa rnams kyi dge ba daṅ mi dge ba daṅ gñis ka'i rgyun gyis ṅo bo de **rnam par rig byed ma yin pa**'o // de la gzugs 'ga' źig sems kyi rjes su 'braṅ ba ste / dper na bsam gtan daṅ zag pa med pa'i sdom pa'i raṅ bźin zag pa daṅ bcas pa daṅ zag pa med pa'i bsam gtan gyi sems thob pa las thob la de'i sems gtoṅ bas gtoṅ ba bźin no // 'ga' źig gźan gyi rig byed la sogs pas yaṅ dag par byuṅ ba ste / dper na so sor[6)] thar pa sdom pa'i gzugs lta bu'o //

de la lus kyi rnam par rig byed ni de la[7)] dmigs pa'i sems pas bskyed pa'i lus kyi dbyibs kyi khyad par de lta[8)] de lta'o // ṅag gi rnam par rig byed kyaṅ de la dmigs pa'i sems pas bskyed pa tshig gsal por 'don pa'o // de daṅ 'di gñis ka kun nas sloṅ ba'i sems rnam par śes par byed pa'i phyir rnam par rig byed do // rnam par rig byed daṅ 'dra ba ni chos gaṅ 'phen par byed pa daṅ mtshams sbyor bar byed pa'i 'byuṅ ba chen po rnams rgyur byas nas rab tu 'jug pa ste / rnam par rig byed ltar pha rol la rnam par rig par byed pa ma yin pa man ṅag tsam las rtogs[9] par bya ba 'ba' źig ba dge sloṅ la sogs par rnam par bźag[10] pa'i rgyu 'di ni **rnam par rig byed ma yin pa** rdzas su yod pa gzugs kyi phuṅ pos yaṅ dag par bsdus pa ste de daṅ 'dra ba dgag pa [11] byas pa'i phyir bram ze ma yin pa bźin no

źes zer ro //

[1] om. CD [2] *pa yaṅ* CD, *'gags* N [3] *'geg* CD [4] *'gyur ba* CD [5] *kyis* GNP [6] *so* GNP [7] *las* CD [8] *ltar* C [9] *rtog* N [10] *gźag* CD [11] G inserts *pa*.

（C 78b1–79a1, D 78b3–79a3, G 103b1–104a6, N 74a4–b7, P 78b2–79a5; AKAHANE and YOKOYAMA［2014］p. 40, *l*. 20–p. 42, *l*. 6, 磯田［1984］p. 12, *ll*. 3–25, Zh, vol. 63, p. 1068, *l*. 2–p. 1069, *l*. 7）

【先行研究における翻訳】

〔原文からの和訳〕

無表とよばれる、単独の実体としての法（つまり実体としての律儀など）は、何ら存在しない。**無表**とは、誓いを立ててから単に〔殺生などを〕行わないこと（akaraṇa）に過ぎないからである。そして、行わないことは、行為の否定であり、そしてそれ（行為の否定）は何らかのもの（実体）ではない。なぜなら、〔行為の否定というのは、〕過去の諸大種に依拠して仮に設定されたものである（prajñapti）からであり、そしてそれら（過去の大種）は存在しないからである。ということで、〔無表は〕事物ではない。一方、毘婆娑師は言う。

法処に含まれ、見えず、抵抗が無く、意識だけによって認識され、律儀、不律儀、中間のもの（つまり非律儀非不律儀）に関して、〔各自〕善、不善、両者（善かつ不善）なる流れを本質とする色が**無表**である。そこにおいて、ある〔無表〕色は心に随順する。たとえば、静慮律儀と無漏律儀を本性とする〔無表色〕は、〔順次〕有漏と無漏なる禅定の心を得ることによって得られる。その心〔二種の禅定心〕を捨てることによって、〔静慮律儀と無漏律儀を〕捨てるように。ある〔無表色〕は、他者に（或いは、他者が）〔戒律条項などを〕知らせること（vijñapana）などによって生じる。たとえば、別解脱律儀を本質とするもののように。

その中で身表とは、それ（身体の形）を所縁とする思（cetanā）から生じたものであり、身体のあれやこれやの特殊な形（状態）である。また語表とは、それ（ことばの音）を所縁とする思から生じたものであり、言葉（vaktavya）を明瞭に発話することである。まさにその二つは、〔身体の動きや発話を〕引き起こす心を〔他者に〕知らしめるもの（vijñapana）だから、表（知らしめるもの vijñapti）である。一方、表と類似した法であって、投げ入れたり（または牽引したり）支えたりする諸大種に依拠してから生じ、表の如くに他者たちに知らせることがなく、ただ教えのみによって理解され、比丘など（八衆）を規定する原因、これが**無表**である。〔それはまた〕実在（dravayasatī）であって、色蘊に含まれる。それ（表）との類似を否定するから〔無表と呼ばれる〕。例えば、〔クシャトリヤたちを〕非バラモンと呼ぶように。

（李ほか［2015］pp. 156–157）

参考文献（2）

Abhidharmāvatāra

【チベット語訳】rnam par rig byed ma yin pa
【漢訳】無表

【定義的用例】

〔チベット語訳〕

sems daṅ sems las byuṅ ba'i 'byuṅ ba rnam pa tha dad pa dag gis gźan la rig par byed pas na rnam par rig byed do // de bźin du gźan la rig par mi byed pas **rnam par rig byed ma yin pa** ste bram ze ma yin no źes bya ba bźin du de daṅ 'dra ba la ma yin bar brjod do // de'i mtshan ñid ni rnam par rig byed daṅ sems daṅ 'byuṅ ba chen po'i bye brag gis 'phaṅs pa rnam par ma g-yeṅs pa daṅ / de ma yin pa'i sems daṅ sems med pa yaṅ ruṅ ste / gaṅ dge ba daṅ mi dge ba'i gzugs kyi rgyun dge sloṅ la sogs pa rnam par bźag[1] pa'i rgyu bstsags[2] pa ma yin pa de ni **rnam par rig byed ma yin ba**'o // de med du zin na dge sloṅ la sogs par bźag[3] pa med par 'gyur te / bcom ldan 'das kyis kyaṅ rdzas las byuṅ ba'i bsod nams bya ba'i gźi dag las bsod nams rtag par rgyun du mṅon par 'phel lo źes gsuṅs so // de yaṅ sdom pa daṅ sdom pa ma yin pa daṅ / gñi ga las bzlog pas bsdus pa'i phyir rnam pa gsum mo // sdom pa yaṅ so sor thar pa daṅ bsam gtan daṅ / zag pa med pa'i (4sdom pa'i4) bye brag gis rnam pa gsum mo // so sor thar pa'i sdom pa ni 5) dge sloṅ daṅ dge sloṅ ma daṅ /6) dge tshul 7) daṅ 8) dge tshul ma daṅ /[9] dge bsñen daṅ dge bsñen ma daṅ / tshul[10] khrims pa'i sdom pa'i bye brag gis rnam pa brgyad de / de ni 'dod par gtogs pa kho na'o // bsam gtan gyi sdom pa ni tiṅ ṅe 'dzin gyi rjes su 'braṅ ba'i gzugs te gzugs su gtogs pa kho [11]na'o //[11] zag pa med pa'i sdom pa yaṅ zag pa med pa'i tiṅ ṅe 'dzin gyi rjes su 'braṅ ba'i gzugs te mi ldan pa ñid do // sdom pa ma yin pa ni ri dags kyi rṅon[12] pa daṅ bya ba daṅ ña ba daṅ btson sruṅ[13] daṅ / ba glaṅ 'dzin pa daṅ gsod pa'i gśed ma la sogs pa'i rgyud la gaṅ mi dge ba'i gzugs kyi rgyun yod[14] pa'o // sdom pa ma yin [15] [16]mi sdom pa yaṅ ma yin pa[16] ni gtsug lag khaṅ daṅ mchod rten daṅ dge 'dun[17] gyi kun dga' ra ba byed pa daṅ mchod rten la phyag bya ba daṅ bdug pa gsol ba la sogs pa yi dam du 'dzin pa daṅ / khu tshur daṅ thal lcag la sogs pa las byuṅ ba / dge ba daṅ mi dge ba'i gzugs kyi rgyun gaṅ yin pa'o // **rnam par rig byed ma yin pa** skad cig pa yin yaṅ rigs smos pas na de skad du brjod do //

[1] *gźag* CD [2] *ba sogs* GNP [3] *gźag* CD [4] om. CD [5] CD insert /. [6] om. N [7] CD insert *pha*. [8] CD insert /. [9] om. N [10] *dus* CD [11] *na* P [12] *sṅon* GNP [13] *sruṅs* GNP [14] om. GNP [15] GP insert *pa*. [16] om. P [17] *bdun* N

（C 304b7–305b1, D 304a1–b1, G 492b4–493b2, N 405b1–406a3, P 394b6–395a8; Dhammajoti［2008］p. 214, *l*. 2–p. 215, *l*. 16, Zh, vol. 82, p. 1553, *l*. 8–p. 1554, *l*. 14）

〔漢訳〕

無表色者謂能自表諸心心所轉變差別故名爲表。與彼同類而不能表故名**無表**。此於相似立遮止言。如於刹帝利等説非婆羅門等。**無表**相者謂由表心大種差別於睡眠覺亂不亂心及無心位有善不善色相續轉。不可積集。是能建立苾芻等因。是**無表**相。此若無者不應建立有苾芻等。如世尊説。於有依福業事彼恒常福增長。如是**無表**總有三種。謂律儀不律儀倶相違所攝故。律儀有三種。謂別解脱靜慮無漏律儀別故。別解脱律儀復有八種。一苾芻律儀二苾芻尼律儀三勤策律儀四正學律儀五勤策女律儀六近事男律儀七近事女律儀八近住律儀。如是八種唯欲界繫。靜慮律儀謂色界三摩地隨轉色。此唯色界繫。無漏律儀謂無漏三摩地隨轉色。此唯不繫。不律儀者謂諸屠兒及諸獵獸捕鳥捕魚劫盗典獄縛龍煮狗罝弶魁膾。此等身中不善**無表**色相續轉。非律儀非不律儀者謂造毘訶羅窣堵波僧伽邏摩等及禮制多燒香散華讃誦願等并捶打等所起種種善不善**無表**色相續轉。亦有**無表**唯一刹那。依總種類故説相續。

（T, vol. 28, 981a21–b14）

11. avijñapti

【先行研究における翻訳と訳例】

〔チベット語訳からの和訳〕

心と心所とが種種に生起することによって〔生じ〕他者に対して〔自らを〕表わすから表 vijñapti〔といわれる〕。その〔表〕と同様であるが他に対して表わさないから**無表** avijñapti である。すなわち,〔クシャトリアなどを〕「非婆羅門」というように、それと似ているが〔それでは〕ないのをいうのである。その相は、〔それを生ぜしめる〕表と心の大種の別異によって〔さまざまであって〕、投げ散らされた〔心〕と散乱していない〔心〕とそれでない心と無心とのいずれにも〔生じ〕得る。善と不善との色の連続する流れ pravāha であり、比丘などをそれとしてあらしめる因であり〔極微の〕積集したのではないもの、それが**無表**である。この〔無表〕が無いとすれば、比丘などが〔比丘などとして〕在り得ないこととなる。世尊によってもまた、「〔未来のよい生への〕依りどころとなる福徳を生ずる行為の基 aupadhikapuṇyakriyāvastu から福徳は常に続いて増大する」と説かれている。これはまた、(1) 律儀と (2) 不律儀と (3) 二つのいずれでもないのと〔の別〕によって三種である。(1) 律儀 saṃvara〔無表〕も (i) 別解脱と (ii) 静慮と (iii) 無漏との別によって三種である。(1) 別解脱律儀 prātimokṣa-saṃvara は比丘と比丘尼と沙弥と〔式叉摩那と〕沙弥尼と優婆塞と優婆夷と〔八斎〕戒との律儀の別によって八種である。これ (別解脱律儀) はただ欲〔界〕繋である。(ii) 静慮律儀は三昧中において起る色であってただ色〔界〕繋である。(iii) 無漏律儀も無漏の三昧中において起る色であるが、まったく不繋である。(2) 不律儀 asaṃvara〔無表〕とは鹿を捕える猟師 mṛga-labdhaka や鳥を捕える者 śākuntika や漁夫 mātsika や囚人監視者や象を捕縛する者 nāgabandhaka や死刑執行人などの身相続 saṃtāna の上にある色の連続する流れ pravāha である。(3) 律儀でも不律儀でもない〔無表〕とは、〔比丘の〕住房 vihāra や塔 stūpa や精舎 saṅghārāma を建てること、塔廟 caitya に礼拝供養し香を焚くなどことを思い立ち行うこと、こぶしで擲ったり平手で打ったりすること、などによって生ずる、善や不善の色の連続する流れなるものである。**無表**は刹那的な存在 kṣaṇika であるのに、このように〔「色の連続する流れ」と〕言うのは〔前の刹那の無表も後の刹那の無表も同一の〕種類であるからである。

(櫻部［1997］pp. 195–196)

11. avijñapti

〔漢訳からの英訳〕non-information

An action which can by itself inform (*vijñāpayati*) [others] a specific variation (*pariṇāma-viśeṣa*) in the thought and thought-concomitants (*citta-caitta*) [of the doer], is one that is information (*vijñapti*). An action which is of the same species as the informing action — [being also material and an action] — but incapable of [such] an information, is one that is **non-information** (*avijñapti*). This is a designation, via negativa, for a thing which is analogous in nature to, [and yet different in some respects from,] another. Thus, one calls a *kṣatriya*, a non-*brāhmaṇa*, etc. [Projected] (*'phangs pa*, **ākṣipta*) from a specific information action, thought (*citta*) and [tetrad of] Great Elements, there arises [in the actor] a continuous series of wholesome or unwholesome (*kuśala*, *akuśala*) matter, which is non-cumulative, and which persists in the states of [sleep, wakefulness], distracted (*vikṣipta*) thought, non-distracted thought (*avikṣipta*) thought, or "unconsciousness" (*acittaka*). This is ***avijñapti***. It is by virtue of this that the status of a *bhikṣu*, etc., can be established. Were this non-existent, it could not be legitimately established that there exist *bhikṣu*-s etc. [As for scriptural support,] the Bhagavat, for instance, [has this in view when he] says that the merit of one who performs the meritorious act of material giving (*aupadhika-puṇyakriyā-vastu*) increases incessantly. [Briefly speaking], this **non-information** matter is of three kinds: (i) restraint (*saṃvara*), (ii) nonrestraint (asaṃvara) and (iii) neither restraint nor nonrestraint (*naiva-saṃvara-nāsaṃvara*). Restraint is divided into three: discipline (*prātimokṣa*) restraint, meditation (*dhyāna*) restraint and pure (*anāsrava*) restraint. Discipline restraint is further divided into eight: *bhikṣu* restraint, *bhikṣuṇī* restraint, *śrāmaṇera* restraint, *śikṣamānā* restraint, *śramaṇerī* restraint, *upāsaka* restraint, *upāsikā* restraint and *upavāsa* (/*upavāsastha*) restraint. These eight kinds of restraint belong (*pratisaṃyukta*) to the sensesphere (*kāma-dhātu*) alone. The meditation restraint is a [non-information] matter which co-exists (*anuvartaka*) with the concentration (*samādhi*) of the fine-material-sphere (*rūpa-dhātu*). It belongs to the fine-material-sphere alone. The pure restraint is a [non-information] matter which co-exists with the pure concentrations (*anāsrava-samādhi*). This does not belong to any of the three spheres. There arises a continuous series of unwholesome **non-information** matter in the following persons: butchers, hunters, bird-catchers, robbers, prison-wardens, elephant-catchers (*nāga-bandhaka*), those who cook dogs (*śva-pāka*), deer-trappers (*vāgurika*) and executioners (*vadhya-ghātaka*). This is the **non-information** matter of nonrestraint. The continuous series of various wholesome or unwholesome **non-information** matter generated by the following acts is of the class of neither restraint nor nonrestraint: the building of *vihāra, stūpa* and *saṅghārāma* etc., worshipping *caitya,* burning incense, scattering flowers, singing religious hymns of praise, making wishes, etc; as well as striking (*tāḍana*), etc. There is also some **non-information** matter which is momentary. It is with reference to the **non-information** matter as a general class that we have described it as a "continuous series" (*pravāha*).

（DHAMMAJOTI［2008］pp. 75–77）

〔漢訳からの仏訳〕non-information

Le fait de renseigner de soi-même sur diverses transformations de pensées et de mentaux (*cittacaittapariṇāmaviśeṣa*) se nomme information (*vijñapti*). Eu égard aux mêmes catégories (*tatsabhāga*), le fait de ne point renseigner est dit «**non-information**» (*avijñapti*). Ici, nous distinguons deux choses analogues (*īdṛś*) par une formule d'exclusion (*pratiṣedha*), comme lorsque nous disons des guerriers (*kṣatriya*), etc. qu'ils ne sont ni des brahmanes, ni... Caractéristique de la **non-information** (*avijñaptilakṣaṇa*) : par des différences d'informations, de pensées (*citta*) et de grands éléments (*mahābhūta*), une série (*saṃtāna*) de matières (*rūpa*) bonnes (*kuśala*) ou mauvaises (*akuśala*) se déploie sans être accumulée (*na saṃcita*) dans une pensée endormie (*supta*), éveillée (*prabuddha*), distraite (*vikṣipta*), non distraite (*avikṣipta*) et aussi dans des états dépourvus de pensée (*acittakāvasthā*). C'est ce qui définit l'état de moine (*bhikṣu*), etc. et qui constitue le caractère (*lakṣaṇa*) de la **non-information** (*avijñapti*). S'il n'en allait pas ainsi, on ne saurait pas établir (*vyavasthā*) la qualité de moine (*bhikṣu*), etc., conformément à ce que le Bienheureux (*bhagavat*) a dit : «Dans les œuvres matérielles méritoires (*aupadhikapuṇyakriyā-vastu*), le mérite (*puṇya*) croît incessamment (*satatam abhivardhate*)». La **non-information** (*avijñapti*) est tripartie : discipline (*saṃvara*), indiscipline (*asaṃvara*) et celle qui n'est ni l'une ni l'autre (*naivasaṃvaranāsaṃvara*). Il y a trois espèces de disciplines (*saṃvara*), à savoir la discipline du code (*prātimokṣasaṃvara*), celle de l'extase (*dhyānasaṃvara*) et celle qui est pure (*anāsravasaṃvara*). La discipline du code (*prātimokṣa*) est de huit espèces : la discipline du moine (*bhikṣu*), de la moniale (*bhikṣuṇī*), celle du novice (*śrāmaṇera*), celle de la probationnaire (*śikṣamāṇā*), de la novice (*śrāmaṇerī*), du dévot laïque (*upāsaka*), de la dévote laïque (*upāsikā*) et du jeûneur (*upavāsastha*). Ces huit types sont exclusivement liés au monde du désir (*kāmadhātvāpta*). La discipline d'extase (*dhyānasaṃvara*) est une matière (*rūpa*) qui vient à la suite (*anuparivartī*) d'une concentration (*samādhi*) dans le monde de la matière subtile (*rūpadhātu*). Elle est du domaine de ce monde seulement. La discipline pure (*anāsravasaṃvara*) est une matière (*rūpa*) conséquente à une concentration pure (*anāsravasamādhi*). Elle n'est du domaine d'aucun monde (*anavacara*). Les indisciplinés sont les abatteurs (*saukarika, aurabhrika*), les chasseurs de bêtes sauvages (*mṛgalubdhaka*), les oiseleurs (*śākunika*), les pêcheurs (*mātsika*), les voleurs (caura), les geôliers (*bandhanapālaka*), les cornacs (*nāgabandhaka*), les cuiseurs de chiens (*śvapāka*), les tendeurs (*vāgurika*) et les bourreaux (*vadhyaghātaka*). En ceux-là se développent des séries (*saṃtāna*) de mauvaises matières qui sont des **non-informations** (*akuśalāvijñaptirūpa*). Pour ce qui est de la «ni-discipline-ni-indiscipline» (*naivasaṃvaranāsaṃvara*), il s'agit de développements en séries de toutes sortes de bonnes (*kuśala*) ou mauvaises (*akuśala*) matières de **non-information** (*avijñaptirūpa*) produites par (des actions telles que) construire une résidence (*vihāra*), un monument à reliques (*stūpa*) ou un monastère (*saṃghārāma*), honorer un monument votif (*caitya*), brûler des parfums (*nidhūpana*), répandre des fleurs (*puṣpābhikīraṇa*), chanter des louanges, faire des vœux ou porter des coups (*tāḍana*), etc. Notons que la **non-information** (*avijñapti*) est aussi instantanée (*kṣaṇikā*) et que lorsqu'on parle de série (*saṃtāna*), c'est en s'appuyant sur la catégorie du genre (*bhāvanā*).

(VELTHEM [1977] pp. 7–8)

12. vijñāna

【七十五法】pp. 47–50【百法】pp. 2–13【パーリ文献】pp. 55–60

Madhyamakapañcaskandhaka

【訳例】認識
【チベット語訳】rnam par śes pa

【定義的用例】

〔和訳〕

認識とは何か。すなわち、対象を把握すること、対象を判断すること、対象を認識すること、対象を理解することである。宝石が近くにある色の形象に従うように、**認識**も対象の形象を判断する。近くの対象の形象として生じることで、対象を判断するのであるが、対象の形象のみが**認識**ではない。なぜならば、その対象そのものが**認識**であるということになってしまうからである。対象の形象は**認識**と異なるものでもない。なぜならば、**認識**は対象の形象を欠いているということになってしまうからである。このように、**認識**において存在する形象により外界の対象を設定し、外界の対象により**認識**を設定する。すなわち、相互に依拠して、**認識**と認識対象が成立する。

また、その**認識**を分類すれば、六つの**認識**の集合（六識身）であり、眼による**認識**（眼識）、耳による**認識**（耳識）、鼻による**認識**（鼻識）、舌による**認識**（舌識）、身体による**認識**（身識）、思考による**認識**（意識）である。眼による**認識**とは何か。眼という感覚器官（眼根、→1. cakṣus / cakṣurindriya）に依拠して視覚対象（→6. rūpa）を識別するものである。耳による**認識**とは何か。耳という感覚器官（耳根、→2. śrotra / śrotrendriya）に依拠して音（→7. śabda）を識別するものである。鼻による**認識**とは何か。鼻という感覚器官（鼻根、→3. ghrāṇa / ghrāṇendriya）に依拠してにおい（→8. gandha）を識別するものである。舌による**認識**とは何か。舌という感覚器官（舌根、→4. jihvā / jihvendriya）に依拠して味（→9. rasa）を識別するものである。身体による**認識**とは何か。身体という感覚器官（身根、→5. kāya / kāyendriya）に依拠して触覚対象（→10. spraṣṭavya）を識別するものである。思考による

12. vijñāna

認識（意識）とは何か。思考器官（意根）に依拠して思考対象（法）を識別するものである。

〔チベット語訳〕

rnam par śes pa gaṅ źe na / 'di ltar don yoṅs su 'dzin pa daṅ / don yoṅs su gcod pa daṅ / don rnam par śes pa daṅ / don kun tu[1] rtogs pa ste / ji ltar nor bu ñe bar gyur pa'i tshon gyi rnam pa brten[2] par 'gyur ba de bźin du **rnam par śes pa** yaṅ yul gyi rnam pa yoṅs su gcod pa ste / yul ñe ba'i rnam par byuṅ bas yul ñe bar gcod pa yin gyi[3] / yul gyi rnam pa tsam ñid ni **rnam par śes pa** ma yin te / yul de yaṅ **rnam par śes pa** yin par thal bar 'gyur ba'i phyir ro // **rnam par śes pa** las don gyi rnam pa gźan pa yaṅ ma yin te / **rnam par śes pa** don gyi rnam pas[4] stoṅ par thal bar 'gyur ba'i phyir ro // de ltar na **rnam par śes pa** la yod pa'i rnam pas phyi rol gyi don du rnam par bźag[5] la / phyi rol gyi don gyis[6] **rnam par śes par** bźag[7] ste / 'di ltar phan tshun bltos[8] nas **rnam par śes pa** daṅ rnam par śes par bya bar[9] 'grub bo //

yaṅ **rnam par śes pa** de dbye na **rnam par śes pa**'i tshogs drug ste / mig gi **rnam par śes pa** daṅ / rna ba'i **rnam par śes pa** daṅ / sna'i **rnam par śes pa** daṅ / lce'i **rnam par śes pa** daṅ / lus kyi **rnam par śes pa** daṅ / yid kyi[10] **rnam par śes pa** źes bya'o // mig gi **rnam par śes pa** gaṅ źe na / mig gi dbaṅ po la brten nas gzugs so sor rnam par rig pa'o // rna ba'i **rnam par śes pa** gaṅ źe na / rna ba'i dbaṅ po la[11] brten nas sgra so sor rnam par rig pa'o // sna'i **rnam par śes pa** gaṅ źe na / sna'i dbaṅ po la brten nas dri so sor rnam par rig pa'o // lce'i **rnam par śes pa** gaṅ źe na / lce'i dbaṅ po la brten nas ro so sor rnam par rig pa'o // lus kyi **rnam par śes pa** gaṅ źe na / lus kyi dbaṅ po la brten nas reg bya so sor rnam par rig pa'o // yid kyi **rnam par śes pa** gaṅ źe na / yid kyi dbaṅ po la brten nas chos so sor rnam par rig pa'o //

1) *du* D　2) *rten* GNP　3) *gyis* G　4) *pa* GNP　5) *gźag* CD　6) *gyi* CDNP　7) *gźag* CD　8) *ltos* CD　9) sic read *ba*.　10) *kyis* G　11) *lta* P

（C 262a7–b7, D 265b7–266a7, G 364a4–b6, N 294a2–b2, P 304b4–305a4; Lindtner［1979］p. 143, *l.* 26–p. 144, *l.* 22, Zh, vol. 60, p. 1599, *l.* 1–p. 1600, *l.* 3）

参考文献（1）

Munimatālaṃkāra

【原語】vijñāna
【チベット語訳】rnam par śes pa

【定義的用例】

〔原文〕

vijñānaṃ katamat / yad arthasya grahaṇaṃ paricchittir vijñaptir avabodhaḥ / yathaiva hi maṇayaḥ sannihitopadhānarāgānukāriṇo bhavanti / evaṃ **vijñānaṃ** viṣayākāram upajāyamānaṃ viṣayaṃ paricchinatti / na ca viṣayākāramātraṃ **vijñānaṃ** viṣayasyaiva **vijñāna**tvaprasaṅgāt / na cāpy arthākārād bahir **vijñānam** / tasminn arthākārābhāvaprasaṅgāt / **vijñānā**rūḍhenākāreṇa bāhyārthaḥ prajñapyate / bāhyena cārthena **vijñānaṃ** prajñapyata ity evam anyonyāpekṣayā **vijñāna**vijñeyayoḥ siddhiḥ // tad **vijñānaṃ** ṣoḍhā / cakṣuḥśrotraghrāṇajihvākāyamano**vijñānāni** //

（李・加納［2015］p. 37, *ll*. 4–11）

〔チベット語訳〕

rnam par śes pa gaṅ źe na /[1] gaṅ don 'dzin pa daṅ yoṅs su gcod pa rnam par rig ciṅ rtogs pa'o // dper na nor bu rnams ni ñe bar gyur par bźag[2] pa'i tshon gyi rjes su byed par 'gyur te de bźin du **rnam par śes pa** yul gyi rnam pa can du ñe bar skye bźin pa ni yul yoṅs su gcod par byed do // yul gyi rnam pa tsam [3] yaṅ **rnam par śes pa** ma yin te / yul kho na'i **rnam par śes pa** ñid du thal ba'i phyir ro // don gyi rnam pa las **rnam par śes pa** phyi rol yaṅ ma yin te de la don gyi rnam pa med par thal ba'i phyir ro // **rnam par śes pa** la gnas pa'i rnam pas phyi rol gyi don du btags[4] la phyi rol gyi[5] don [6] gyis[7] kyaṅ **rnam par śes pa** btags so źes pa 'di ltar phan tshun bltos[8] nas **rnam par śes pa** daṅ rnam par śes par bya ba dag[9] grub po // **rnam par śes pa** de rnam pa drug ste / mig daṅ [10] rna ba daṅ [11] sna daṅ [12] lce daṅ [13] lus daṅ [14] yid kyi **rnam par śes pa**'o //

[1] // P　[2] *gźag* CD　[3] N inserts *pa*.　[4] *brtags* GNP　[5] *gyis* N　[6] G inserts *du btags la phyi rol gyi don*.　[7] *gyi* N　[8] *ltos* CD　[9] om. CD　[10] [11] [12] [13] [14] CD insert /.

（C 136a3–6, D 136b1–4, G 215b3–216a2, N 158a3–7, P 163b4–164a1; Akahane and Yokoyama［2015］p. 120, *l*. 12–p. 121, *l*. 7, 磯田［1991］p. 9, *l*. 34–p. 10, *l*. 3, Zh, vol. 63, p. 1210, *ll*. 8–19）

【先行研究における翻訳】

〔原文からの和訳〕

識とは何か。対象について把握すること、識別確定すること、知らしめること、覚知することである。たとえば、諸々の宝珠は、近くに置かれた染料に似る。同様に、**識**は対象の形相として生じつつ、対象を識別する。しかし**識**とは単なる対象の形相ではない。なぜなら〔さもなくば〕対象そのものが**識**となってしまうからである。そしてまた、対象の形相の外に、**識**はない。そこ（識）には対象の形相がないことになってしまうからである。**識**の上にある形相によって外界の対象が仮に設定される。そして外界対象によって**識**が仮に設定される。以上、このように**識**と認識対象は、相互依存として〔のみ〕成立する。その**識**は六種あり、眼耳鼻舌身意の**識**である。

（李ほか 近刊予定）

参考文献（2）

Abhidharmāvatāra

【チベット語訳】rnam par śes pa
【漢訳】識

【定義的用例】

〔チベット語訳〕

da ni **rnam par śes pa** brjod par bya'o // gzugs la sogs pa [1)] yul gyi dṅos po tsam so sor rnam par rig pa ni **rnam par śes pa** ste / mig la sogs pa lhan cig byed pa'i rgyus yoṅs su zin na 'byuṅ nus pa / gzugs la sogs pa yul drug po rnams la / dṅos po tsam khoṅ du chud pa'i chos gaṅ yin pa de ni **rnam par śes pa**'o // de bye brag khoṅ du chud pa ni ma yin gyi / bye brag khoṅ du chud par byed pa ni ra[2)] ba la sogs pa'i chos rnams kyi gnas su gyur pa ste / da ltar gyi dus kyi skad cig tsam la dmigs pa / yid daṅ sems kyi rnam graṅs su brjod pa'o // daṅ po'i sems can gyi rdzas gdags pa'i rgyu daṅ gzugs la sogs pa / yul so sor rnam par rig pa yaṅ byed pa'o // de yaṅ yul gyi bye brag gis rnam pa drug tu 'gyur (3te /3) mig gi **rnam par śes pa** nas yid kyi **rnam par śes pa**'i bar dag go //

1) GNP insert *yul la sogs pa*. 2) sic read *tshor*. See AA（Ch.）：若能分別差別相者即名受等諸心所法。（T, vol. 28, 988a15）and SS: *bye brag khoṅ du chud par byed pa ni tshor ba la sogs pa chos rnams kyi gnas su gyur pa ste /*（D 294b4, P 384b4） 3) *ro* // P

（C 321b4–322a1, D 320b4–7, G 518a3–b1, N 426a4–7, P 414a3–8; Dhammajoti［2008］p. 256, *ll*. 2–17, Zh, vol. 82, p. 1594, *ll*. 3–13）

〔漢訳〕

識句義者謂總了別色等境事故名爲**識**。即於色等六種境中由眼等根伴助而起現在作用。唯總分別色等境事説名爲**識**。若能分別差別相者即名受等諸心所法。**識**無彼用但作所依。**識**用但於現在世有一刹那頃能有了別。此亦名意亦名爲心。亦是施設有情本事於色等境了別爲用。由根境別説有六種。謂名眼**識**乃至意**識**。

（T, vol. 28, 988a12–19）

【先行研究における翻訳と訳例】

〔チベット語訳からの和訳〕

今は**識** vijñāna を説くであろう。色などなる境の事 dravya のある限りを識別する prativijānāti ことが**識**である。眼など〔なる根〕が共にはたらくに因って〔境が〕受けとられる時生じ得る、色などなる六境において事のある限りを識知する avagacchati 法なるもの、が**識**である。〔しかし〕こ〔の識〕は〔境〕の差別を識知することはない。差別を識知するものは受等の法であって、〔識はただそれらの〕所依となる。現在時の刹那のみにおいて〔境を〕縁ずる。意 manas と心 citta との同義語として説かれる。初めの有情の依事 upadhi を施設する（知らしめる）因であり、色などなる境を識別するのが、作用である。こ〔の識〕は、また、境の別によって六種となる。すなわち、眼**識**乃至意**識**である。

（櫻部［1997］p. 234）

〔漢訳からの英訳〕consciousness

The specific cognition (*prativijñapti*), in a general manner, of an objectbase (*viṣaya-vastu*, *vastu*) such as a visible etc., [without its particular details], is named **consciousness** (*vijñāna*). That is, the present function [of vision etc.]

with regard to the six [external] objects of vision, etc., which arise with the accompanying assistance of the visual faculties, etc. (*indriya-sahakāra*), and which apprehend visibles and other objects only generally, are named **consciousnesses**. That which is able to apprehend the particular characteristics of [an object] is named a thought-concomitant, such as sensation, etc. **Consciousness** does not have this function; it serves only as the support [for the thought-concomitants]. The function of **consciousness** exists only in the present moment within the single moment (*kṣaṇa*) of which the specific cognition takes place. **Consciousness** also receives the names of "mind" (*manas*) and "thought" (*citta*). It is also that by which the fundamental essence of a sentient being (*mūla-sattva-dravya*) may be designated. Its function is the specific cognition of the visibles and other objects. It is divided into six types by reason of the [six] different faculties [of vision etc., and the six] different objects. These are named visual **consciousness** (*cakṣur-vijñāna*) etc., up to mental **consciousness** (*mano-vijñāna*).

（DHAMMAJOTI［2008］p. 120）

〔漢訳からの仏訳〕connaissance

(La catégorie) **connaissance**, c'est, d'une façon générale, la distinction (*prati-vijñapti*) des objets (*viṣaya*) visibles (*rūpa*), etc. C'est dire qu'à l'endroit des six espèces d'objets (*viṣaya*), visibles (*rūpa*), etc., grâce au concours des organes (*indriyasahakāra*) visuels (*cakṣuḥ*), etc., il se produit une activité (*kāritrā*) présente (*pratyutpanna*) qui distingue, sous leur forme générale seulement, les choses en tant qu'objets visibles (*rūpaviṣaya*), etc. (Cette activité) se nomme **connaissance** (*vijñāna*). S'il s'agissait de la discrimination de caractères particuliers (*bhinnalakṣaṇa*), on parlerait d'un des dharma mentaux (*caitasika-dharma*) tel que la sensation (*vedanā*), etc. La **connaissance** (*vijñāna*) n'a pas leur fonction, elle constitue seulement leur point d'appui (*āśraya*), agit dans le présent et instantanément (*pratyutpannakṣaṇika*). L'aptitude à opérer des distinctions (*prativijñapti*) se nomme aussi «esprit» (*manaḥ*) ou pensée (*citta*) ou bien encore, par désignation conventionnelle (*prajñaptitaḥ*) «constituants primaires de l'être vivant» (*mūlasattvadravya*) ayant pour rôle de fournir une information discriminative (*prativijñapti*) à l'endroit des objets (*viṣaya*) visibles (*rūpa*), etc. Du fait des organes (*indriya*) et des objets (*viṣaya*), on distingue six sortes (de connaissances), allant de la **connaissance** visuelle (*cakṣurvijñāna*) à la **connaissance** mentale (*manovijñāna*).

（VELTHEM［1977］pp. 70–71）

13. vedanā

【七十五法】pp. 51–52【百法】pp. 30–33【パーリ文献】pp. 61–67

Madhyamakapañcaskandhaka

【訳例】感受
【チベット語訳】tshor ba

【定義的用例】

〔和訳〕

感受のグループ（蘊）について説く。その中で、歓喜、苦痛、その両者を離れた対象の本体を(1 直接的に体験することによる 1) 対象の経験を本性とするものであり、認識（→12. vijñāna）の経験であるものが**感受**と言われる。

その場合、(2 主なるものは心であり、心所ではない。その際に、主なるものが心であり、心所ではないと如何に知るのか 2)。心の働き（vyāpāra）を本性とするものが個別に自らの連続において成立して、意思（→15. cetanā）は意の行為であり、確信（→23. śraddhā）は心の清浄さであり、概察（→53. vitarka）は心の大雑把さであるなどと言われるから、(3 心所は心の状態ではない 3)。如何にしてか。別々のものであるからである。それに対して、ある者は「心の働きを本質とすると説かれたのだから、心の特別な状態が心所である」と主張する。それは正しくない。共に生じる（俱生）という決定事項を害することになる。したがって、ここでは、享受対象である認識の対象を経験することによる経験が**感受**と言われる。感じること（vitti）が**感受**とよばれるからである。或いは、経験するものが経験することが**感受**であり、〔感受は〕経験するものに他ならない。それは心としても知られる。なぜならば、**感受**は認識によって経験され、経験対象を経験するからである。食べ物や飲み物などと同じく、享受されるものに他ならない。したがって、すなわち、これは心の食べ物であると設定される。

また、以上のような**感受**は二種類であり、身体的なものと心的なものである。その中で、感覚器官（根）という五つの物質的なもの（有色）は、集積した極微（物質的な最小要素）を本性とするから、〔集合体の意味での〕身体（kāya）という言葉で説かれ、それに依拠して生じた**感受**は、身体から生じたものであるから、身体的なもの（kāyikī）と言われる。思考器官（意根）に依拠する**感受**が心的なものと言われる。

また、同じその**感受**は三種類であり、楽、苦、楽でも苦でもないものである。その中で、楽なる**感受**に関しては、それを捉えることで感覚器官の大種を増大させ、捉えたそのものから離れようとしなくなるものが楽と言われる。苦とは、それとは反対である。傷つくが故に〔それから〕離れようとするものが苦と言われる。結びつくことと離れることという可能性の拠り所ではないものであり、捉えることも棄てることもなく、それに依拠して愚痴が生じるものが平静（→25. upekṣā）である。楽でも苦でもないものが**感受**と言われる。

また、同じその**感受**は五種類であり、楽という能力を持つもの（楽根）、苦という能力を持つもの（苦根）、喜びという能力を持つもの（喜根）、憂いという能力を持つもの（憂根）、平静という能力を持つもの（捨根）である。その中で、物質的な感覚器官（根）に依拠した認識と結びついた快い**感受**と、第三静慮の心の快い**感受**、その両者が楽という能力を持つもの（楽根）と言われる。物質的な感覚器官に依拠した認識に結びついた不快な**感受**が苦という能力を持つもの（苦根）である。思考による認識（意識）と結びついた快い**感受**が喜びという能力を持つもの（喜根）である。意に関する同じものであり、不快なものが憂いという能力を持つもの（憂根）である。それら全てに関する、快くもなく、不快でもないものが平静という能力を持つもの（捨根）である。如何なる理由によって〔捨根において身受と心受がまとめて一根とされたの〕か。心の楽と苦は、主として、分別から生じるが、身体の〔楽と苦〕はそうではない。(4 対象 4) の力により、阿羅漢にも生じる。また、利益をもたらす身体の楽と (5 傷つける 5) 身体の苦は堅固にではなく生じるが、もう一方の心の〔楽と苦〕は堅固に生じる。平静に関しては、これらの設定は無いのであって、まとめて、六つの認識の集まりが平静と説かれる。

また、同じその**感受**は、六つの拠り所の区別により、六〔種類〕である。眼（→1. cakṣus / cakṣurindriya）に関する触合いから生じたもの、耳（→2. śrotra / śrotrendriya）、鼻（→3. ghrāṇa / ghrāṇendriya）、舌（→4. jihvā / jihvendriya）、身体（→5. kāya / kāyendriya）、思考（意）に関する触合いから生じたものである。**感受**のグループを解説し終えた。

1) 『中観五蘊論』のチベット語訳には、「直接的に体験することであり」とあるが、『牟尼意趣荘厳』の解説を参考に、instr. として理解する。

2)『中観五蘊論』のチベット語訳には、「心王は心所ではない。その際に、心王が心所ではないと如何に知るのか」とあるが、『牟尼意趣荘厳』の解説を参考に和訳する。

3)『中観五蘊論』のチベット語訳のままでは理解が難しいが、直後の異説（瑜伽行派説）との対応から、このように和訳する。

4)『中観五蘊論』のチベット語訳は「身体」（lus）とするが、『牟尼意趣荘厳』と『倶舎論』の解説に基づき、yul に訂正する。『倶舎論』の解説については、直後に示すチベット語訳の注 a を参照。

5)『中観五蘊論』のチベット語訳は、CD が gtoṅ、GNP が btaṅ とするが、『倶舎論』の解説とそのチベット語訳に基づき、gnod と訂正する。AKBh (Tib.): de bźin du lus kyi sdug bsṅal yaṅ gźan du gnod pa byed la / sems kyi yaṅ gźan du gnod pa byed do // (D 56a1–2, P 61b3–4) サンスクリットは、直後に示すチベット語訳の注 a を参照。

〔チベット語訳〕

tshor ba'i phuṅ po'i dbaṅ du byas nas brjod pa de la sim pa daṅ / gduṅ ba daṅ / de gñi ga las grol ba'i yul gyi[1] ṅo bo mṅon du byed pa gaṅ yul ñams su myoṅ ba'i ṅo bo rnam par śes pa'i myoṅ ba de[2] ni **tshor ba** źes brjod do //

de la gtso bo sems ni sems las byuṅ ba ma yin no // der ni gtso bo sems (3sems las3) byuṅ ba ma yin par ji ltar śes / gaṅ sems kyi bya ba'i[4] ṅo bo logs śig tu raṅ rgyud du grub par sems pa yid kyi las daṅ / dad pa sems kyi daṅ ba daṅ / rtog pa ni sems rtsiṅ ba źes bya ba la sogs par brjod pas sems las byuṅ ba'i sems kyi gnas skabs ni ma yin no // ji lta źe na / don tha dad du gyur pas so // de la kha cig sems kyi bya ba'i ṅo bo ñid du bstan pas sems kyi gnas skabs kyi bye brag ni sems las byuṅ ba'o źes 'dod do //[5] de ni rigs pa ma yin te / lhan cig 'byuṅ ba źes bya ba'i ṅes pa ñams par 'gyur ro // des na 'dir ni rnam par śes pa'i yul ñe bar spyad par bya ba ñams su myoṅ bas ñams su myoṅ ba de ni **tshor ba** źes brjod (6do //6) rig pa ni **tshor ba** źes bya bas so // yaṅ na myoṅ bar byed pas myoṅ ba gaṅ yin pa de **tshor ba**[7] ñams su myoṅ bar byed pa ñid do // de ni yaṅ na sems su śes par (8bya ste8) **tshor ba** ñid ni rnam par śes pas myoṅ bar bya źiṅ / ñams su myoṅ bar bya ba[9] ñams su myoṅ ba'i phyir (10ro //10) bza' ba daṅ btuṅ ba la sogs pa daṅ 'dra bar ñe bar spyad par bya ba ñid do // des na 'di ltar 'di ni sems kyi zas so źes rnam par bźag[11] go //

yaṅ de lta bu'i **tshor ba** de ni [12] rnam pa gñis su 'gyur te / lus kyi daṅ sems kyi'o // de la dbaṅ po'i gzugs can lṅa ni rdul phra rab 'dus pa'i ṅo bo ñid kyis lus kyi sgrar brjod la / de la brten nas byuṅ ba'i **tshor ba** ni lus las byuṅ bas lus kyi źes brjod do // yid kyi dbaṅ po la brten pa'i **tshor ba** ni sems kyi źes brjod do //

yaṅ **tshor ba** de ñid rnam pa gsum du 'gyur te / bde ba daṅ / sdug bsṅal[13] daṅ / bde ba yaṅ ma yin sdug bsṅal ba yaṅ ma yin pa'o // de la **tshor ba** bde ba ni gaṅ yoṅs su bzuṅ bas dbaṅ po'i 'byuṅ ba chen po 'phel bar byed ciṅ gaṅ bzuṅ ba de daṅ 'bral bar mi 'dod pa de ni bde ba źes brjod do // sdug bsṅal ni de las bzlog pa ste / ñe bar gnod pas 'bral bar 'dod pa de sdug bsṅal źes brjod do // gaṅ phrad pa daṅ bral ba'i srid pa'i rten du ma gyur pa yoṅs su 'dzin pa yaṅ ma yin / rjes su gtoṅ ba yaṅ ma yin pa ste / de la brten nas gti mug 'byuṅ ba ni btaṅ sñoms te / bde ba yaṅ ma yin [14] sdug bsṅal ba yaṅ ma yin pa ni **tshor ba** źes brjod do //

[a...]yaṅ **tshor ba** de ñid rnam pa[15] lṅar 'gyur te / bde ba'i dbaṅ po daṅ /[16] sdug bsṅal gyi dbaṅ po daṅ / yid bde ba'i dbaṅ po daṅ / yid mi bde ba'i dbaṅ po daṅ / btaṅ sñoms kyi[17] dbaṅ po'o // de la dbaṅ po gzugs can la brten pa'i rnam par śes pa daṅ mtshuṅs par ldan pa **tshor ba** bde ba daṅ / bsam gtan gsum pa'i sems kyi **tshor ba** bde ba ste / de gñis ka[18] yaṅ bde ba'i dbaṅ po źes brjod do // dbaṅ po gzugs can la brten pa'i rnam par śes pa daṅ mtshuṅs par ldan pa'i **tshor ba** bde ba ma yin pa ni sdug bsṅal gyi dbaṅ po'o // yid kyi rnam par śes pa daṅ mtshuṅs par ldan pa'i **tshor ba** bde ba ni yid bde ba'i dbaṅ po'o // yid kyi de ñid mi bde ba ni yid mi bde ba'i dbaṅ po'o // de dag thams cad kyi bde ba yaṅ ma yin sdug bsṅal yaṅ ma yin pa ni btaṅ sñoms kyi dbaṅ po'o // rgyu cis śe[19] na / gaṅ gi[20] phyir sems kyi bde ba daṅ sdug bsṅal phal cher rnam par rtog[21] pa las 'byuṅ gi[22] lus kyi ni ma yin no // lus[23] kyi dbaṅ gis dgra bcom pa rnams la yaṅ 'byuṅ ṅo // gźan yaṅ lus kyi bde ba daṅ sdug bsṅal bzuṅ ba daṅ gnod[24] bar bya ba ni mi brtan par 'byuṅ la / gźan pa sems kyi ni brtan par 'byuṅ ṅo // btaṅ sñoms kyi [25] ni rnam par bźag[26] pa de dag med de[27] / mdor bsdus nas rnam par śes pa drug gi ris[28] ni btaṅ sñoms źes brjod do[...a] //

tshor ba de ñid yaṅ rten drug gi bye brag gis drug tu 'gyur te / mig gi[29] 'dus te reg pa las byuṅ ba daṅ / rna ba daṅ / sna daṅ / lce daṅ / lus daṅ / yid kyi 'dus te reg pa las byuṅ ba'o // **tshor ba**'i phuṅ po bśad zin to //

[1] *gyis* G [2] om. GNP [3] *la se myas la sin* C [4] *ba'o* N [5] om. CD [6] *de* CD [7] *bas* CD [8] *bya'o //* CD [9] *bas* CD [10] *te /* CD [11] *gźag* CD [12] G inserts *sems*. [13] *sṅal* G [14] CD insert /. [15] *la* C [16] om. G [17] *kyis* G [18] *gaṅ* GNP [19] *śes* GNP [20] om. G [21] *rtogs* NP [22] *gis* GNP [23] sic read *yul*. [24] *gtoṅ* CD, *btaṅ* GNP [25] GNP insert *la*. [26] *gźag* CD [27] *do* N [28] *rig* N [29] *gis* P

[a] AKBh ad II. 7 and 8: sukhādīnām ājñāsyāmīndriyādīnāṃ ca karttavyaḥ / so 'yaṃ kriyate /

duḥkhendriyam aśātā yā kāyikī vedanā 7ab

aśātety upaghātikā duḥkhety arthaḥ /

sukham / śātā 7bc

sukhendriyaṃ kāyikī śātā vedanā / śātety anugrāhikā sukhety arthaḥ /

dhyāne tṛtīye tu caitasī sā sukhendriyam // 7cd

tṛtīye tu dhyāne saiva śātā vedanā caitasī sukhendriyam / na hi tatra kāyikī vedanāsti / pañcavijñānakāyābhāvāt /

anyatra sā saumanasyaṃ 8a

tṛtīyād dhyānād anyatra kāmadhātau prathame dvitīye ca dhyāne sā caitasikī śātā vedanā saumanasyendriyam / tṛtīye tu dhyāne prītivītarāgatvāt sukhendriyam eva sā na saumanasyendriyam / prītir hi saumanasyam /

aśātā caitasī punaḥ / daurmanasyam upekṣā tu madhyā 8bc

naivaśātanāśātā / aduḥkhāsukhā vedanā madhyety ucyate / sopekṣendriyam / kiṃ kāyikī caitasikīty āha /

ubhayī 8d

kiṃ punaḥ kāraṇam iyam abhisamasyaikam indriyaṃ kriyate /

avikalpanāt // 8d

caitasikaṃ hi sukhaduḥkhaṃ prāyeṇa vikalpanād utpadyate na tu kāyikam / viṣayavaśād arhatām apy utpatteḥ / atas tayor indriyatvena bhedaḥ / upekṣā tu svarasenāvikalpayata evotpadyate kāyikī caitasikī cety ekam indriyaṃ kriyate / anyathā ca kāyikaṃ sukham anugṛhṇāty anyathā caitasikam / evaṃ duḥkham anyathā kāyikam upahanty anyathā caitasikam / upekṣāyāṃ tv eṣa vikalpo nāsty ata upekṣaṇaṃ praty avikalpanād abhedaḥ / (p. 41, *l.* 5–p. 42, *l.* 5; 櫻部［1969］pp. 248–249)

（C 240b2–241b3, D 243b3–244b3, G 332a5–333b4, N 268b7–270a1, P 278b5–279b8; Lindtner［1979］p. 102, *l.* 19–p. 104, *l.* 10, Zh, vol. 60, p. 1545, *l.* 8–p. 1547, *l.* 18）

参考文献（1）

Munimatālaṃkāra

【原語】vedanā

【チベット語訳】tshor ba

13. vedanā

【定義的用例】

〔原文〕

āhlādakaparitāpakatadubhayavinirmuktaviṣayasvarūpasākṣātkriyayā viṣayānubhūtir vijñānasyānubhavo vittir **vedane**ty ucyate //

tatra cittaṃ pradhānaṃ na caittāḥ / te hi cittasyāmī citte vā bhavāś cittavyāpārarūpāḥ pṛthaksiddhāḥ / dharmapravicayakāle tu prajñā caittasyāpi kalāpasya rājate / kvacit kvacid dharmaḥ pradhānam / yathābhisaṃpratyayakāle śraddhādy anāsravaḥ pañcaskandhakaḥ kalāpa iti Vaibhāṣikāḥ // cittavyāpārarūpāś cittasyāvasthāviśeṣāś cittād apṛthak caittā iti Yogācārāḥ // saṃvṛtyāvicāraramaṇīyatvād yathā kvacit tattvaṃ kvacid anyatvaṃ vyavahriyate paramārthatas tu tattvam anyatvaṃ cāyuktam iti Mādhyamikāḥ //

sā ca **vedanā** kāyikī caitasikī ca //

punas tridhā sukhā duḥkhā 'duḥkhāsukhā ca //

punaḥ pañcadhā / sukhaduḥkhasaumanasyadaurmanasyopekṣendriyāṇi / tatra rūpīndriyāśritavijñānasaṃprayuktā tṛtīyadhyāne mānasī ca sātā **vedanā** sukhendriyam / rūpīndriyavijñānasaṃprayuktāsātā **vedanā** duḥkhendriyam / manovijñānasaṃprayuktaṃ sātaṃ veditaṃ saumanasyendriyam / mānasam evāsātaṃ daurmanasyendriyam / sarvam eva tu naiva sātaṃ nāsātaṃ veditam upekṣendriyam / yasmāc caitasikaṃ sukhaduḥkhaṃ prāyeṇa vikalpanād utpadyate / na tu kāyikam / viṣayavaśād arhatām apy utpatteḥ //

punaḥ ṣoḍhā / cakṣuḥsaṃsparśajā yāvan manaḥsaṃsparśajā **vedane**ty ukto **vedanā**skandhaḥ //

（李・加納［2015］p. 17, *l.* 6–p. 18, *l.* 10）

〔チベット語訳〕

tshim par [(1]byed pa[1)] daṅ yoṅs su gduṅ bar byed pa daṅ de gñis las rnam par grol ba'i yul gyi raṅ gi ṅo bo mṅon sum du bya bas yul ñams su myoṅ ba rnam par śes pa'i ñams su myoṅ ba rig pa ni **tshor ba** źes brjod do //

de la Bye brag smra ba rnams na re /[2)] sems ni gtso bo yin la sems las byuṅ ba rnams ma yin no // de rnams ni sems kyi 'di rnams sam sems la yod pa rnams yin pas sems kyi bya ba'i raṅ bźin te tha dad du grub po[3)] // chos rab tu rnam par 'byed pa'i dus su ni śes rab sems las byuṅ ba cha śas kyaṅ gsal la / la la la lar chos gtso bo ste / dper na mṅon par yid ches pa'i dus na dad pa la sogs pa zag pa med pa'i phuṅ po lṅa'i tshogs pa lta bu'o źes so // rNal 'byor spyod pa pa rnams na re sems kyi bya ba'i raṅ bźin sems kyi gnas skabs kyi khyad par rnams[3)] sems las byuṅ ba ste sems las tha dad pa ma yin no źes so // dBu ma pa rnams na re kun rdzob tu ma brtags na ñams dga' ba ñid kyi phyir ji lta ba de lta ste kha cig tu de ñid daṅ 'ga' źig tu gźan ñid lta bu tha sñad byed la don dam par ni de ñid daṅ gźan ñid (4du'aṅ4) mi rigs so (5źes so5) //

tshor ba (6de'aṅ6) lus kyi daṅ sems kyi'o //

slar yaṅ rnam pa gsum ste (7bde ba7) daṅ sdug bsṅal daṅ sdug bsṅal yaṅ ma yin bde ba yaṅ ma yin pa'o //

slar yaṅ rnam pa lṅa ste bde ba daṅ sdug bsṅal daṅ (8yid bde ba daṅ8) yid mi bde ba daṅ btaṅ sñoms kyi dbaṅ po rnams so // de la gzugs can gyi dbaṅ po la brten pa'i rnam par śes9) pa daṅ mtshuṅs par ldan pa daṅ / bsam gtan gsum pa na yid kyi yaṅ ste sim pa'i **tshor ba** ni10) bde ba'i dbaṅ po'o // gzugs can gyi dbaṅ po'i rnam par śes pa daṅ mtshuṅs par ldan pa sim pa ma yin pa'i **tshor ba** ni sdug bsṅal gyi dbaṅ11) po'o // yid kyi rnam par śes pa daṅ mtshuṅs par ldan pa tshim pa'i tshor ba ni yid12) bde ba'i dbaṅ po'o // yid kyi13) ñid tshim pa ma yin pa ni yid mi bde ba'i dbaṅ po'o // thams cad kyi ñid sim (14pa'aṅ14) ma yin sim pa ma yin (15pa'aṅ15) ma yin pa'i tshor ba ni btaṅ sñoms kyi dbaṅ po'o // gaṅ gi phyir sems kyi bde ba daṅ sdug bsṅal phal16) cher rnam par rtog pa las skyes śiṅ lus kyi ni ma yin te / yul gyi dbaṅ las dgra bcom pa rnams (17la'aṅ17) skye ba'i phyir ro //

slar yaṅ rnam pa drug ste mig gi 'dus te reg pa las byuṅ ba nas yid kyi 'dus te reg pa las byuṅ ba ji srid pa'i bar ro źes pa **tshor ba**'i phuṅ po brjod zin to //

1) *bya ba* CD 2) om. CD 3) om. CD 4) *du yaṅ* CD 5) om. CD 6) *de yaṅ* CD 7) *bdag* CD
8) om. D 9) *śas* C 10) om. N 11) *phuṅ* CD 12) om. CD 13) om. CD 14) 15) *pa yaṅ* CD
16) *phar* N 17) *la yaṅ* CD

（C 128a5–b6, D 128b2–129a3, G 201a4–202a5, N 147a4–148a2, P 151b7–152b5; Akahane and Yokoyama［2014］p. 28, *l.* 4–p. 30, *l.* 2, 磯田［1987］p. 28, *l.* 14–p. 29, *l.* 10, Zh, vol. 63, p. 1190, *l.* 14–p. 1192, *l.* 1）

【先行研究における翻訳】

〔原文からの和訳〕

安楽をもたらす対象、苦痛をもたらす対象、その両者を離れた対象の本質を直感することで、〔それらの〕対象を経験すること（anubhūti）、〔対象についての〕識を経験すること（anubhava）、感受（vitti）することが、**受**（vedanā）と言われる。

毘婆娑師たちは〔次のように〕言う。その場合、心が主であり、心所はそうではない。なぜなら、それらは、心に属するもの、あるいは心における所産（bhava）であり、心の振る舞いを本質とするものであり、別々に成り立つからである。しかし、法を分析するときには、〔心ではなくて〕慧が、心所の束に対しても、王の如く振る舞う（rājate）。場合場合によって、ある法が主となる。たとえば、確信するときには信〔の心所〕などがあるように。五蘊からなる束は、無漏である。瑜伽行派たちは次のように言う。心所とは、心の振る舞いを本質としていて、心の特殊な状態であり、心とは別のものではない。中観派たちは次のように言う。世俗としては、吟味しない限り好ましいものであるので、たとえば、ある場合には〔心と心所が〕同一であり、またある場合には、〔心と心所が〕別であると表現される。しかし勝義としては、〔心と心所が〕同一とか別とかいうことは不合理である。

そして、かかる**受**は、身体に関するものと（身受）、心に関するもの（心受）とがある。

さらに三種ある。楽、苦、不苦不楽である。

さらに五種ある。楽根、苦根、喜根、憂根、捨根である。その中で楽根とは、有色根に依拠した識と結びついた〔受〕と、第三禅にありかつ心的な快なる**受**である。苦根とは、有色根〔に依拠した〕識と結びついた不快なる**受**である。喜根とは、意識と結びついた快として感受されたもの（vedita）である。憂根とは、同じ心的なもので、不快なものとして〔感受されたものである〕。他方、捨根とは、〔心と身に関する〕すべてのものであり、快でもなく不快でもないものとして感受されたものである。というのも、心的な苦楽は、主として、分別から生じるが、身体的な〔苦楽〕は、〔分別から生じ〕ない（つまり身心の捨根とも分別からは生じない）。対象の力に応じて、〔分別のない〕阿羅漢にも〔身体的苦楽は〕生じるからである。

さらに〔受は〕六種である。眼との接触により生じる**受**、乃至、意との接触により生じる**受**である。以上、**受**蘊が述べられた。

（李ほか［2015］pp. 148–150）

参考文献（2）

Abhidharmāvatāra

【チベット語訳】tshor ba
【漢訳】受

【定義的用例】

〔チベット語訳〕

tshor ba ni myoṅ ba rnam pa gsum ste bde ba daṅ sdug bsṅal ba daṅ bde ba yaṅ ma yin sdug bsṅal ba yaṅ ma yin pa ste / gsum tshor bar gyur ba'i don gaṅ yin pa'o // 'dod pa daṅ mi 'dod pa daṅ gñi ga las bzlog pa ste reg pa'i skye gnas can lus daṅ sems kyi gnas skabs kyi bye brag sim pa daṅ gduṅ ba daṅ gñi ga las bzlog pa ste / sred[1)] pa'i rgyu ni **tshor ba** źes bya'o // ji skad du bcom ldan 'das kyis kyaṅ reg pa'i rkyen gyis **tshor ba** / **tshor ba**'i rkyen gyis sred pa źes gsuṅs pa lta bu'o // de yaṅ rnam par śes pa'i bye brag gis rnam pa drug ste / mig gi 'dus te reg pa las skyes pa daṅ / rna ba daṅ sna daṅ lce daṅ lus daṅ yid kyi 'dus te reg pa las skyes pa'o // de yaṅ rnam pa gñis te lus kyi daṅ sems kyi'o // de la rnam par śes pa lṅa daṅ lhan cig skyes pa ni lus kyi'o // cig śos ni sems kyi'o // dbaṅ po'i bye brag gis rnam pa lṅa ste / bde ba'i dbaṅ po daṅ sdug bsṅal gyi dbaṅ po daṅ / yid bde ba'i dbaṅ po daṅ yid mi bde ba'i dbaṅ po daṅ btaṅ sñoms kyi dbaṅ po'o // de la lus kyi sim pa gaṅ yin pa daṅ / bsam gtan gsum pa las skyes pa'i yid kyi sim pa gaṅ yin pa de ni bde ba'i dbaṅ po ste pham[2)] par byed pa'i don gaṅ yin pa'o // gaṅ lus kyi sim pa ma yin pa de ni sdug bsṅal gyi dbaṅ po ste gnod par byed pa'i don gaṅ yin pa'o // bsam gtan gsum pa ma gtogs pa 'og ma'i yid kyi sim pa gaṅ yin pa de ni yid bde ba'i dbaṅ po'o // de las bzlog pa ni yid mi bde ba'i dbaṅ po'o // gaṅ lus daṅ sems kyi sim pa yaṅ ma yin [3)] mi sim pa yaṅ ma[4)] yin pa de ni btaṅ[5)] sñoms kyi dbaṅ po'o // **tshor ba**'i dbaṅ po'o //

1) *srid* CDP　2) sic read *phan*. See AA（Ch.）: 悦是攝益義。（981c16）　3) G inserts *pa*.
4) om. P　5) om. P

（C 306a1–7, D 305a1–7, G 494a6–495a1, N 406b5–407a5, P 396a2–b2; Dhammajoti［2008］p. 271, *ll*. 1–31, Zh, vol. 82, p. 1555, *l*. 20–p. 1556, *l*. 19）

〔漢訳〕

受句義者謂三種領納。一樂二苦三不苦不樂。即是領納三隨觸義。從愛非愛非二觸生。身心分位差別所起。於境歡慼非二爲相。能爲愛因故名**受**。如世尊説。觸縁**受受**縁愛。此復隨識差別有六。謂眼觸所生**受**乃至意觸所生**受**。五識倶生名身**受**。意識倶生名心**受**。由根差別建立五種。謂樂根苦根喜根憂根捨根。諸身悦**受**及第三靜慮心悦**受**名樂根。悦是攝益義。諸身不悦**受**名苦根。不悦是損惱義。除第三靜慮餘心悦**受**名喜根。諸心不悦**受**名憂根。諸身及心非悦非不悦**受**名捨根。此廣分別如根等處。　（T, vol. 28, 981c8–19）

13. vedanā

【先行研究における翻訳と訳例】

〔チベット語訳からの和訳〕

受 vedanā は三種の感受 anubhava であって、楽と苦と楽でも苦でもないのとである。〔それら〕三を感受する vedayati という意味である。好ましいの iṣṭa と、好ましくないの aniṣṭa と、両方〔のどちらでも〕ないのと、なる〔三種の〕触 sparśa を生処 yoni（因）として、身心が〔その触の生ずる以前と〕異った状態 avasthā となること、すなわち、歓び āmoda と傷み saṃtāpa と両方〔のどちらでも〕ないのと、の〔三〕であり、愛 tṛṣṇā の因〔なるもの〕が**受**と呼ばれる。世尊によって「触によって**受**がある。**受**によって愛がある、」と説かれる如くである。こ〔の受〕はまた識の差別によって六種であって、眼触より生ずる〔受〕と、耳・鼻・舌・身・意触より生ずる〔受〕とである。それはまた二種である。すなわち身の〔受〕と心の〔受〕とである。その中、五識と倶生するものが身の〔受〕kāyikā〔vedanā〕で、それ以外が心の〔受〕caitasikī〔vedenā〕である。根の別によって五種である。すなわち、楽根と苦根と喜根と憂根と捨根とである。その中、身の〔受〕の悦ばしい śāta ものと第三静慮より生ずる意の〔受〕の悦ばしいものとは楽根 sukhendriya であって、〔悦ばしいとは心・身を〕養う anugrahika という意味である。身の〔受〕の悦ばしくないものとは苦根 duḥkhendriya であって、〔悦ばしくないとは心・身を〕なやます upaghātika という意味である。第三静慮以外の下の意の〔受〕の悦ばしいものは喜根 saumanasyendriya である。その逆が憂根 daurmanasyendriya である。身の〔受〕および心の〔受〕で悦ばしくも悦ばしくもないのが捨根 upekṣendriya である。〔以上が〕**受**句義である。

（櫻部［1997］pp. 200–201）

〔漢訳からの英訳〕sensation

There are three kinds of experience (*anubhava*): (i) pleasurable (*sukha*), (ii) unpleasurable (*duḥkha*) and (iii) neither pleasurable nor unpleasurable (*aduḥkha-asukha*). These are the experiencing of three results of contact (*sparśānubhavana*). They are produced by the different psycho-physical states born of contact which are [respectively] desirable (*iṣṭa*), undesirable (*aniṣṭa*) and neither. Their characteristics are [respectively] joy, sorrow and neither, with regard to the object. They are named **sensation** (*vedanā*) because they are the cause of craving (*tṛṣṇā*). As the Bhagavat has said, "conditioned by contact, there arises **sensation**; conditioned by **sensation**, there arises craving." They are also divided into six, following the six kinds of consciousness: i.e. **sensation** born of visual contact, etc., up to **sensation** born of mental contact. Those which are co-nascent with the [first] five consciousnesses are named "physical **sensations**"; those which are co-nascent with mental consciousness are named mental **sensation**. On account of the different faculties (*indriya*), a fivefold division is established: the faculties of pleasure (*sukha*), displeasure (*duḥkha*), joy (*saumanasya*), sorrow (*daurmanasya*) and equanimity (*upekṣā*). The pleasant physical **sensations**, and the pleasant mental **sensation** of the third meditation [where owing to the absence of the five consciousnesses there is no physical sensation], are named the faculty of pleasure (*sukhendriya*). Being pleasant (*śāta*) means being beneficial (*anugrāhika*). The unpleasant physical **sensations** are named the faculty of displeasure (*duḥkhendriya*). Being unpleasant (*aśāta*) means being harmful (*upaghātika*). All the pleasant mental **sensations**, with the exception of that in the third meditation, are named the faculty of joy (*saumanasyendriya*). The unpleasant mental **sensations** are named the faculty of sorrow (*daurmanasyendriya*). The physical and mental **sensations** which are neither pleasant nor unpleasant are named the faculty of equanimity (*upekṣendriya*). The detailed explanation on these is to be found under the expositions on faculties (*indriya*), etc.

（DHAMMAJOTI［2008］p. 79）

〔漢訳からの仏訳〕sensation

Elle comporte trois expériences (*anubhava*) : agréable (*sukha*), désagréable (*duḥkha*) et ni-agréable-ni-désagréable (*aduḥkhāsukha*). Cela revient à dire que ces impressions (*anubhava*) sont triples en fonction du contact (*sparśa*). Nées d'un contact agréable (*iṣṭa*), désagréable (*aniṣṭa*) ou contraire aux deux (*tadubhayavinirmukta*), produites par les différents états du corps et de la pensée (*kāyacittāvasthāviseṣebhyo utpanna*), elles ont pour caractère (*lakṣaṇa*) une réjouissance (*hlāda*), une exaspération (*pratāpa*) ou ni l'une ni l'autre vis-à-vis des objets (*viṣaya*). On parle de la **sensation** en tant que cause du désir (*tṛṣṇā*). Ainsi le Bienheureux (*bhagavat*) a-t-il dit : «La **sensation** est issue du contact (*sparśapratyayā vedanā*) et le désir est issu de la **sensation** (*vedanāpratyayā tṛṣṇā*)». D'autre part, la **sensation** est de six sortes, eu égard aux différentes connaissances (*vijñāna*) : la **sensation** résultant du contact de l'œil (*cakṣuḥsaṃ-sparśajā vedanā*) (et ainsi de suite) jusqu'à la **sensation** née du contact de la connaissance (*vijñānasaṃṣpaśajā vedanā*). Simultanée (*sahajā*) aux cinq (premières) connaissances, elle s'appelle corporelle (*kāyikī vedanā*). Simultanée à la connaissance mentale (*manovijñānasahajā*), elle est **sensation** mentale (*caitasikī vedanā*). Du fait de la diversité des facultés (*indriyaviśeṣa*), on établit cinq types (de sensations) : il y a les facultés de plaisir (*sukhendriya*), de déplaisir (*duḥkhendriya*), de satisfaction (*saumanasyendriya*), de dissatisfaction (*daurmanasyendriya*) et d'indifférence (*upekṣendriya*). Les **sensations** corporelles plaisantes (*śāta*), de même que les **sensations** mentales plaisantes de la troisième sphère d'extase (*tṛtīyadhyāna*) sont des facultés de plaisir (*sukhendriya*). (Ici), plaisant (*śāta*) a le sens de bénéfique (*anugrāhika*). Toutes les **sensations** corporelles déplaisantes (*aśāta*) s'appellent facultés de déplaisir (*duḥkhendriyam aśātā yā kāyikī vedanā*). (Ici), déplaisant (*aśāta*) veut dire «qui fait mal» (*upaghātika*). En-dessous de la troisième sphère d'extase (*tṛtīyadhyāna*), les autres **sensations** mentales plaisantes (*śāta*) sont facultés de satisfaction (*saumanasyendriya*) et les **sensations** mentales déplaisantes (*aśāta*) facultés de dissatisfaction (*daurmanasyendriya*). Les **sensations** corporelles et mentales ni plaisantes ni déplaisantes s'appellent facultés d'indifférence (*upekṣendriya*). (Dans d'autres textes), tout cela est analysé plus en détail en tant que «facultés» (*indriya*), etc.

(VELTHEM [1977] pp. 11–12)

14. saṃjñā

【七十五法】pp. 53–54【百法】pp. 34–36【パーリ文献】pp. 68–71

Madhyamakapañcaskandhaka

【訳例】表象作用
【チベット語訳】'du śes

【定義的用例】

〔和訳〕

表象作用のグループ（蘊）について説く。ここでは、壷、布、車を自体とするものなどの諸々の物質的な存在（色）は、有為であるという点では等しいが、それぞれに因と契機に関する差異が存在し、因と契機に関する差異に依拠して、広い〔底〕などの差異が存在する。その差異こそが特徴と説かれる。(1 それによって、差異に沿って、諸々の対象を推理するからである 1)。それによって、壷、布などのその特徴を把握し、想い描き、判断する、特徴を把握することを自体とする心所法が**表象作用**と言われる。

表象作用は対象の特徴に対して働くが、認識（→12. vijñāna）は対象のみを把握するものとして生じる。対象の差異を把握することを自体とする心所法と結びつくことで、対象の差異を把握する能力を備えるようになる。したがって、認識と結びつき、それによって、壷、布、車などを自体とする対象の差異を判断するようになる心所法が**表象作用**と言われる。

以上の**表象作用**は、〔心〕不相応〔行〕である名称（→70. nāmakāya）と共に、同一の対象に働く。名称は対象を明らかにし、**表象作用**が表象する。したがって、名称と対象の特徴の協約を知るもの（表象作用）は明瞭なものである。それは、言葉は名称に働き、名称は対象に働き、それ故に、語が名称に対して働き、名称が対象を説示する、ということである。言語慣習に通じていない人の**表象作用**は不明瞭であるが故に、名称が対象に働かず、名称が対象を理解させることが出来ない。それこそが対象と結びついた名称を把握するから、**表象作用**である。

拠り所の区別によって、六〔種類〕である。眼による認識（眼識、→12. vijñāna）と結びつくものから思考による認識（意識）と結びつくものに至るまでである。また、三種類でもあり、小さいもの、大きいもの、無量なるものである。**表象作用**のグループを説き終えた。

〔チベット語訳〕

'du śes kyi[1] phuṅ po'i dbaṅ du byas nas brjod pa / 'di la bum pa daṅ / ras yug daṅ / śiṅ rta'i ṅo bo la sogs pa'i gzugs rnams 'dus pa ñid du mtshuṅs na yaṅ so sor ṅes pa'i rgyu daṅ rkyen gyi bye brag yod par rgyu daṅ rkyen gyi bye brag la[2] bltos[3] nas yaṅs pa la sogs pa'i bye brag yod do // bye brag de ñid rgyu mtshan źes brjod de / des don rnams kyi khyad par 'jal bar byed pa'i phyir ro // bum pa daṅ / ras yug la sogs pa'i mtshan ma de sems las byuṅ ba'i chos gaṅ gis 'dzin pa de 'du śes te yoṅs su gcod par byed pa daṅ mtshan mar 'dzin pa'i bdag ñid ni **'du śes** źes brjod do //

'du śes don gyi mtshan ma la 'jug pa yin la / rnam par śes pa ni don tsam gyi 'dzin par źugs pa ste / don gyi[4] khyad par 'dzin pa'i bdag ñid can gyi chos sems las byuṅ ba daṅ mtshuṅs par ldan pas ni don gyi khyad par 'dzin pa'i nus pa daṅ ldan par yaṅ 'gyur ro // de bas na rnam par śes pa daṅ mtshuṅs par ldan pa'i sems las byuṅ ba'i chos gaṅ gis bum pa daṅ /[5] ras yug daṅ / śiṅ rta la sogs pa'i ṅo bo'i don gyi khyad par yoṅs su gcod par 'gyur ba ni **'du śes** źes brjod do //

de lta bu'i **'du śes** ni mi ldan pa'i miṅ daṅ don gcig la 'jug ste / miṅ gis ni don gsal bar byed la / **'du śes** kyis ni yaṅ dag par śes par byed de / des na[6] miṅ daṅ don gyi[7] mtshan ma'i brda śes pa ni gsal ba ste / de ni tshig miṅ la 'jug la /[8] miṅ ni don la ste / de'i phyir ṅag miṅ la 'jug la / miṅ gis ni don rjod[9] par byed ces bya'o // tha sñad la ma byaṅ ba'i **'du śes** ni mi gsal ba'i phyir miṅ gis don la mi 'jug ste / miṅ gis don sgrub par yaṅ mi nus so // de ñid ni miṅ don daṅ bcas pa la 'dzin pas **'du śes** so //

rten gyi bye brag gis ni drug tu 'gyur te / mig gi rnam par śes pa daṅ mtshuṅs par ldan pa nas yid kyi rnam par śes pa daṅ mtshuṅs par ldan pa'i bar du'o // yaṅ rnam pa gsum du 'gyur te / chuṅ ṅu daṅ / chen por gyur pa daṅ / tshad med pa'o // **'du śes** kyi phuṅ po bśad zin to //

[1]『中観五蘊論』のチベット語訳には、「それによって、諸々の対象の差異を推理するからである」とかるが、『牟尼意趣荘厳』の解説を参考に和訳する。

[1] *kyis* G [2] *las* GNP [3] *ltos* CD [4] *gyis* G [5] om. CDNP [6] *ni* N [7] *gyis* G [8] om. CD [9] *brjod* G

（C 241b3–242a3, D 244b3–245a3, G 333b4–334b1, N 270a1–b3, P 279b8–280b2; Lindtner［1979］p. 104, *l.* 12–p. 105, *l.* 9, Zh, vol. 60, p. 1547, *l.* 19–p. 1549, *l.* 2）

参考文献（1）

Munimatālaṃkāra

【原語】saṃjñā
【チベット語訳】'du śes

【定義的用例】

〔原文〕

iha saṃskṛtānāṃ ghaṭapaṭarūpādīnāṃ saṃskṛtatve sāmānye 'pi pratisvaṃ hetupratyayānāṃ viśeṣo 'sti / tadviśeṣāc ca parasparato viśeṣo 'sti pṛthubudhnatvādikaḥ / sa eva ca viśeṣo nimittam ity ucyate / tenārthānāṃ viśeṣato 'numīyamānatvāt / tasya nimittasya ghaṭatvādikasya yena caitasikena dharmeṇodgrahaṇaṃ saṃjānānaṃ paricchedaḥ kriyate sā nimittodgrahaṇātmikā **saṃjñe**ty ucyate //

atra Vaibhāṣikāḥ —— **saṃjñā** viprayuktena nāmnā sahaikārthapravṛttā / nāma cārthaṃ dyotayati **saṃjñā** jānāti / sā tu nāmanimittārthasaṃketajñānā paṭvī / te hi vacanān nāmāvasyanti nāmnaś cārtham / ata eva vāg nāmni pravartate nāmārthaṃ dyotayati / avyutpannavyavahāras tv apaṭvyā **saṃjñayā** nāmārthaṃ ca na pratipadyate nāpi nāmārthaṃ ca pratipādayaty ity āhuḥ //

tac ca vicāritam anyatra / yuktaṃ tu ——

> na śabdaiḥ saṃsargaḥ kvacid api bahir vā manasi vā 'kṣarākārākīrṇaḥ spharati punar arthākṛtilavaḥ / alīkāv ātmasthau yad api dhiya evādhyavasitir nidhatte tau bāhye vacasi ca vikalpasthitir ata

iti //

sā ca **saṃjñā** ṣoḍhā / cakṣurvijñānasaṃprayuktā yāvan manovijñānasaṃprayukteti **saṃjñā**skandhaḥ //

（李・加納［2015］p. 18, *l.* 12–p. 19, *l.* 10）

14. saṃjñā

〔チベット語訳〕

'dir bum pa daṅ snam bu daṅ gzugs la sogs pa 'dus byas rnams la 'dus byas su thun moṅ ba ñid na'aṅ so so raṅ gi rgyu daṅ rkyen rnams la khyad par yod do // de'i khyad par las kyaṅ lto ldir[1] ba la sogs pa'i phan tshun khyad par yod do // khyad par de ñid ni[2] mtshan ma źes brjod de des don rnams khyad par du rjes su dpag par bya ba ñid kyi phyir ro // bum pa ñid la sogs pa'i mtshan ma de sems las byuṅ ba'i chos gaṅ gis 'dzin pa daṅ 'du śes pa daṅ yoṅs su gcod [3] par byed pa de ni mtshan mar 'dzin pa'i bdag ñid **'du śes** źes brjod do //

'di la Bye brag tu smra ba rnams na re /[4] mtshuṅs par mi ldan pa'i miṅ daṅ lhan cig don gcig la 'jug pa'i **'du śes** ni miṅ gis[5] don gsal bar byed ciṅ **'du śes** kyis śes par byed do // de ni miṅ daṅ mtshan ma daṅ don gyi brdas[6] śes pa rnams kyi gsal ba ste / de rnams ṅag las miṅ[7] ṅes par byed ciṅ miṅ las kyaṅ don no // de ñid kyi phyir ṅag miṅ la 'jug ciṅ miṅ gis don gsal bar byed do // brda la ma byaṅ ba ni mi gsal ba'i **'du śes** kyis miṅ gis don rtogs par mi byed la / miṅ gis don rtogs su 'jug par yaṅ mi byed do[8] źes zer ro //

(9de'aṅ9) gźan du rnam par dpyad zin to // rigs pa ni //[10]

phyi rol du'am yid la'aṅ ruṅ ste gaṅ du'aṅ sgra daṅ 'dres med la /[11] [12]
slar yaṅ yi ge'i rnam pa daṅ 'dres don gyi rnam pa cuṅ zad spro //[13]
mi bden bdag ñid du gnas gaṅ yaṅ blo ñid kyis źen pa //[14]
de dag phyi rol daṅ ni ṅag la ṅes par 'dzin (15te de15) phyir rnam par rtog par (16gźag /16)

ces so //

'du śes (17de'aṅ17) rnam pa[18] drug ste / mig gi[19] rnam par śes pa daṅ mtshuṅs par ldan pa nas yid kyi rnam par śes pa daṅ mtshuṅs par ldan pa'i bar[20] ro źes pa **'du śes** kyi phuṅ po'o //

1) *ltir* C 2) om. CD 3) G inserts *ciṅ*. 4) om. CD 5) *gi* CD 6) *brda* GNP 7) *mi* GNP 8) *de* C 9) *de yaṅ* CD 10) om. GNP 11) // CD 12) G inserts *slar yaṅ yi ge'i rnam pa daṅ 'dres med la /*. 13) / GP 14) / CGNP 15) *to // de* GP, *to // de'i* N 16) *bźag* GNP 17) *de yaṅ* CD 18) *par* C 19) *gis* GNP 20) *par* D

（C 128b6–129a4, D 129a3–b2, G 202a5–203a2, N 148a2–b2, P 152b5–153a7; Akahane and Yokoyama［2014］p. 30, *l*. 5–p. 31, *l*. 10, 磯田［1991］p. 29, *ll*. 11–32, Zh, vol. 63, p. 1192, *l*. 1–p. 1193, *l*. 1）

14. saṃjñā

【先行研究における翻訳】

〔原文からの和訳〕

さて、壺や布といった色をはじめとする諸々の有為は、〔それらが〕有為である点では共通するものの、個別的には、諸々の因と縁とに特殊性（または差異 viśeṣa）がある。そして、その特殊性に基づいて、〔有為法において〕相互に、〔壺の特徴である〕幅広の底を持つなどといった特殊性がある。そして、まさしくその特殊性が、特徴（nimitta）と呼ばれる。なぜなら、それ（特徴）によって諸々の対象が〔各自の〕特殊性に準じて推察されるからである。壺性などのその特徴を捉えて、想い描き、判断する心所法が、**想**と呼ばれる。〔そしてそれは〕特徴の把握を本質とする。

これについて毘婆娑師たちは次のように言う。**想**は、不相応〔行〕としての名（nāman）を伴って、単一の対象に対して生起する。そして名が対象を顕し出し、**想**が〔その対象を〕想い描く。なお、明瞭なそれ（想）は、名と特徴と対象との協約関係についての知をそなえている。というのは、彼ら（人々）は、言葉にもとづいて名を確定し、そして名にもとづいて対象を〔確定する〕からである。まさにこのために、語は名において機能し、名は対象を顕し出す。ところが、言語慣習（vyavahāra）に通じていない人は、不明瞭（apaṭu）な**想**を伴っていて、名称と対象とを理解しない。また、〔その人は他者に〕名と対象とを理解させることがない。

そしてそのことは、別の箇所ですでに吟味され終わっている。他方、次の言明は〔観点こそ異なるが〕理に適っている。

> 〔形象（イメージ）が〕語と結合することは、外界であれ、心内であれ、どこにもない。それにも関わらず、ものの形象（ākṛti）の微片は、ことばの形象を伴って、〔心内に〕拡がり顕れる。また、同じ知自身の判断が、外界とことばとの上に、その〔同一の心〕自体に依拠した虚偽なる二者（ものの形象とことばの形象）を、提供する（nidhatte）。そのことにより（ataḥ）、分別の設定が〔なされる〕。

そして、かの**想**には六種ある。眼識と結びついたもの、乃至、意識と結びついたものである。以上、**想**蘊。

（李ほか［2015］pp. 150–151）

参考文献（2）

Abhidharmāvatāra

【チベット語訳】'du śes
【漢訳】想

【定義的用例】

〔チベット語訳〕

mtshan ma daṅ miṅ daṅ don daṅ brda źes pa'i 'du śes te / sṅon po daṅ [1] ser po daṅ / riṅ po daṅ [2] thuṅ ṅu daṅ / duṅ daṅ [3] rṅa daṅ / padma daṅ /[4] sna ma'i me[5] tog daṅ / utpa la'i dri daṅ / kha ba daṅ lan tshwa daṅ / 'jam pa daṅ rtsub pa daṅ / bud med daṅ skyes pa la sogs pa'i mtshan ma daṅ / miṅ daṅ don gcig tu śes pa'i chos gaṅ yin pa de ni rnam par rtog pa'i rgyu ste [6] **'du śes** źes[7] bya'o // de yaṅ rnam par śes pa'i bye brag gis tshor ba bźin du rnam pa drug go // yaṅ chuṅ ṅu daṅ chen por gyur pa daṅ tshad med pa daṅ rnam pa gsum ste / de la yul chuṅ ṅu la dmigs pa ni chuṅ ṅu'o // ri rab la sogs pa la dmigs pa ni chen por gyur pa'o // nam mkha' mtha' yas skye mched la sogs pa dag la ni tshad med pa'o // **'du śes** kyi dṅos po'o //

[1] [2] [3] CD insert /. [4] om. GN [5] *ma* P [6] CD insert /. [7] *źas* D

（C 306a7–b3, D 305a7–b2, G 495a1–5, N 407a5–b1, P 396b2–6; Dhammajoti［2008］p. 218, *ll.* 2–18, Zh, vol. 82, p. 1556, *l.* 19–p. 1557, *l.* 8）

〔漢訳〕

想句義者謂能假合相名義解。即於青黄長短等色螺鼓等聲沈麝等香鹹苦等味堅軟等觸男女等法相名義中假合而解。爲尋伺因故名爲**想**。此隨識別有六如受。小大無量差別有三。謂縁少境故名小**想**。縁妙高等諸大法境故名大**想**。隨空無邊處等名無量**想**。或隨三界立此三名。

（T, vol. 28, 981c20–26）

【先行研究における翻訳と訳例】

〔チベット語訳からの和訳〕

〔想とは諸法の〕相 nimitta と名と義とを一緒に覚知することである。すなわち、青や黄なる〔いろ〕・長や短なる〔形〕・法螺貝や太鼓〔の音〕・蓮華 padma や肉冠花 jāti-kusuma や睡蓮 utpala の香・苦（にがさ）や鹹（しおからさ）〔なる味〕・滑（なめらかさ）や渋（あらさ）〔なるはだざわり〕・女や男などの、相と名と義とをひとまとめに知る法なるものは尋 vitarka の因であって、〔これが〕**想**である。こ〔の想〕も識の差別によって、受と同様に、六種である。また、小と大と無量との三種でもある。その中、小さい境を対象とするのが小〔想〕である。スメール〔山〕などを対象とするのが大〔想〕である。空無辺処などを〔対象とする〕のが無量〔想〕である。〔以上が〕**想**句義である。

（櫻部［1997］p. 201）

〔漢訳からの英訳〕 ideation

This is that which comprehends, by combining conceptually (*saṃ-√jñā*) the appearance (*nimitta*), name (*nāma*) and the signified (*artha*) [of a *dharma*]. That is, with regard to matter like blue, yellow, long and short [figures], etc.; sounds like those of a conch-shell, a drum, etc.; smells like those of gharu-wood and musk etc., tastes like those of saltiness and bitterness etc., tangibles like those of hardness and softness etc., *dharma*-s like males and females, etc. — it comprehends them, [in each case], by conceptually combining together (*eka-√jñā*) their appearances, names and signification. It is the cause of reasoning (*vitarka*) and investigation (*vicāra*). Thus, this is named **ideation**. It is divided into six after the six consciousnesses, as in the case of sensation. It is [again] differentiated into three, accordingly as it is small, big or immeasurable. That is, when it has [only] a few objects, it is named a "small **ideation**" (*parītta-saṃjñā*); when it has big *dharma*-s like Mount Sumeru etc., as its objects, it is named a "big **ideation**" (*mahā-saṃjñā*); when it has the abode of infinite space (*ākāśānantyāyatana*) etc., as its objects, it is named an "immeasurable **ideation**" (*apramāṇa-saṃjñā*). The differentiation of these three **ideations** may also be made after the three spheres of existence.

（Dhammajoti［2008］p. 80）

〔漢訳からの仏訳〕 notion

Le sens en est : «Qui comprend (*saṃjānīte*) la marque (*nimitta*), le nom (*nāman*) et la chose (*artha*)». En fait, du point de vue du visible (*rūpa*) bleu, jaune, long, court, etc., du son (*śabda*) de la conque (*śaṅkha*), du tambour (*mṛdaṅga*), etc., de l'odeur de la sève (*sāragandha*), du musc (*mṛgamadagandha*), etc., de la saveur (*rasa*) salée, amère, ..., du toucher (*sparśa*) rude, doux, ..., des dharma mâles (*puṃs*) et femelles (*strī*), etc., la notion (*saṃjñā*) connaît la marque (*nimitta*), le nom (*nāman*) et la chose (*artha*). On l'appelle en outre **notion** parce qu'elle est la cause des examens (*vitarka*) et des jugements (*vicāra*). Tout comme la sensation (*vedanā*), elle est de six sortes en function des connaissances (*vijñāna*). Selon les variétés de petitesse (*parītta*), de grarideur (*mahāṅgata*) ou d'immesurabilité (*apramāṇa*), elle est tripartie : si elle saisit un petit objet (*parīttaviśaya*), on l'appelle petite **notion** (*parītttasaṃjñā*). Si elle saisit un objet grand comme le Sumeru (*sumeruvat mahat*), elle est une grande **notion** (*mahāsaṃjñā*). Si elle adhère au lieu de l'infinité de l'espace (*ākāśānantyāyatana*), elle est une **notion** immesurable (*apramāṇasaṃjñā*). On peut encore établir cette triple dénomination en fonction des trois mondes (*traidhātuka*).

（VELTHEM［1977］p. 13）

15. cetanā

【七十五法】pp. 55–56【百法】pp. 37–40【パーリ文献】pp. 72–74

Madhyamakapañcaskandhaka

【訳例】意思
【チベット語訳】sems pa

【定義的用例】

〔和訳〕

… **意思**とは、心の作動であり、意の行為である。王が大臣を用いて個々の職務を実行する様に、心も**意思**を用いて働きを持つことを本性として、あちらこちらで〔その働きを〕示す。それ（意思）は諸行が生じることにおいて種子を本性とするものとしてある。何故ならば、様々な生まれ（趣）は行為から生じるが、それ（意思）が行為の本体であるからである。また、それは三種類であって、善、不善、善でも不善でもないもの（無記）である。さらに、区別するならば、六つの**意思**の集合（六思身）であり、眼による認識（→12. vijñāna）と結びつくものから思考による認識（意識）と結びつくものに至るまでである。

〔チベット語訳〕

… **sems pa** ni sems[1] mṅon par 'du byed pa yid kyi[2] las te / ji ltar rgyal po rnams blon pos bya ba de daṅ / de la 'jug par byed pa de bźin du sems kyaṅ **sems pa**s bya ba daṅ bcas pa'i ṅo bor de daṅ der ston par byed do // de ni 'du byed rnams 'byuṅ ba la sa bon gyi[3] ṅo bor gnas te / 'gro ba sna tshogs las las skyes la de ni las kyi[4] ṅo bo ñid kyi phyir ro // yaṅ de ni rnam pa gsum ste[5] / dge ba daṅ / mi dge ba daṅ / luṅ du ma bstan pa'o // yaṅ dbye na **sems pa**'i tshogs drug tu 'gyur te / mig gi[6] rnam par śes pa daṅ mtshuṅs par ldan pa nas yid kyi[7] rnam par śes pa daṅ mtshuṅs par ldan pa'i bar du'o //

[1] om. GNP　[2] *kyis* G　[3] *gyis* G　[4] *kyis* G　[5] *te* NP　[6] *gis* G　[7] *kyis* G

（C 242b5–7, D 245b5–7, G 335a5–b2, N 271a5–7, P 281a6–b1; Lindtner［1979］p. 106, *ll*. 9–20, Zh, vol. 60, p. 1550, *ll*. 14–21）

参考文献（1）

Munimatālaṃkāra

【原語】cetanā
【チベット語訳】sems pa

【定義的用例】

〔原文〕

… **cetanā** cittābhisaṃskāro manaskarma / cittasya savyāpārarūpatāpattyā tatra tatra pravartikā karmarūpā / sā ca tridhā kuśalākuśalāvyākṛtā, punaś cakṣurvijñānādisaṃprayukteti ṣoḍhā //

（李・加納［2015］p. 20, *ll*. 10–12）

〔チベット語訳〕

… **sems pa** ni sems mṅon par 'du byed pa yid kyi las te / sems bya ba daṅ bcas pa'i raṅ bźin thob pas[1] de daṅ de la 'jug par byed pa'i las can gyi raṅ bźin no // [(2]de yaṅ[2)] rnam pa gsum ste dge ba daṅ mi dge ba daṅ luṅ du ma bstan pa'o // yaṅ mig gi rnam par śes pa la sogs pa daṅ mtshuṅs par ldan pas drug go //

[1)] *par* P　[2)] *de'aṅ* GNP

（C 129b2–3, D 129b7–130a1, G 203b2–4, N 149a1–3, P 153b6–8; AKAHANE and YOKOYAMA［2014］p. 32, *l*. 17–p. 33, *l*. 3, 磯田［1991］p. 1, *ll*. 19–23, Zh, vol. 63, p. 1193, *l*. 19–p. 1194, *l*. 2）

【先行研究における翻訳】

〔原文からの和訳〕

思とは、心の発動（abhisaṃskāra）であり、意の働き（意思作用）である。心が作用を伴うようになることによって、〔思は〕あれこれのものに対して生じるのであって、行為を本質とする。そしてそれには、善、不善、無記という三種がある。さらに〔それは〕眼識などと結びつくので六種となる。

（李ほか［2015］pp. 151–152）

参考文献（2）

Abhidharmāvatāra

【チベット語訳】sems pa
【漢訳】思

【定義的用例】

〔チベット語訳〕

… **sems pa** ni sems mṅon par 'du byed pa yid[1)] kyi las te[2)] sems kun tu[3)] g-yo'o[4)] źes bya ba'i don gaṅ yin pa'o // de yaṅ dge ba daṅ mi dge ba daṅ [5)] luṅ du mi ston pa'i bye brag gis rnam pa gsum mo //

[1)] om. P [2)] om. GNP [3)] *du* CD [4)] *gyo'i* P [5)] GNP insert /.

（C 307a1–2, D 306a1, G 495b6–496a1, N 408a1–2, P 397a6–7; Dhammajoti［2008］p. 220, *ll*. 3–5, Zh, vol. 82, p. 1558, *ll*. 8–11）

〔漢訳〕

思謂能令心有造作。即是意業。亦是令心運動爲義。此善不善無記異故有三種別。

（T, vol. 28, 982a8–9）

【先行研究における翻訳と訳例】

〔チベット語訳からの和訳〕

… **思** cetanā は心を作ること cittābhisaṃskāra であり、意業である。〔心を作るとは〕心を動かすという意味である。それはまた善と不善と無記との別によって三種である。

（櫻部［1997］p. 202）

〔漢訳からの英訳〕volition

Volition (*cetanā*) is that which renders thought [karmically] creative (*abhisaṃs-kāra*) — it is mental *karma*. This is also to say that it moves forth (*pra-√syand*) the thought. It is differentiated into three kinds: wholesome, unwholesome, and non-defined (*avyākṛta*).

（Dhammajoti［2008］p. 82）

15. cetanā

〔漢訳からの仏訳〕volition

La **volition** (*cetanā*) désigne une aptitude à faire en sorte que la pensée (*citta*) ait une activité (*abhisaṃskāra*). C'est donc un acte mental (*manaskarman*) qui imprime un mouvement rapide à la pensée (*cittalaghusyada*). Comme elle peut être bonne, mauvaise ou indéterminée (*kuśala*, *akuśala*, *avyākṛta*) il y en a trois espèces.

（VELTHEM［1977］p. 15）

16. chanda

【七十五法】pp. 57–58【百法】pp. 41–43【パーリ文献】pp. 75–77

Madhyamakapañcaskandhaka

【訳例】意欲
【チベット語訳】'dun pa

【定義的用例】

〔和訳〕

意欲とは、認識（→12. vijñāna）が為そうと欲することである。それと結びつくことで、食べること、行くこと、主人、壷、布、善、不善に対して、私はこれを為そう、と為そうと欲することを特徴とする心所法が**意欲**と言われる。この場合、為そうと欲することが存在するから為そうと欲するのであり、その本性は為そうと欲することである。その本性は何か。それが**意欲**に他ならない。それによってそれを為そうと欲するようになる。その場合、箱の中に入れられた後に〔箱の〕口を閉めると、蛇は〔箱から〕出て行く行為に対する気力をなくして、じっとしているが、蛇を掴むことで、興奮させ、駆り立てた場合、〔箱から〕出るという行為に対する気力が備わることになる。同様に、心もまた、〔その意欲という〕心所と結びつくことで、近くにある対象に対する無気力性を捨てた後に、有気力性が生じるという。以上が〔意欲という〕心所の働きである。

ある対象に対して行為を有するその蛇が、その対象に対して関心を持つことから、関心を寄せるようになる。同様に、ある対象に対して、その心所（意欲）と結びついた心が、行為を有することになるその対象に、注意（→20. manaskāra）によって、関心を持つことになるから、これは注意の特殊な作用である。以上のように、既に解説された法である意思（→15. cetanā）と注意の前に**意欲**が動く。**意欲**が働いた対象に対して意思と注意が生じるが、馬の特殊な行為のように、先と言い表される。なぜならば、意思と注意が自らの対象に働きかける際に〔意欲が〕興奮させるからである。もし、為そうと欲することを特徴とする**意欲**が、ある者に生じなかったならば、対象をしっかりと見ないために、本質的に無感覚なもののように、如何なるものも働くことはないから、したがって、この煩悩に関わる五つのグループ（五取蘊）は、**意欲**を根本とし、**意欲**を原因とし、**意欲**から生じ、**意欲**の力によって生じることになる、という。

これ（意欲）と渇愛にはいかなる差異があるのか。樹脂が二つの桂皮を貼り合わせるように、渇愛は心が対象に執着し、貪ることの因であるが、**意欲**はそうではない。それは単に行為を考えることによって働くから、**意欲**は渇愛と以上のように異なる。また、ここ（欲界）に住まうある人が、上の界を欲して、「ああ、静慮や無色を、私は如何にして獲得すればよいのか」と願ったり、同じく「如何にして私は漏を尽くすことを実現し、道を体得すればよいのか」と願ったりするように、そのように願うことは渇愛と言うべきではなく、そうではなくて、それは善い事柄に対する**意欲**である。なぜならば、渇愛と対立する対象に対して生じているからである。

〔チベット語訳〕

'dun pa ni rnam par śes pa'i byed pa 'dod pa ñid de / sems las byuṅ ba'i chos gaṅ daṅ 'brel bas bza' ba daṅ / 'gro ba daṅ / [(1]gtso bo[1)] daṅ / bum pa daṅ / snam bu daṅ / dge ba daṅ / mi dge ba la bdag gis 'di bya'o [2)] sñam du byed 'dod[3)] pa'i mtshan ñid kyi sems las byuṅ ba'i chos ni **'dun pa** źes brjod do // 'di[4)] la byed 'dod pa yod pas byed 'dod pa ste de'i ṅo bo ni byed 'dod pa ñid do // de'i ṅo bo gaṅ yin źe na / [(5]de ni[5)] **'dun pa** ñid do gaṅ gis de byed 'dod par 'gyur ro // de la ji ltar za ma tog gi naṅ du bcug nas kha bcad pa'i sbrul ni 'byuṅ źiṅ 'gro ba'i bya ba la rtsol ba glod de gnas la / sbrul 'dzin par[6)] byed [7)] pas bskul źiṅ bslaṅ ba[8)] na ni 'byuṅ ba'i bya ba la rtsol ba daṅ bcas par 'gyur ro // de bźin du sems kyaṅ sems las byuṅ ba daṅ mtshuṅs par ldan pas ñe bar gyur ba'i yul la rtsol ba med pa[9)] bor nas rtsol ba daṅ bcas pa[10)] 'byuṅ ṅo źes bya ba'o // de lta bu ni sems las byuṅ ba'i las so //

ji ltar yul gaṅ la bya ba daṅ bcas pa'i sbrul de ñid yul de la gtod pa daṅ bcas pas gtod par gyur pa de bźin du yul gaṅ la sems las byuṅ ba gaṅ daṅ mtshuṅs par ldan pa[11)] sems bya ba daṅ bcas par 'gyur ba'i yul de ñid la [(12]yid la[12)] byed pas ni gtod pa daṅ bcas par 'gyur bas 'di ni yid la byed pa'i las kyi khyad par ro // de ltar brjod pa'i [(13]chos sems[13)] pa daṅ yid la byed pa'i sṅon du **'dun pa** [(14]'gro ba ste / gaṅ du **'dun pa**[14)] źugs pa der sems pa daṅ yid la byed pa dag 'byuṅ ba[15)] na[16)] yaṅ rta'i bya ba'i khyad par ltar sṅon du ñe bar mtshon te sems pa daṅ yid la byed pa dag raṅ gi yul la 'jug pa na [(17]skul bar[17)] byed pa ñid kyis so // gal te byed par 'dod pa'i mtshan ñid can gyi **'dun pa** kha cig tu 'byuṅ bar ma gyur na ni yul ṅes par ma[18)] mthoṅ bas raṅ bźin [(19]gyis bems[19)] po ltar gaṅ yaṅ 'jug par mi 'gyur bas / de bas na[20] 'di ltar ñe[21] bar len pa'i phuṅ po lṅa po 'di ni **'dun pa**'i rtsa ba can / **'dun pa**'i rgyu can / **'dun pa** las kun tu[22] 'byuṅ źiṅ **'dun pa**'i mthus 'byuṅ bar 'gyur źes bya'o //

'di daṅ sred[23] pa[24] la[25] khyad par ci yod ce[26] na / ji ltar la[27] cas[28] śiṅ tsha ba gñis 'byar[29] bar byed pa ltar sred pa ni sems yul la mṅon par źen źiṅ[30] chags pa'i rgyu yin la / **'dun pa** ni de lta ma yin te / de ni bya ba'i bsam pa tsam ñid kyis 'jug pas sred pa las **'dun pa** de ltar tha dad do // de yaṅ 'di ltar 'di na gnas pa'i gaṅ zag 'ga' khams goṅ ma 'dod pas gsol ba 'debs te / e ma'o bsam gtan nam gzugs med pa bdag gis ji ltar 'thob ces bya ba daṅ /[31] de bźin du ji ltar bdag gis[32] zag pa zad pa mṅon du bya ba daṅ / lam rtogs[33] par 'gyur źes bya ba lta bu ste / de ltar[34] smon pa de ni sred[35] pa źes brjod par mi bya'i 'on kyaṅ de ni dge ba'i chos la **'dun pa** yin te /[36] sred pa daṅ 'gal ba'i yul la skyes pas so //

1) *brtso ba* GNP Lindtner［1979］emended as *brtse ba*. 2) GP insert //, N inserts /. 3) om. G 4) *yid* CD 5) *de'i* N 6) om. CD 7) G inserts *ciṅ*. 8) om. GNP 9) *par* G 10) *par* P 11) *par* G 12) om. GNP 13) *la zag pa med pa'i tiṅ ṅe 'dzin daṅ mtshuṅs par ldan pa de ni slob pa'i yid la byed* GNP Lindtner［1979］emended as *las zag pa med pa … yid la byed* 14) om. P 15) om. GNP 16) *ni* C 17) *skur par* GNP 18) om. G 19) *gyis bem* G, *gyi bem* NP 20) om. G 21) *ñar* P 22) *du* CDN 23) *srid* C 24) *pas* G 25) *las* GNP 26) *ces* C 27) om. G 28) sic read *chas*. 29) *'jal* GNP 30) *ciṅ* CD 31) // N 32) *gi* G 33) *rtog* GNP 34) *lta* N 35) *srid* N 36) om. G

（C 243b4–244a7, D 246b4–247a7, G 336b5–337b5, N 272a6–273a4, P 282b1–283a7; Lindtner［1979］p. 108, *l.* 1–p. 109, *l.* 9, Zh, vol. 60, p. 1552, *l.* 20–p. 1554, *l.* 12）

参考文献（1）

Munimatālaṃkāra

【原語】chanda
【チベット語訳】'dun pa

【定義的用例】

〔原文〕

cchandaḥ kartukāmatā vijñānasya / yathā jatudravyaṃ taptakāṣṭhapātrāviśleṣahetur evaṃ tṛṣṇā cittasya viṣayeṇābhiṣvaṅganimajjanahetuḥ / **cchandas** tu kartavyāśayatāmātram iti tṛṣṇāyā bhidyate **cchandaḥ** //

（李・加納［2015］p. 21, *ll.* 11–13）

〔チベット語訳〕

'dun pa ni rnam par śes pa'i byed par 'dod pa ñid do // sred pa las **'dun pa** tha dad de[1] / ji ltar la cha ni śiṅ tshan[2] mo dag mi 'bral bar byed pa'i rgyu yin pa de bźin du sred pa ni sems yul la mṅon par chags pa las mi 'bral ba'i rgyu yin la **'dun pa** ni bya ba'i bsam pa ñid tsam yin pas so //

[1] *te* GNP　[2] *chen* G, *mtshan* N

（C 129b7, D 130a5–6, G 204a3–5, N 149b1–2, P 154a6–8; AKAHANE and YOKOYAMA［2014］p. 34, *ll.* 3–8, 磯田［1991］p. 2, *ll.* 6–9, Zh, vol. 63, p. 1194, *ll.* 17–20）

【先行研究における翻訳】

〔原文からの和訳〕

欲とは、識が〔何かを〕しようと欲することである。〔渇愛と欲との違いについていうと、〕例えば、樹脂（jatudravya）は熱した樹皮を離れなくするための原因であるように、渇愛（tṛṣṇā）は、心を対象に膠着させる〔因であり、輪廻に〕沈みこむ因である。一方、**欲**は、為すべきことに向けられた純粋な意向である。だから**欲**は渇愛から区別される。

（李ほか［2015］p. 152）

参考文献（2）

Abhidharmāvatāra

【チベット語訳】'dun pa
【漢訳】欲

16. chanda

【定義的用例】

〔チベット語訳〕

'dun[1] **pa** ni byed 'dod pa'i brtson 'grus kyi yan lag tu gyur pa ste / 'di źes bya ba bya'o sñam pa gaṅ las byuṅ ba'o //

[1] *bdun* GNP

（C 307a4–5, D 306a4, G 496a5, N 408a5, P 397b2–3; Dhammajoti〔2008〕p. 220, *ll*. 22–23, Zh, vol. 82, p. 1558, *ll*. 20–21）

〔漢訳〕

欲謂希求作事業。隨順精進謂我當作如是事業。

（T, vol. 28, 982a11–12）

【先行研究における翻訳と訳例】

〔チベット語訳からの和訳〕

欲 chanda は、為そうと欲することであり、精進の因となるのであって、これをしようということから生ずる。

（櫻部〔1997〕p. 203）

〔漢訳からの英訳〕predilection

Predilection (*chanda*) is the liking for an undertaking (*kartu-kāmatā*). It accords with vigour (*vīrya*), [arising from the thought]: "I shall make such and such an undertaking."

（Dhammajoti〔2008〕p. 82）

〔漢訳からの仏訳〕zèle

Le **zèle** (*chanda*) est le désir de réaliser des actes (*kartukāmatā*). Il favorise l'énergie (*vīrya*) qui fait dire : «Je poserai tels actes (*karman*)».

（Velthem〔1977〕p. 15）

17. sparśa

【七十五法】pp. 59–60【百法】pp. 27–29【パーリ文献】pp. 78–81

Madhyamakapañcaskandhaka

【訳例】接触
【チベット語訳】reg pa

【定義的用例】

〔和訳〕

… **接触**とは何か。水に雨が降ったことから水泡が生じる様に、諸々の感覚器官（根）がそれぞれの対象に働くことから、眼（→1. cakṣus / cakṣurindriya）などに応じて視覚対象（→6. rūpa）を見るなどのそれぞれの認識（→12. vijñāna）が生じる場合に、或いは、父母に依拠して息子などが生まれる様に、感覚器官と対象に依拠して認識が生じる場合には、息子のような、或いは、水泡のような認識と〔父母のような、或いは、水と雨のような〕対象と感覚器官の三つが和合して生じたものが**接触**である。或いは、**接触**の原因として、感覚器官と対象と認識が和合することを言うのであり、和合というのは因果関係にある三者が相互に依存することである。また、それは三種類である。楽を感受するもの、苦を感受するもの、楽でも苦でもないものを感受するものである。さらに、六種類でもあり、眼による認識に関する触合いから思考による認識（意識）に関する触合いに至るまでである。

〔チベット語訳〕

… **reg pa** gaṅ źe na / ji ltar chu la char bab par gyur pa las / chu'i chu bur 'byuṅ bar 'gyur ba de bźin du dbaṅ po rnams raṅ raṅ gi yul la 'jug pa las mig la sogs pa ji lta ba bźin du gzugs mthoṅ ba la sogs pa'i raṅ raṅ gi rnam par śes pa ñe bar 'byuṅ ba'am [1] yaṅ na pha daṅ ma la brten nas bu la sogs pa 'byuṅ ba de bźin du dbaṅ po daṅ yul la brten nas rnam par śes pa 'byuṅ ba na de la bu'i gnas lta bu'am / chu'i chu bur gyi gnas lta bu'i rnam par śes pa daṅ / yul daṅ dbaṅ po gsum ñe bar 'dus pa las skyes pa ni **reg pa**'o // yaṅ na **reg pa**'i rgyur dbaṅ po daṅ yul daṅ rnam par śes pa rnams ñe bar 'dus pa na ste / ñe bar 'dus pa źes bya ba ni gsum po [2] rgyu daṅ 'bras bu'i ṅo bor gnas pa rnams kyi[3] gaṅ phan tshun bltos[4] pa'o // yaṅ de ni rnam pa gsum ste / bde ba myoṅ bar 'gyur ba daṅ / sdug bsṅal myoṅ bar 'gyur ba daṅ / bde ba yaṅ ma yin sdug bsṅal ba yaṅ ma yin pa myoṅ bar 'gyur ba'o // yaṅ rnam pa drug ste / mig gi[5] rnam par śes pa'i 'dus te reg pa nas yid kyi rnam par śes pa'i 'dus te reg pa'i bar du'o //

1) GNP insert /. 2) G inserts *daṅ*. 3) *kyis* G 4) *ltos* CD 5) *gis* G

（C 242b7–243a4, D 245b7–246a4, G 335b2–336a1, N 271b1–5, P 281b1–6; Lindtner［1979］p. 106, *l*. 21–p. 107, *l*. 4, Zh, vol. 60, p. 1551, *ll*. 1–14）

参考文献（1）

Munimatālaṃkāra

【原語】sparśa
【チベット語訳】reg pa

【定義的用例】

〔原文〕

mātāpitṛputrasthānīyānām indriyaviṣayavijñānānāṃ sannipātaḥ **sparśaḥ** / indriyaviṣayavijñānānāṃ sannipāte sati yaḥ sukhādivedanotpattyanukūlasyendriyavikārasya paricchedakaḥ sādṛśyamātreṇa sa sukhādivedanājanakaś caitasikaḥ **sparśa** ity ucyate / indriyavikāraṃ sādṛśyeṇa spṛśatīti krtvā[1] / ata indriyabhedāc caksuḥsaṃsparśo yāvan manaḥsaṃsparśa iti // uktaṃ cābhidharme / trikasannipāta indriyavikāraparicchedaḥ **sparśo** vedanotpattisanniśrayadānakarmaka iti // sannipāto nāma trayāṇāṃ kāryakāraṇabhāvāvasthitānāṃ yānyonyaṃ spṛṣṭiḥ //

1) sic read *kṛtvā*.

（李・加納［2015］p. 20, *l*. 14–p. 21, *l*. 5）

〔チベット語訳〕

reg pa ni [(1]ma daṅ pha[1)] daṅ bur gźag[2] pa bya ba dbaṅ po daṅ yul daṅ rnam par śes pa rnams 'dus pa ste / dbaṅ po daṅ yul daṅ rnam par śes pa rnams 'dus pa yod pa na bde ba la sogs pa'i tshor ba bskyed pa daṅ rjes[3] su mthun pa'i dbaṅ po'i 'gyur ba yoṅs su gcod pa gaṅ yin pa 'dra ba tsam gyis bde ba la sogs pa'i tshor ba skyed par byed pa de ni sems las byuṅ ba **reg pa** źes brjod do // dbaṅ po'i rnam par 'gyur ba la de daṅ 'dra ba las[4] reg go źes byas nas so // de'i phyir dbaṅ po'i bye brag gis mig gi 'dus te reg pa nas yid kyi 'dus te reg pa'i bar ro // chos mṅon par yaṅ gsuṅs pa / gsum 'dus pa na dbaṅ po'i 'gyur ba yoṅs su gcod pa ni **reg pa** ste tshor ba skyed[5] pa'i brten byed pa'i las can no źes so // 'dus pa źes bya ba ni 'bras bu daṅ rgyu'i[6] dṅos por gnas pa gsum po rnams gaṅ phan tshun du reg pa'o //

1) *pha daṅ ma* CD　2) *bźag* GNP　3) *je* P　4) *yis* GNP　5) *bskyed* GNP　6) *rgyu'o* N

（C 129b3–6, D 130a1–4, G 203b4–204a2, N 149a3–6, P 153b8–154a5; AKAHANE and YOKOYAMA［2014］p. 33, *ll*. 5–16, 磯田［1991］p. 1, *ll*. 24–35, Zh, vol. 63, p. 1194, *ll*. 2–13）

【先行研究における翻訳】

〔原文からの和訳〕

触とは、母、父、息子に〔それぞれ〕相当する、根、境、識の和合である。根、境、識の和合が存在するときに、単なる類似によって、楽などの受の生起に随順した根の変化を確定するその心所を、**触**と呼ぶ。〔そして触は〕楽などの受を生み出す。〔根、境、識の〕類似によって根の変化に触れるから〔触というの〕である。それゆえ、根の区別により、眼との接触、乃至、意との接触にいたるまで〔六種の触〕がある。そして、アビダルマには次のように言われる。**触**は、三者（根、境、識）の和合のことであり、根の変化を確定し、受の生起に拠り所を提供する働きをもつ、と。和合というのは、因果関係として措定された三者（根、境、識）の相互の接触のことである。

（李ほか［2015］p. 152）

参考文献（2）

Abhidharmāvatāra

【チベット語訳】reg pa
【漢訳】觸

【定義的用例】

〔チベット語訳〕

reg pa ni yul daṅ dbaṅ po daṅ rnam par śes pa las byuṅ ba'i sems yul la reg par byed pa ste sems las byuṅ ba'i chos 'tsho bar byed pa'i mtshan ñid do // de yaṅ bde ba la sogs pa myoṅ bar 'gyur ba'i bye brag gis rnam pa gsum mo //

（C 307a2–3, D 306a1–2, G 496a1–2, N 408a2–3, P 397a7–8; Dhammajoti［2008］p. 220, *ll.* 8–10, Zh, vol. 82, p. 1558, *ll.* 11–14）

〔漢訳〕

觸謂根境識和合生。令心觸境以能養活心所爲相。順樂受等差別有三。

（T, vol. 28, 982a9–11）

【先行研究における翻訳と訳例】

〔チベット語訳からの和訳〕

触 sparśa は境と根と識と〔が和合する〕より生ずるのであって、心が境 viṣaya に接触して心所法を養うのを相とする。これも楽を受くべき〔・苦を受くべき・不苦不楽を受くべき〕などの別によって三種である。

（櫻部［1997］p. 202）

〔漢訳からの英訳〕 contact

Contact (*sparśa*) is that which is born of the coming together (*saṃnipātaja*) of the faculty, the object and consciousness, and which enables thought to come in contact with the object. It has the characteristic of enlivening the thought-concomitants (*caitasika-dharma-jīvanalakṣaṇaḥ*). It is differentiated into three after the three sensations: that which accords with (i) the pleasurable sensation (*sukha-vedanīya*). [(ii) the unpleasurable sensation (*duḥkha-vedanīya*), (iii) the neither pleasurable nor unpleasurable sensation (*aduḥkhāsukha-vedanīya*)].

（Dhammajoti［2008］p. 82）

〔漢訳からの仏訳〕 contact

Le **contact** (*sparśa*) naît de la rencontre (*saṃnipātaja*) de l'organe (*indriya*), de l'objet (*viṣaya*) et de la connaissance (*vijñāna*), si bien que la pensée (*citta*) touche l'objet (*viṣaya*). Il a pour caractéristique (*lakṣaṇa*) de vivifier les mentaux (*caitasikadharma*). Selon les differences entre «rétribution en sensations agréables» (*sukhavedanīya*), etc., on en compte trois.

(VELTHEM [1977] p. 15)

18. prajñā

【七十五法】pp. 61–62【百法】pp. 53–55【パーリ文献】pp. 82–92

Madhyamakapañcaskandhaka

【訳例】知
【チベット語訳】śes rab

【定義的用例】

〔和訳 [1]〕

知とは、法を深く分析することである。分析することとは、事物のたくさんの要素が一つの塊のようになっている対象を、これによって個別に観察するから、分析である。さらに進んで分析することが、深く分析することである。理性により事物の部分に分解して、これの自体とは何かと、認識対象に何らかの中心が本当に存在するのかと、以上のような形で働くものである。たとえば、バナナ（芭蕉）の茎に中心を求めて分解することの如くである。中心を求めるある者が、バナナの茎を皮から皮へとばらばらに十分に分解して探し求める場合には、いかなる中心も得ないが如く、思考力を有する者が、人（プドガラ）と法の自体を探し求める場合には、いかなる中心も認識することはない。

[1]『中観五蘊論』の prajñā の解説は、心所法の一要素でありながら、論全体の約二割を占める。prajñā の解説の構成については、横山［2015c］の「2.『中観五蘊論』における慧の解説」を参照。また、prajñā の解説については、抄訳に山口［1966］がある。以上の定義部分に関しては、同研究の pp. 301–302 を併せて参照されたい。

〔チベット語訳〕

śes rab [1] ni chos rab tu rnam par 'byed pa'o // rnam par 'byed pa ni dṅos po'i ṅo bo maṅ po ril po gcig lta bur gyur pa'i don la 'dis so sor rtogs pas rnam par 'byed pa'o // khyad par can du rnam par 'byed pa ni rab tu rnam par 'byed pa ste / blo yis[2] dṅos po'i cha rnam par phye nas 'di'i raṅ gi ṅo bo ci źes te / ñe bar dmigs pa'i don la ṅes par sñiṅ po ci źig yod ces de lta bu'i rnam par źugs pa'o // dper na chu śiṅ gi[3] sdoṅ po la sñiṅ po 'dod pas rnam par phye ba lta bu ste /[4] ji ltar 'ga' źig sñiṅ po 'dod pas chu śiṅ gi[5] sdoṅ po śun pa daṅ śun pa tha dad du legs par rnam par phye nas btsal[6] ba na sñiṅ po cuṅ zad kyaṅ mi rñed pa ltar blo gros daṅ ldan pas[7] gaṅ zag daṅ chos rnams kyi[8] raṅ gi[9] ṅo bo yoṅs su btsal ba na sñiṅ po cuṅ zad kyaṅ mi dmigs so //

[1] G inserts *kyi*. [2] *yi* G [3] *gis* G [4] // C [5] *gis* G [6] *btsol* N [7] *pa* G [8] *kyis* G [9] *gis* G

（C 245a2–4, D 248a2–4, G 338b3–339a1, N 273b6–274a3, P 284a2–6; LINDTNER［1979］p. 110, *ll*. 15–26, Zh, vol. 60, p. 1556, *ll*. 2–10）

参考文献（1）

Munimatālaṃkāra

【原語】prajñā
【チベット語訳】śes rab

【定義的用例】

〔原文〕

prajñā dharmāṇāṃ pravicayaḥ saṃśayavyāvartanakarmikā / bhāvasya pudgaladharmātmakasya svabuddhyāvayavaśo vibhañjayat svarūpānveṣaṇam / pudgalasya dharmāṇāṃ ca svarūpaṃ parīkṣyamāṇaṃ niḥsvabhāvatayā na kiñcid upalabhate //

（李・加納［2015］p. 22, *ll*. 9–13）

〔チベット語訳〕

śes rab ni chos rnams rab tu rnam par 'byed pa ste the tshom bzlog pa'i las can no // gaṅ dṅos po la gaṅ zag daṅ chos kyi bdag raṅ gi blos yan lag rnam par phye nas gaṅ raṅ gi ṅo bo tshol ba ste / gaṅ zag daṅ chos rnams la raṅ gi ṅo bo brtags pa na raṅ bźin med pa ñid kyis cuṅ zad kyaṅ mi dmigs so //

（C 130a4–5, D 130b2–3, G 204b5–205a1, N 150a1–3, P 154b7–155a1; AKAHANE and YOKOYAMA［2014］p. 35, *ll*. 15–20, 磯田［1991］p. 2, *ll*. 24–27, Zh, vol. 63, p. 1195, *ll*. 12–16）

【先行研究における翻訳】

〔原文からの和訳〕

慧とは、諸法を深く分析すること（pravicaya）であり、疑念（saṃśaya）を排除する働きをもつ。人と法と（pudgaladharma）を本体とするもの（bhāva）を、各自の知（buddhi）によって部分に分けたうえで、〔そのものの〕本体（svarūpa）を考究することである。〔そして〕人と諸法との本体を観察するならば、〔それらは〕無自性であるから、何も認識しない。

（李ほか［2015］p. 153）

参考文献（2）

Abhidharmāvatāra

【チベット語訳】 śes rab
【漢訳】 慧

【定義的用例】

〔チベット語訳〕

śes rab ni chos rab tu rnam par 'byed pa ste / chos rnam pa brgyad po de dag gi sdud pa daṅ mtshuṅs par ldan pa daṅ / rgyu daṅ rkyen daṅ 'bras bu daṅ raṅ daṅ spyi'i mtshan ñid la ji ltar mthun mthun du rtog pa'i don gaṅ yin pa'o //

（C 307b2–3, D 306b2–3, G 496b5–497a1, N 408b4–5, P 398a1–2; Dhammajoti［2008］p. 221, *ll*. 18–21, Zh, vol. 82, p. 1559, *ll*. 18–21）

〔漢訳〕

慧謂於法能有簡擇。即是於攝相應成就諸因縁果自相共相八種法中隨其所應觀察爲義。

（T, vol. 28, 982a22–24）

【先行研究における翻訳と訳例】

〔チベット語訳からの和訳〕

慧 prajñā は法を吟味すること dharmapravicaya である。これら八種の法について、〔その〕包含する範囲と〔相互に〕倶に生起する関係と、因と、縁と、果と、自〔相〕と共相とを、それぞれ種類に応じて、観察するという意味である。

（櫻部［1997］p. 204）

〔漢訳からの英訳〕understanding

Understanding (*prajnā*) is the discernment (*pravicaya*) of *dharma*-s. It is the examination (*upalakṣaṇa*), as the case may be, of the following eight kinds of *dharma*-s: inclusion (*saṃgraha*), conjunction (*saṃprayoga*), endowment (*samanvāgama*), causes (*hetu*), conditions (*saṃgraha*[1)]), fruitions (*phala*), specific-characteristic (*svalakṣaṇa*), common-characteristic (*sāmānyalakṣaṇa*).

1) sic read *pratyaya*.

（DHAMMAJOTI［2008］p. 83）

〔漢訳からの仏訳〕sagesse

La **sagesse** (*prajñā*) est discernement des dharma (*dharmapravicaya*). Son sens est examen fait comme il se doit (*upalakṣaṇeti yo 'rtha*) dans huit sortes de dharma : l'inclusion catégorielle (*saṃgraha*), l'association (*saṃprayoga*), l'acquis (*samanvāgama*), les causes (*hetu*), les conditions (*pratyaya*), les fruits (*phala*), les caractères particuliers (*svalakṣaṇa*) et les caractères communs (*sāmānyalakṣaṇa*).

（VELTHEM［1977］p. 16）

19. smṛti

【七十五法】pp. 63–64【百法】pp. 47–49【パーリ文献】pp. 93–97

Madhyamakapañcaskandhaka

【訳例】記憶、留意
【チベット語訳】dran pa

【定義的用例】

〔和訳〕

既に為された行為、(1 これから為すであろう行為 1)、現に為している行為を心が忘れ去らないことである。心が銘記することが**記憶**である。

1)『中観五蘊論』のチベット語訳は未来の行為を欠くが、『牟尼意趣荘厳』の解説を参考に、これを補う。

〔チベット語訳〕

gaṅ byas pa daṅ byed pa'i las la[1] sems kyi brjed[2] pa med pa ste / sems kyi mṅon par brjod pa ni **dran pa**'o //

1) *las* GNP 2) *brjod* GNP

（C 244b7–245a1, D 247b7–248a1, G 338b2, N 273b5, P 284a1; Lindtner［1979］p. 110, *ll*. 9–10, Zh, vol. 60, p. 1555, *ll*. 18–19）

参考文献（1）

Munimatālaṃkāra

【原語】smṛti
【チベット語訳】dran pa

【定義的用例】

〔原文〕

yaḥ kṛtakartavyakriyamāṇeṣu karmasu cittasyāpramoṣaś cittābhilapanaṃ sā **smṛtiḥ** //

（李・加納［2015］p. 22, *ll*. 7–9）

〔チベット語訳〕

dran pa ni gaṅ byas pa daṅ byed bźin pa daṅ bya ba'i las rnams la sems kyi brjed pa med pa daṅ sems mṅon par brjod pa de'o //

（C 130a3–4, D 130b2, G 204b4, N 149b7, P 154b6–7; Akahane and Yokoyama［2014］p. 35, *ll*. 9–10, 磯田［1991］p. 2, *ll*. 21–22, Zh, vol. 63, p. 1195, *ll*. 10–11）

【先行研究における翻訳】

〔原文からの和訳〕

既に為された行為、これから為す行為、現に為している行為を心が忘れないことであり、心が銘記すること（abhilapana）、それが**念**である。

（李ほか［2015］p. 153）

参考文献（2）

Abhidharmāvatāra

【チベット語訳】dran pa
【漢訳】念

【定義的用例】

〔チベット語訳〕

dran pa ni sems kyi mṅon par brjod pa ñid de / byas pa daṅ / bya ba daṅ / byed pa'i las ma brjed ces bya ba'i tha tshig go //

（C 307b1, D 306a7–b1, G 496b4, N 408b2–3, P 397b7–8; Dhammajoti［2008］p. 221, *ll*. 9–10, Zh, vol. 82, p. 1559, *ll*. 12–15）

〔漢訳〕

念謂令心於境明記。即是不忘已正當作謂[1]事業義。

[1] sic read 諸. 大正蔵は「謂」とするが、脚注に挙げられる宋元明本と宮内省本の異読を採り、「諸」と読む。

(T, vol. 28, 982a18–19)

【先行研究における翻訳と訳例】

〔チベット語訳からの和訳〕

念 smṛti は心の明記性 abhilapanatā であって、〔過去に〕なした〔業〕・〔未来に〕なすであろう〔業〕・〔現在〕なす業を忘れぬという意味である。

(櫻部〔1997〕p. 204)

〔漢訳からの英訳〕mindfulness

Mindfulness (*smṛti*) is that which enables thought to remember an object clearly (*cittasyārthābhilapanā*); i.e. not to forget (*avipramoṣa*) what has been done (*kṛta*), is now being done (*kriyamāna*), or will be done in the future (*kartavya*).

(DHAMMAJOTI〔2008〕p. 83)

〔漢訳からの仏訳〕mémoire

La **mémoire** (*smṛti*) fait que la pensée se souvient clairement de l'objet et n'oublie (*asaṃpramoṣa*) ni ce qui a été fait (*kṛta*), ni ce qui se fait (*kuryate*), ni ce qui doit être fait (*kariṣyate*).

(VELTHEM〔1977〕p. 16)

20. manaskāra

【七十五法】pp. 65–66【百法】pp. 24–26【パーリ文献】pp. 98–102

Madhyamakapañcaskandhaka

【訳例】注意、気に留めること
【チベット語訳】yid la byed pa

【定義的用例】

〔和訳〕

注意とは、心を対象へと注ぐことである。対象に関心を寄せるという意味である。心は本質的には動くものであり、猿の如くであるから、それ（心）は他の法（すなわち、注意）と結びつかずしては対象に留まることがない。他の対象の作用に働かずに対象に留まることは、他の法（すなわち、注意）と結びつかずにはあり得ない。したがって、それと結びつくことで認識（→12. vijñāna）が求める対象に対する関心を持つようになるものが心を注ぐことであり、〔その心を注ぐことが〕心の作用を本性とするものとして認められた心所法に対して**注意**と言う。意を作るから**注意**（作意）であり、ある対象に心を留めさせるという意味である。或いは、対象を思考（意）の上で作り為すから**注意**（作意）であり、その力によって、認識は対象を意識することを本性とする。精神集中（→22. samādhi）は、散漫と対になる法であり、心の連続が一つの認識対象を有する因である。**注意**は、その瞬間に、心を対象から逸らせないものである。

〔チベット語訳〕

yid la byed pa ni sems yul la 'jug pa ste [1] yul la gtod pa[2] źes bya ba'i don to // sems ni raṅ bźin gyis g-yo ba ste [3] spre'u lta bu yin pas de ni chos gźan daṅ ma 'brel bar yul la mi gnas pa ñid de[4] / yul gźan gyi bya ba la mi 'jug par yul la gnas par ni chos gźan daṅ 'brel ba med par mi srid (5de /5) de bas na gaṅ daṅ ldan pas rnam par śes pa mṅon par 'dod pa'i yul la gtod pa daṅ bcas par 'gyur ba ni sems 'jug pa źes bya [6] ste / sems kyi bya ba'i ṅo bor ñe bar mtshon pa'i sems las byuṅ ba'i chos la **yid la byed pa** źes bya bar brjod do // yid la byed pas na

yid la byed pa ste / yul 'ga' źig la sems gnas par byed pa źes bya ba'i don nam / yul yid la byed pa na [7] **yid la byed pa** ste / gaṅ gi stobs kyis rnam par śes pa yul yid la byed pa'i ṅo bo ñid do // tiṅ ṅe 'dzin ni[8] rnam par g-yeṅ ba'i gñen po'i chos te / sems kyi rgyun dmigs pa gcig pa'i rgyu'o // **yid la byed pa** ni yul la sems de'i dus su mi gtoṅ ba'o //

1) G inserts /. 2) *po* CD 3) G inserts /. 4) *do* G 5) *do* // N 6) CD insert *ba*. 7) G inserts *yul*. 8) om. G

（C 243a4–7, D 246a4–7, G 336a1–6, N 271b5–272a2, P 281b6–282a3; LINDTNER［1979］p. 107, *ll*. 5–18, Zh, vol. 60, p. 1551, *l*. 15–p. 1552, *l*. 6）

参考文献（1）

Munimatālaṃkāra

【原語】manaskāra
【チベット語訳】yid la byed pa

【定義的用例】

〔原文〕

cittasya viṣayasamanvāhāro **manaskāraḥ** / viṣaye sāvadhānatety arthaḥ / samādhir vikṣepapratidvaṃdvī dharmaḥ santānasyaikālambanatāhetuḥ / **manaskāras** tu viṣayāc cittaṃ tatkṣaṇaṃ na visārayati //

（李・加納［2015］p. 21, *ll*. 7–9）

〔チベット語訳〕

yid la byed pa ni sems yul la phyogs par byed pa ste / yul la bstod[1] pa daṅ bcas pa źes pa'i don to // tiṅ ṅe 'dzin ni rnam par g-yeṅ ba'i gñen po'i chos te rgyun gyi[2] dmigs pa gcig pa'i rgyu yin la **yid la byed pa** ni yul las de'i skad cig sems 'phro bar mi byed pa'o //

1) *stod* GNP 2) *mi* CD

（C 129b6, D 130a4–5, G 204a2–3, N 149a6–b1, P 154a5–6; AKAHANE and YOKOYAMA［2014］p. 33, *l*. 18–p. 34, *l*. 1, 磯田［1991］p. 2, *ll*. 1–5, Zh, vol. 63, p. 1194, *ll*. 13–17）

【先行研究における翻訳】

〔原文からの和訳〕

作意とは、心を対象（viṣaya）に差し向けること（samanvāhāra）であり、対象に注意を払うこと（sāvadhānatā）という意味である。〔作意と定（samādhi）との違いについていうと、〕定とは、散乱（心の乱れ）に対立する法であり、〔心〕相続を単一の所縁に向けるための因である。一方、**作意**は、その刹那に、対象から心を散乱させないようにするものである。

（李ほか［2015］p. 152）

参考文献（2）

Abhidharmāvatāra

【チベット語訳】yid la byed pa
【漢訳】作意

【定義的用例】

〔チベット語訳〕

yid la byed pa ni sems kyi 'jug pa gaṅ sems yul rnams la gtod pa ste / sṅon myoṅ ba la sogs pa sems pa źes bya ba'i don gaṅ yin pa'o // de yaṅ rnam pa gsum ste / slob pa'i daṅ mi slob pa'i daṅ slob pa yaṅ ma yin mi slob pa yaṅ ma yin pa'o // de la 'phags pa'i gaṅ zag bdun gyi rgyud las byuṅ ba dri ma med pa ni slob pa'o // dgra bcom pa'i rgyud las byuṅ ba ni mi slob pa'o // zag pa daṅ bcas pa ni slob pa yaṅ ma yin mi slob pa yaṅ ma yin pa'o //

（C 307a3–4, D 306a2–4, G 496a2–5, N 408a3–5, P 397a8–b2; Dhammajoti［2008］p. 220, *ll*. 13–18, Zh, vol. 82, p. 1558, *ll*. 14–20）

〔漢訳〕

作意謂能令心警覺。即是引心趣境爲義。亦是憶持曾受等。此有三種。謂學無學非學非無學。七有學身中無漏**作意**名學。阿羅漢身中無漏**作意**名無學。一切有漏**作意**名非學非無學。

（T, vol. 28, 982a12–16）

【先行研究における翻訳と訳例】

〔チベット語訳からの和訳〕

作意 manasikāra とは心が〔境に〕向い行くことである。すなわち、心が境の方に向うことである。先に〔過去に〕感受した〔境、現に感受する境、未来に感受するであろう境〕などに思いを向けるという意味である。これもまた三種であって、学と無学と学でも無学でもないのとである。その中、聖者の中の七プドガラの相続 saṃtāna から生ずる無垢（無漏）なる〔作意〕が学 śaikṣa である。阿羅漢の相続から生ずる〔無漏なる作意〕が無学 aśaikṣa である。有漏なる〔作意〕が学でも無学でもないものである。

（櫻部〔1997〕pp. 202–203）

〔漢訳からの英訳〕mental application

Mental application (*manaskāra*) is that which alerts (*ā-√bhuj*) thought i.e. it directs thought towards an object. It is also the holding in thought (*sam-anvāhāra*) of an object which has earlier been experienced (*pūrvānubhūta*), etc. There are three kinds of **mental application**: that of a trainee (*śaikṣa*), of a non-trainee (*aśaikṣa*), and of one who is neither a trainee nor a non-trainee (*naivaśaikṣa-nāśaikṣa*). The outflow-free **mental applications** in the seven trainees are named **mental applications** of trainees. The outflow-free **mental application** in an *arhat* is named **mental application** of a non-trainee. The **mental application** with outflows [in an ordinary person] is named **mental application** neither of a trainee nor a non-trainee.

（Dhammajoti〔2008〕p. 82）

〔漢訳からの仏訳〕acte d'attention

L'**acte d'attention** (*manaskāra*) est une inflexion de la pensée (*cetasa ābhoga*), Son sens est de guider la pensée vers les objets (*viṣaya*) et de lui rappeler (*anusmaraṇa*) ceux perçus antérieurement, etc. Il peut être de trois types, selon qu'il relève de qui doit encore s'exercer (*śaikṣa*), de l'adepte n'ayant plus à s'exercer (*aśaikṣa*) ou de quelqu'un qui n'est ni l'un ni l'autre (*naivaśaikṣa-nāśaikṣa*). On qualifie de «devant encore être exercés» les **actes d'attention** purs (*anāsravamanaskāra*) accomplis par les sept catégories de personnes qui ont encore à s'exercer (*śaikṣa*). Les **actes d'attention** purs chez tous les saints (*arhat*) sont «n'ayant plus à être exercés». Enfin, tous **actes d'attention** impurs (*sāsravamanaskāra*) sont dits «ni ayant à être exercés ni n'ayant plus à être exercés» (*naivaśaikṣanāśaikṣamanaskāra*). （Velthem〔1977〕p. 15）

21. adhimokṣa

【七十五法】pp. 67–68【百法】pp. 44–46【パーリ文献】pp. 103–105

Madhyamakapañcaskandhaka

【訳例】傾倒、のめり込むこと
【チベット語訳】mos pa

【定義的用例】

〔和訳〕

心が対象に没頭すること（adhimukti）が**傾倒**である。「adhi」という語（接頭辞）は場（*adhikaraṇa）〔を意味するの〕であり、自らの対象に傾倒する知（*jñāna, śes pa）を自体とし、火に対する蛾の如くに、夢中になることが**傾倒**である。それと結びつくことで、認識（→12. vijñāna）が対象に対してばらばらではなく、まとまった状態となる心所法が**傾倒**である。注意（→20. manaskāra）との差は、対象を思考（意）の上で作り為すこと（作意）は心を場とすることを本性とする。これ（傾倒）は対象を場とすることを本性とするということが差である。

〔チベット語訳〕

sems yul la lhag par 'dod pa ni **mos pa** ste / lhag pa'i sgra ni dbaṅ du bya ba ste / raṅ gi[1] yul la mos pa'i śes pa'i raṅ gi ṅo bo gaṅ me la phye ma leb ltar lhag par mos pa ni **mos pa**'o // sems las byuṅ ba'i chos gaṅ daṅ ldan pas rnam par śes pa yul la so so ma yin par bsdus par gyur pa de ni sems las byuṅ ba'i chos **mos pa**'o // yid la byed pa daṅ khyad par ni yul yid la byed pa ni yid la lhag par byed pa'i ṅo bo'o // 'di ni yul la lhag par byed pa'i ṅo bo źes bya ba ni khyad par ro //[2]

[1] *gis* G　[2] / G

（C 244a7–244b2, D 247a7–247b2, G 337b5–338a2, N 273a4–6, P 283a7–283b1; Lindtner〔1979〕p. 109, *ll*. 10–17, Zh, vol. 60, p. 1554, *ll*. 13–19）

参考文献（1）

Munimatālaṃkāra

【原語】adhimokṣa
【チベット語訳】mos pa

【定義的用例】

〔原文〕

cittasya svaviṣaye yat svarūpamokṣaṇaṃ śalabhasyāgnāv iva sādhimuktir **adhimokṣaḥ** / manaskāro viṣayasya manasikaraṇam / tatra mano 'dhikaraṇam iha tu viṣayaḥ //

（李・加納［2015］p. 21, *ll*. 15–17）

〔チベット語訳〕

mos pa ni sems raṅ gi yul la gaṅ raṅ gi ṅo bor mos (1pas te1) phye ma leb me la bźin du lhag par mos pa daṅ bcas pa'o // yid la byed pa ni yul yid la byed pa ste der ni yid kyi dbaṅ du byas la 'dir ni yul gyi'o //

1) sic read *pa ste*.

（C 130a1, D 130a6–7, G 204a5–6, N 149b2–3, P 154a8–b2; Akahane and Yokoyama［2014］p. 34, *ll*. 10–13, 磯田［1991］p. 2, *ll*. 10–13, Zh, vol. 63, p. 1194, *l*. 21–p. 1195, *l*. 2）

【先行研究における翻訳】

〔原文からの和訳〕

勝解（adhimokṣa）とは、例えば蛾が火に対してするように、心が自身の対象に対して自分自身を委ねること（mokṣaṇa）、それが没頭すること（adhimukti）である。〔作意と勝解との違いについていうと、〕作意とは、対象に関する、心における働きである。その場合（作意の場合）は意が主題であるが、この場合（勝解の場合）は対象が〔主題〕である。

（李ほか［2015］p. 152）

参考文献 (2)

Abhidharmāvatāra

【チベット語訳】mos pa
【漢訳】勝解

【定義的用例】

〔チベット語訳〕

mos pa ni sems yul rnams la mos[1] pa ste yul la[2] ma źum pa źes bya ba'i don gaṅ yin pa'o //

[1] *smon* GN, *smos* P [2] om. GNP

(C 307a5, D 306a4–5, G 496a5–6, N 408a5, P 397b3; Dhammajoti〔2008〕p. 220, *ll*. 25–26, Zh, vol. 82, p. 1559, *ll*. 1–2)

〔漢訳〕

勝解謂能於境印可。即是令心於所縁境無怯弱義。

(T, vol. 28, 982a16–18)

【先行研究における翻訳と訳例】

〔チベット語訳からの和訳〕

勝解 adhimukti とは心が境を審決することである。すなわち境をおそれないという意味である。

(櫻部〔1997〕p. 203)

〔漢訳からの英訳〕resolve

Resolve (*adhimukti*/*adhimokṣa*) is the affirmation (印可, *avadhāraṇa*) with regard to an object, i.e. it enables one to be free from diffidence with regard to an object perceived (*cittasya viṣayāpratisaṃkoca*).

(Dhammajoti〔2008〕p. 83)

21. adhimokṣa

〔漢訳からの仏訳〕approbation

L'**approbation** (*adhimokṣa*) est une adhésion (*adhimukti*) concernant l'objet. Elle fait en sorte que la pensée ne se décourage pas à l'endroit des objets qu'elle saisit.

（VELTHEM［1977］p. 15）

22. samādhi

【七十五法】pp. 69–70【百法】pp. 50–52【パーリ文献】pp. 106–110

Madhyamakapañcaskandhaka

【訳例】精神集中、専心
【チベット語訳】tiṅ ṅe 'dzin

【定義的用例】

〔和訳〕

精神集中とは、心が一点に集まることである。点とは認識対象である。それと結びつくことで、心の連続が一つの認識対象にとどまる心所法である。それが**精神集中**という心所法である。

〔チベット語訳〕

tiṅ ṅe 'dzin ni sems rtse gcig pa ste / rtse ni dmigs pa'o //[1)] sems las byuṅ ba'i chos gaṅ daṅ ldan pas sems kyi rgyun dmigs pa gcig la ṅes par gnas pa ste / de ni sems las byuṅ ba'i chos **tiṅ ṅe 'dzin** źes bya'o //

[1)] om. G

（C 245a1–2, D 248a1–2, G 338b2–3, N 273b5–6, P 284a1–2; Lindtner［1979］p. 110, *ll.* 11–14, Zh, vol. 60, p. 1555, *l.* 20–p. 1556, *l.* 1）

参考文献（1）

Munimatālaṃkāra

【原語】samādhi
【チベット語訳】tiṅ ṅe 'dzin

【定義的用例】

〔原文〕

samādhiś cittaikāgratā / agram ālambanam //

（李・加納［2015］p. 22, *l*. 9）

〔チベット語訳〕

tiṅ ṅe 'dzin ni sems rtse gcig pa ñid de / rtse ni[1] dmigs pa'o //

[1] *gcig tu* CD

（C 130a4, D 130b2, G 204b4–5, N 149b7–150a1, P 154b7; AKAHANE and YOKOYAMA［2014］p. 35, *ll*. 12–13, 磯田［1991］p. 2, *l*. 23, Zh, vol. 63, p. 1195, *ll*. 11–12）

【先行研究における翻訳】

〔原文からの和訳〕

定とは、心の一点集中（ekāgratā）である。点（agra）とは、所縁のことである。

（李ほか［2015］p. 153）

参考文献（2）

Abhidharmāvatāra

【チベット語訳】tiṅ ṅe 'dzin
【漢訳】定

【定義的用例】

〔チベット語訳〕

tiṅ ṅe 'dzin ni sems rtse gcig pa ste / sems spre'u lta bu dmigs pa gcig la 'jug ces bya ba'i don gaṅ yin pa ste /[1] dper na sbrul 'od ma'i sbubs su bcug na gya gyur mi 'gyur ba de bźin du / sems **tiṅ ṅe 'dzin** gyi sbubs su bcug nas draṅ sroṅ 'gro'o źes Bye brag tu smra ba rnams so //

1) // G

（C 307b1–2, D 306b1–2, G 496b4–5, N 408b3–4, P 397b8–398a1; Dhammajoti［2008］p. 221, *ll.* 12–15, Zh, vol. 82, p. 1559, *ll.* 14–18）

〔漢訳〕

定謂令心專注一境。即是制如猨猴心。唯於一境而轉義。毘婆沙者作如是說。如蛇在筒行便不曲心若在**定**正直而轉。

（T, vol. 28, 982a19–21）

【先行研究における翻訳と訳例】

〔チベット語訳からの和訳〕

定 samādhi は心が一つの対象に集注すること cittasyaikāgratā であり、猿のよう〔に動き廻って止まぬ〕心が一境におもむくという意味である。たとえば、蛇が竹の筒の中に入り行く時は曲らないで〔行く〕ように、心が**定**の筒の中に入り行くによって雄々しい者 ṛṣabha は〔正しく〕行く、と毘婆沙師 Vaibhāṣika は言う。

（櫻部［1997］p. 204）

〔漢訳からの英訳〕concentration

Concentration (*samādhi*) is that which causes thought to be focused on an object. It controls the monkey-like thought so that it operates (*vartate*) on one object alone. The Vaibhāṣika says thus: Just as a snake that is confined in a bamboo pipe does not move in a crooked manner, thought, when concentrated (*samāhita*), proceeds upright.

（Dhammajoti［2008］p. 83）

〔漢訳からの仏訳〕concentration

La **concentration** (*samādhi*) est le fait pour la pensée de se fixer sur un seul objet (*cittaikāgratā*). Son rôle est de diriger la pensée, comparable à un singe (*vānara*), et de la faire tourner seulement autour d'un objet (*ālambana*). Les Vaibhāṣika ont dit : «Tout comme un serpent avance sans courbe dans un tuyau de bambou, la pensée (*citta*) qui se trouve en **concentration** (*samādhi*) avance en ligne droite».

（Velthem［1977］p. 16）

23. śraddhā

【七十五法】pp. 71–72【百法】pp. 56–58【パーリ文献】pp. 111–115

Madhyamakapañcaskandhaka

【訳例】確信
【チベット語訳】dad pa

【定義的用例】

〔和訳〕

確信とは、諦、宝、業果を堅く信じることである。その中で、諦は四つであり、苦、集、滅、道である。または二つであり、世俗と勝義である。宝は三つであり、仏、法、僧団である。業は福徳、非福、不動である。果は異熟と離繋である。それらを過剰に否定する（損減する）ことが邪な見解であり、非存在という形で働くものである。世間的な正しい見解とは存在という形で働くものであり、その様な正しい見解により理解される存在を堅く信じるあり方が**確信**である。**確信**の力によってそれらの存在を把握することが不信（→36. āśraddhya）の対治となるものである。また、汚れた水の中で水を清浄にする宝石が水の汚れを取り除いて水を清浄にするように、**確信**という宝石も心という池の中に生じ、不信という汚れを取り除いて意を清浄にする。意を清浄にすることにより、きれいな鏡における像のようなあり方で、諦や宝などが現れることになる。

〔チベット語訳〕

dad pa ni bden pa daṅ / dkon mchog daṅ / las daṅ 'bras bu la mṅon par yid ches pa'o // de la bden pa ni bźi ste / sdug bsṅal daṅ / kun 'byuṅ daṅ / 'gog pa daṅ / lam źes bya ba'o // yaṅ na rnam pa gñis te / kun rdzob daṅ [1] don dam pa źes bya ba'o // dkon mchog ni gsum ste / saṅs rgyas daṅ / chos daṅ / dge 'dun[2] no // las[3] ni bsod nams daṅ / bsod nams ma yin pa daṅ / mi g-yo ba'o // 'bras bu ni rnam par smin pa daṅ bral ba źes bya ba'o // de dag ñid la[4] skur pa 'debs pa ni log par lta ba ste / med pa'i rnam par źugs pa'o // 'jig rten pa'i yaṅ dag pa'i lta ba ni yod pa'i rnam par źugs pa ste / de lta bu'i yaṅ dag pa'i lta bas rtogs pa'i yod pa la mṅon par yid ches pa'i rnam pa ni **dad pa**'o // **dad pa**'i stobs kyis yod pa de dag ṅes par 'dzin pa de ni ma dad pa'i gñen por gyur pa'o // de yaṅ ji ltar rñog pa daṅ bcas pa'i chu la nor bu chu 'daṅ[5] byed kyis chu'i[6] rñog pa rnams bsal nas chu rab tu daṅ bar byed pa de bźin du **dad pa**'i nor bu[7] yaṅ sems kyi rdziṅ bur byuṅ nas ma dad pa'i rñog pa bsal te yid daṅ bar byed do // yid daṅ bar byas pas ji ltar yoṅs su dag pa'i me loṅ la[8] gzugs brñan gyi tshul gyis bden pa daṅ dkon mchog la sogs pa snaṅ bar 'gyur ro //

[1] G inserts /. [2] *bdun* P [3] *lam* GNP [4] *las* GNP [5] *ldaṅ* GNP [6] om. G [7] *bur* GNP [8] om. G

（C 244b2–6, D 247b2–7, G 338a2–b1, N 273a6–b4, P 283b1–8; Lindtner［1979］p. 109, *l*. 18–p. 110, *l*. 4, Zh, vol. 60, p. 1554, *l*. 20–p. 1555, *l*. 14）

参考文献（1）

Munimatālaṃkāra

【原語】śraddhā
【チベット語訳】dad pa

【定義的用例】

〔原文〕

śraddhā satyaratnatrayakarmaphaleṣv astitvaguṇavatvaśakyatvābhisaṃpratyayaḥ / bhidyamānā tu sāstitve 'bhisaṃpratyayākārā **śraddhā** / guṇavatve prasādākārā / śakyatve śakyaṃ mayā prāptuṃ niṣpādayituṃ vety abhilāṣākārā / duḥkhādisatyāni catvāri / dve ca saṃvṛtiparamārthasatye //

（李・加納［2015］p. 22, *ll*. 3–7）

〔チベット語訳〕

dad pa ni bden pa daṅ dkon mchog daṅ las daṅ[1] 'bras bu rnams la yod pa ñid daṅ yon tan can ñid daṅ nus pa ñid du mṅon par yid ches pa'o // de dbye na ni de yod pa ñid la mṅon par yid ches pa'i rnam pa'i **dad pa** daṅ yon tan can ñid la rab tu daṅ ba'i rnam pa daṅ / nus pa ñid la bdag gis thob pa'am[2] 'grub par nus[3] so źes [4] mṅon par 'dod pa'i rnam pa'o //[5] bden pa ni sdug bsṅal la sogs pa bźi po rnams so // rnam pa gñis kyaṅ ste kun rdzob daṅ don dam pa'i bden pa dag go //

[1] *kyi* CD [2] *pa'aṅ* CD [3] *nas* N [4] GNP insert *so*. [5] om. G

（C 130a1–3, D 130a7–b1, G 204a6–b3, N 149b3–6, P 154b2–5; AKAHANE and YOKOYAMA［2014］p. 34, *l*. 15–p. 35, *l*. 3, 磯田［1991］p. 2, *ll*. 14–19, Zh, vol. 63, p. 1195, *ll*. 2–9）

【先行研究における翻訳】

〔原文からの和訳〕

信とは、諦と三宝と業果における実在性、有徳性、実現可能性を確信することである。一方、区別するなら、実在性に対する確信（abhisaṃpratyaya）を形とする**信**、有徳性に対する明朗さ（prasāda）を形とする〔信〕、実現可能性に対して「私は獲得、或いは、完成することができる」という意欲を形とする〔信とがある〕。〔ここでいう諦とは〕苦を初めとする四諦、或いは、世俗諦と勝義諦という二つである。

（李ほか［2015］pp. 152–153）

参考文献（2）

Abhidharmāvatāra

【チベット語訳】dad pa
【漢訳】信

【定義的用例】

〔チベット語訳〕

dad pa ni sems daṅ ba ste dkon mchog gsum daṅ rgyu daṅ 'bras bur 'brel pa la mṅon par yid ches pa'i rnam pa sems kyi rñog pa sel bar byed pa'i chos ston te / dper na chu daṅ bar byed pa'i nor bu mtsho'i naṅ du bcug na / rdzab kyi rñog pa thams cad bsal[1] nas chu gsal bar byed pade bźin du / **dad pa**'i nor bu sems kyi mtsho las byuṅ bas kyaṅ sems kyi rñog pa thams cad bsal[2] nas saṅs rgyas rnams kyi byaṅ chub daṅ / chos kyi legs par gsuṅs pa ñid daṅ / dge 'dun gyi legs par sgrub[3] pa ñid daṅ / 'di las phyi rol tu gyur pa thams cad 'khrul par byed de / rten ciṅ 'brel par 'byuṅ ba'i chos ñid la mṅon par dad pa'o //

[1] *bstsal* CD [2] *gsal* G [3] *bsgrub* GNP

（C 307a5–7, D 306a5–7, G 496a6–b3, N 408a5–b1, P 397b3–6; Dhammajoti［2008］p. 220, *ll*. 28–35, Zh, vol. 82, p. 1559, *ll*. 2–10）

〔漢訳〕

信謂令心於境澄淨。謂於三寶因果相屬有性等中現前忍許故名爲**信**。是能除遣心濁穢法。如清水珠置於池内令濁穢水皆即澄清。如是**信**珠在心池内心諸濁穢皆即除遣。信佛證菩提信法是善説信僧具妙行。亦信一切外道所迷縁起法性。是信事業。

（T, vol. 28, 982a28–b4）

【先行研究における翻訳と訳例】

〔チベット語訳からの和訳〕

信 sraddhā とは心の浄らかさ cetasaḥ prasādaḥ であって、三宝と因・果の関係 hetuphala-sambandha とを明らかに了解すること abhisaṃpratyaya である。〔すなわち〕心の濁りを除く法を〔信と〕説く。たとえば、水を澄浄にする宝珠を池の中に置けば、泥のすべての濁りを浄めて水を清らかにするように、**信**の宝珠が心の池の中に生ずるによって、心のすべての濁りを浄めて、仏のさとりと法の善く説かれたること svākhyātatā と僧伽の修証 samudāgama とすべての外道が迷いを起す所以なる縁起の法性とに対する信が〔生ずる〕。

（櫻部［1997］p. 203）

〔漢訳からの英訳〕 faith

Faith (*śraddhā*) is that which causes the clarification of thought (*cetasaḥ prasādaḥ*) with regard to its object. It is named faith on account of being receptivity based on direct realization (*abhisaṃsaṃgrahapratyaya*[1]) to the Three Jewels, the cause-effect relationship (*hetuphala-sambandha*) and the existence (*astitva*) [of *dharma*-s]. It is a *dharma* which removes mental turbidity (*kāluṣya*). Just as a water cleansing gem (*udakaprasādakamaṇi*), when placed inside a pond, at once clarifies the turbid water; likewise, the **faith**-gem within the mind-pond at once gets rid of all its turbidities. Faith to the Buddha's attainment of Enlightenment, to the Dharma as being well-expounded (*svākhyā-ta*), to the Saṃgha as being endowed with good conduct (*supratipanna*), as well as to dependent-origination (*pratītya-samutpāda*), the true nature of dharma (*dharmatā*) which is not understood by the heretics (*tīrthika*) — such is the domain of activities of faith.

[1] sic read *abhisaṃpratyaya*.

(Dhammajoti［2008］pp. 83–84)

〔漢訳からの仏訳〕foi

La **foi** (*śraddhā*) réalise la clarification de la pensée (*cittaprasāda*) à l'égard des objets. Elle manifeste une ferme confiance (*abhisaṃpratyaya*) dans le triple joyau (*triratna*) et dans la réalité de l'interdépendance des causes et des effets. Elle expulse de la pensée les dharma souillés (*āvila*) comme la gemme qui clarifie l'eau (*udakaprasādakamaṇi*) une **fois** jetée dans l'étang (*taḍāga*), rend l'eau boueuse tout à fait transparente. Ainsi la gemme «foi» se trouvant dans l'étang «pensée» en chasse-t-elle les impuretés. Croire que le Buddha a atteint l'Illumination (*bodhi*), que le Dharma a été bien prêché (*subhāṣita*), que la Communauté (*saṃgha*) a une conduite parfaite, croire aussi en la production en dépendance (*pratītyasamutpāda*) mal comprise par tous les hérétiques et qui est la vraie nature (*dharmatā*), c'est l'acte de foi (*śraddhākarman*).

(Velthem［1977］pp. 16–17)

24. vīrya

【七十五法】pp. 73–74【百法】pp. 59–61【パーリ文献】pp. 116–118

Madhyamakapañcaskandhaka

【訳例】精励
【チベット語訳】brtson 'grus

【定義的用例】

〔和訳〕

精励とは、善法に励むことである。それと結びつくことで善法を集めることに心が励むようになる心所法であり、怠惰（→35. kauśīdya）の対治である法が**精励**である。

〔チベット語訳〕

brtson 'grus ni dge ba'i chos la spro ba ste / sems las byuṅ ba'i chos gaṅ daṅ ldan pas sems dge ba'i chos bsdu ba la spro bar 'gyur ba le lo'i gñen por gyur pa'i chos ni **brtson 'grus** so //

（C 244b7, D 247b5, G 338b1–2, N 273b4–5, P 283b8–284a1; Lindtner［1979］p. 110, *ll*. 5–8, Zh, vol. 60, p. 1555, *ll*. 15–17）

参考文献（1）

Munimatālaṃkāra

【原語】vīrya
【チベット語訳】brtson 'grus

【定義的用例】

〔原文〕

vīryaṃ kuśalābhyutsāhaḥ //

（李・加納［2015］p. 22, *l*. 7）

〔チベット語訳〕

brtson 'grus ni dge ba la spro ba'o //

（C 130a3, D 130b1–2, G 204b3–4, N 149b6–7, P 154b5–6; Akahane and Yokoyama［2014］p. 35, *ll*. 5–7, 磯田［1991］p. 2, *l*. 20, Zh, vol. 63, p. 1195, *ll*. 9–10）

【先行研究における翻訳】

〔原文からの和訳〕

精進とは、善に向けて励むことである。

（李ほか［2015］p. 153）

参考文献（2）

Abhidharmāvatāra

【チベット語訳】brtson 'grus
【漢訳】精進

【定義的用例】

〔チベット語訳〕

brtson 'grus ni dge ba daṅ [1] mi dge ba'i chos skyed pa daṅ 'gog par[2] spro ba ste / 'khor ba'i 'dam du byiṅ ba'i sems mṅon[3] par 'byuṅ ba'i don gaṅ yin pa'o //

[1] N inserts *mi dge ba daṅ*. [2] *pa* CD [3] *sṅon* C

（C 307a7–b1, D 306a7, G 496b3, N 408b1–2, P 397b6–7; Dhammajoti［2008］p. 221, *ll*. 5–6, Zh, vol. 82, p. 1559, *ll*. 10–12）

24. vīrya

〔漢訳〕

精進謂於善不善法生滅事中勇悍爲性。即是沈溺生死泥者能策勵心令速出義。

（T, vol. 28, 982b4–6）

【先行研究における翻訳と訳例】

〔チベット語訳からの和訳〕

精進 vīrya とは善法を生ずることおよび不善法を滅することに努力すること utsāha であって、輪廻の泥に溺れた心を〔その泥から〕引き出すという意味である。

（櫻部［1997］p. 204）

〔漢訳からの英訳〕vigour

Vigour (*vīrya*) has the nature of being energetic (*abhyutsāha*) in the production and cessation, [respectively], of the wholesome and unwholesome *dharma*-s. That is, it goads the thought of those sunk in the mire of transmigration (*saṃsārapaṅkanimagnasya cetaso 'bhyunnatirityarthaḥ*) to get out quickly.

（DHAMMAJOTI［2008］p. 84）

〔漢訳からの仏訳〕énergie

L'**énergie** (*vīrya*) a pour nature l'endurance (*abhyutsāha*) quant à la production et à la destruction, respectivement, des bons et des mauvais dharma. Elle stimule la pensée de ceux qui sont plongés dans la boue de la transmigration (*saṃsārapaṅkanimagna*) pour les en sortir rapidement.

（VELTHEM［1977］p. 17）

25. upekṣā

【七十五法】pp. 75–76【百法】pp. 84–87【パーリ文献】pp. 119–123

Madhyamakapañcaskandhaka

【訳例】平静
【チベット語訳】btaṅ sñoms

【定義的用例】

〔和訳〕

また、それと結びつくことで心が認識対象に努力なしに等しく働く心所法が、心が平等であることであり、**平静**と言われる。(1 というのも、それ（平静）によって〔心が〕対象に執着せず、攻撃することもないからである 1)。また、それは二種である。考察（択）による**平静**と考察によらない**平静**である。(2 阿羅漢の知（jñāna）に従うものは考察による**平静**であり、凡夫の無知（ajñāna）に従うものが、考察によらない**平静**である 2)。

1)『中観五蘊論』のチベット訳を直訳すると、「それは、すなわち、対象に執着することでもなく、攻撃することでもない」となるが、ここでは『牟尼意趣荘厳』の解説を参考に和訳し、平静が心の平等性であることの理由として理解する。

2)『中観五蘊論』のチベット語訳では、「阿羅漢の知」については gtogs pa、「凡夫の無知」については rjes su soṅ ba となっているが、『牟尼意趣荘厳』の解説を見ると、原語は同じ anugata であったと考えられ、ここでは同じ訳語をあてる。

〔チベット語訳〕

1) yaṅ sems las byuṅ ba'i chos gaṅ daṅ ldan pas sems dmigs pa'i yul la 'bad pa med par mñam du 'jug pa de ni sems mñam pa ñid de **btaṅ sñoms** źes brjod do // de ni 'di ltar yul la rjes su chags pa yaṅ ma yin / khoṅ khro ba yaṅ ma yin no // de yaṅ de ni rnam pa gñis te / so sor brtags2) pa'i **btaṅ sñoms** daṅ / so sor ma brtags pa'i **btaṅ sñoms** so // dgra bcom pa'i śes par gtogs pa ni so sor brtags pa'i **btaṅ sñoms** so // so so'i skye bo'i mi śes pa'i rjes su soṅ ba ni so sor ma brtags pa'i **btaṅ sñoms** so //

1) C inserts *de*. 2) *btags* GP

（C 252b6–253a1, D 255b7–256a2, G 350a2–4, N 282b3–5, P 293b2–5; LINDTNER［1979］p. 124, *ll*. 16–23, Zh, vol. 60, p. 1574, *l*. 19–p. 1575, *l*. 4）

参考文献（1）

Munimatālaṃkāra

【原語】upekṣā
【チベット語訳】btaṅ sñoms

【定義的用例】

〔原文〕

yena dharmeṇa cittam ālambane saṃvartate / sā cittasamatā **upekṣā** // tayā hi cittaṃ nānunīyate na pratihanyate // sā cārhatāṃ jñānānugatā pratisaṃkhyay**opekṣā** / pṛthagjanānāṃ tv ajñānānugatāpratisaṃkhyay**opekṣā** //

（李・加納［2015］p. 23, *l*. 17–p. 24, *l*. 1）

〔チベット語訳〕

btaṅ sñoms ni chos gaṅ gis dmigs pa [1] la sems mñam du[2] 'jug pa ste de ni sems mñam pa ñid do // des ni sems rjes su chags par mi byed khoṅ khro bar mi byed do // ([3]de'aṅ[3]) dgra bcom pa ([4]rnams kyi[4]) ye śes daṅ[5] ldan pa so sor brtags pa'i **btaṅ sñoms** te / so so skye bo rnams kyi ni ye śes daṅ ldan pa ma yin pa[6] so sor ma brtags pa'i **btaṅ sñoms** so //

1) N inserts /. 2) *pa* G 3) *de yaṅ* CD 4) *rnam gyi* C 5) *kyaṅ* CD 6) om. GNP

（C 130b2–3, D 131a1–2, G 205b3–5, N 150b2–4, P 155b2–4; AKAHANE and YOKOYAMA［2014］p. 37, *l*. 21–p. 38, *l*. 5, 磯田［1991］p. 3, *ll*. 7–11, Zh, vol. 63, p. 1196, *ll*. 12–17）

【先行研究における翻訳】

〔原文からの和訳〕

それによって心が対象に対して〔愛憎を離れて〕均等に働く〔心所〕法、それが**捨**である。それは〔愛憎を離れた〕心の平等性である。というのは、それ（捨）によって心が〔対象に〕愛着することもなければ、攻撃することもないからである。そして阿羅漢たちのそれ（捨）は、智に随順した、択（pratisaṃkhyā）による**捨**である。いっぽう凡夫たちの**捨**は、智に随順しない、択によらない**捨**である。

（李ほか［2015］p. 154）

参考文献（2）

Abhidharmāvatāra

【チベット語訳】btaṅ sñoms
【漢訳】捨

【定義的用例】

〔チベット語訳〕

btaṅ sñoms ni (1mi rigs1) pa sel ba daṅ 2) rigs pa la3) 'jug par byed pa la btaṅ sñoms su byed pa ste / de yod pas sems de (4mi rigs4) pa yaṅ mi sel / rigs pa la yaṅ mi 'jug par sraṅ 'dzin pa'i rigs pas mñam pa ñid du gnas pa'o //

1) *ma rig* GNP　2) CD insert /.　3) *las* GNP　4) *ma rig* GNP

（C 308a2, D 307a1–2, G 497b2–3, N 409a5–6, P 398b2–4; Dhammajoti［2008］p. 222, *ll.* 31–33, Zh, vol. 82, p. 1560, *l.* 21–p. 1561, *l.* 3）

〔漢訳〕

心平等性說名爲**捨**。捨背非理及向理故。由此勢力令心於理及於非理無向無背平等而住。如持秤縷。

（T, vol. 28, 982b13–15）

【先行研究における翻訳と訳例】

〔チベット語訳からの和訳〕

捨 upekṣā とは、非理を除くことと理に進むこととにおいて、不偏性を成ずることである。すなわち、これある故に、この心は、非理を除くこともせず、理に進むこともせず、釣合いを保つ仕方によって、平らかに住する。

（櫻部［1997］p. 205）

25. upekṣā

〔漢訳からの英訳〕equanimity

The equilibrium of thought (*citta-samatā*) is named **equanimity** (*upekṣā*), as it is the equanimity with regard to the aversion to the untrue and the inclination towards the true. By the force of this, the thought neither inclines towards nor turns away from the true and the untrue [respectively]; abiding in equilibrium, as a scale in perfect balance.

(DHAMMAJOTI〔2008〕p. 84)

〔漢訳からの仏訳〕indifférence

L'**indifférence** (*upekṣā*) est une égalité de pensée (*cittasamatā*), car elle s'abstient de s'opposer à ce qui est faux (*ayukta*) et de tendre vers le vrai (*yukta*). Sous son influence, la pensée ne tend pas au vrai et ne s'oppose pas au faux, mais demeure en équilibre (*samatā*), comme le fil d'une balance (*tulā*).

(VELTHEM〔1977〕p. 18)

26. hrī

【七十五法】pp. 77–79【百法】pp. 62–64【パーリ文献】pp. 124–127

Madhyamakapañcaskandhaka

【訳例】自律的羞恥心、自己に照らして恥じること
【チベット語訳】ṅo tsha śes pa

【定義的用例】

〔和訳〕

自身が優れた家柄に生まれたことや、学識や道徳などの徳目が、悪事を働いたならば、損なわれてしまうと認識し、これらは正しくないと考えて、その〔法の〕力によって、自己や徳目を権威として、悪事へと向かうことがないものは、羞恥心を有しているから、その悪事を避ける因である法が、恥と説かれ、**自律的羞恥心**と言われる。

〔チベット語訳〕

bdag ñid kyi rigs dam pa las skyes pa daṅ / thos pa daṅ [1] tshul khrims la sogs pa'i chos sdig[2] pa la źugs par gyur na ñams par 'gyur bar dmigs te /[3] 'di dag ni rigs pa ma yin no [4] sñam nas gaṅ gi dbaṅ gis bdag gam [5] chos kyi dbaṅ du byas nas sdig pa la mi 'jug pa de ni ṅo tsha daṅ ldan pas sdig pa las ldog pa'i rgyu'i chos 'dzem pa źes bśad pa ste / **ṅo tsha śes pa** źes brjod do //

[1] GNP insert /.　[2] *mig* C　[3] // G　[4] N inserts //.　[5] G inserts /.

（C 252b4–5, D 255b5–6, G 349b5–6, N 282b1–2, P 293a7–b1; Lindtner［1979］p. 124, *ll*. 6–12, Zh, vol. 60, p. 1574, *ll*. 14–15）

参考文献（1）

Munimatālaṃkāra

【原語】hrī
【チベット語訳】ṅo tsha

【定義的用例】

〔原文〕

yadvaśād ātmadharmādhipatyena pāpān nivartate sa pāpāpravṛttihetur dharmo lajjākhyo **hrīḥ** //

（李・加納［2015］p. 23, *ll.* 14–15）

〔チベット語訳〕

ṅo tsha ni[1)] gaṅ gi dbaṅ gis bdag ñid daṅ chos kyi dbaṅ du byas pas sdig pa las bzlog pa ste / de ni sdig pa la mi 'jug pa'i rgyu'i chos ṅo tsha źes bya ba'o //

[1)] *na* CD

（C 130b1–2, D 130b7–131a1, G 205b2, N 150b1–2, P 155b1; Akahane and Yokoyama［2014］p. 37, *ll.* 14–16, 磯田［1991］p. 3, *ll.* 4–5, Zh, vol. 63, p. 1196, *ll.* 9–11）

【先行研究における翻訳】

〔原文からの和訳〕

その力により、自分自身〔の家柄など〕ならびに〔自分の修めてきた後天的な〕徳目を指標として、諸罪を抑止する〔心所法〕、それが**慚**である。それは諸罪を生起させない原因としての法であり、恥と呼ばれる。

（李ほか［2015］p. 154）

参考文献（2）

Abhidharmāvatāra

【チベット語訳】ṅo tsha śes pa
【漢訳】慚

【定義的用例】

〔チベット語訳〕

ṅo tsha śes pa ni rigs pa la gźol ba / bdag daṅ chos kyi dbaṅ du byas pa las byuṅ ba / sred pa'i rgyu mthun pa daṅ mi mthun pa'i sems kyi dbaṅ ste / gaṅ gi dbaṅ gis yon tan rnams daṅ / yon tan can rnams la gus pa daṅ bcas par gnas pa'o //

（C 307b7–308a1, D 306b7–307a1, G 497a6–b1, N 409a3–4, P 398a8–b1; DHAMMAJOTI［2008］p. 222, *ll*. 21–24, Zh, vol. 82, p. 1560, *ll*. 15–19）

〔漢訳〕

慚謂隨順正理白[1)]法增上所生違愛等流心自在性。由此勢力於諸功徳及有徳者恭敬而住。

[1)] sic read 自.　大正蔵は「白」とするが、チベット語訳を参考に、「自」と訂正して読む。

（T, vol. 28, 982b6–8）

【先行研究における翻訳と訳例】

〔チベット語訳からの和訳〕

慚 hrī は理に随うことである。自らと法とが力を増すことより生ずる。愛 tṛṣṇā の等流と逆なる心の自在性であって、それによって、徳および徳ある人人に対して敬信を有して在る。

（櫻部［1997］p. 205）

〔漢訳からの英訳〕modesty

Modesty (*hrī*) is that which conforms to the proper. It is produced on account of the dominant influence of oneself and of the Dharma. It is a mental freedom (*citta-vaśitā*) opposed to the emanation of craving (*tṛṣṇā-niṣyanda*). By virtue of this, one abides respecting virtues and the virtuous.

（DHAMMAJOTI［2008］p. 84）

〔漢訳からの仏訳〕respect

Le **respect** (*hrī*) est engendré par une maîtrise personnelle (*ātmādhipatyaja*) sur les dharma conformes à la logique (*nyāyapravanasya*). Sa nature (*svabhāva*) est la souveraineté de pensée (*cittavaśitā*) qui s'oppose aux écoulements du désir (*tṛṣṇāniṣyandavirodhiki*). Par sa puissance, on se tient respectueux à l'égard des vertus et des vertueux (*yadvaśāt guneṣu gunavatsu ca sagauravo viharati*).

（VELTHEM［1977］p. 17）

27. apatrāpya

【七十五法】pp. 80–82【百法】pp. 65–67【パーリ文献】pp. 128–129

Madhyamakapañcaskandhaka

【訳例】他律的羞恥心、他者に照らして恥じること
【チベット語訳】khrel yod pa

【定義的用例】

〔和訳〕

他を顧みて過ちを恥じることが**他律的羞恥心**である。

〔チベット語訳〕

gźan la[1] bltos[2] nas ñes pa la[3] 'dzem pa de ni **khrel yod pa**'o //

[1] *las* GNP [2] *ltos* CD [3] *las* GNP

（C 252b5, D 255b6, G 349b6–350a1, N 282b2–3, P 293b1–2; Lindtner［1979］p. 124, *l.* 13, Zh, vol. 60, p. 1574, *l.* 16）

参考文献（1）

Munimatālaṃkāra

【原語】apatrapā
【チベット語訳】khrel yod

【定義的用例】

〔原文〕

parāpekṣayā doṣair lajjanam **apatrapā** //

（李・加納［2015］p. 23, *l.* 15）

〔チベット語訳〕

khrel yod ni gźan la bltos[1] nas skyon rnams kyis ṅo tsha bar byed pa'o //

[1] *ltos* CD

（C 130b2, D 131a1, G 205b2–3, N 150b2, P 155b2; Akahane and Yokoyama［2014］p. 37, *ll.* 18–19, 磯田［1991］p. 3, *l.* 6, Zh, vol. 63, p. 1196, *ll.* 11–12）

【先行研究における翻訳】

〔原文からの和訳〕

愧とは、他人を顧みて罪を恥じる〔心所法〕である。

（李ほか［2015］p. 154）

参考文献（2）

Abhidharmāvatāra

【チベット語訳】khrel yod pa
【漢訳】愧

【定義的用例】

〔チベット語訳〕

khrel yod pa ni yon tan la goms par byed pa sṅon du gtoṅ ba /[1] gti mug gi rgyu mthun pa'i dgrar gyur pas chos ṅan pa la smod[2] pa ste / gaṅ yod na kha na ma tho ba la 'jigs[3] par lta ba[4] yin no //

[1] om. CD, // N　[2] *smos* N　[3] *'jig* GNP　[4] *bu* P

（C 308a1–2, D 307a1, G 497b1–2, N 409a4–5, P 398b1–2; Dhammajoti［2008］p. 222, *ll.* 27–29, Zh, vol. 82, p. 1560, *ll.* 19–21）

〔漢訳〕

愧謂修習功徳爲先違癡等流訶毀劣法。由此勢力於罪見怖。

（T, vol. 28, 982b8–10）

【先行研究における翻訳と訳例】

〔チベット語訳からの和訳〕

愧 apatrāpya は徳を修することを先とする。癡 moha の等流と反対であるから、悪法を誹毀するのであって、これある時、罪 avadya において怖れを見る。

（櫻部［1997］p. 205）

〔漢訳からの英訳〕shame

Shame (*apatrāpya*) has the cultivation of virtues as its precondition (*guṇa-bhāvanā-pūrvika*). It being opposed to the emanation of delusion (*moha-niṣyanda*), one [possessing it] scorns at lowly *dharma*-s. By virtue of this, one dreads evil (*avadye bhayadarśin*).

（DHAMMAJOTI［2008］p. 84）

〔漢訳からの仏訳〕crainte

La **crainte** (*apatrāpya*) consiste en ceci : après avoir pratiqué les vertus (*guṇābhyāsapūrvikā*), on s'oppose aux écoulements de la stupidité (*moha-niṣyandavirodhiki*) et on critique les mauvais dharma. Par sa puissance, on éprouve de la crainte vis-à-vis du péché (*avadye bhayadarśin*).

（VELTHEM［1977］p. 17）

28. alobha

【七十五法】pp. 83–84【百法】pp. 68–70【パーリ文献】なし（cf. lobha: pp. 130–132）

Madhyamakapañcaskandhaka

【訳例】貪りがないこと
【チベット語訳】ma chags pa

【定義的用例】

〔和訳〕

… **貪りがないこと**とは、渇愛と対になる法であり、事物に対して (1 執着しないこと 1) を特徴とする。… これら（三善根）は、それ自体善でもあり、他の善にとっての根でもあって、善根である。木の根が、葉などが生じ、存続し、成長することの因であるように、一切の善い事柄の根であるとこれらの三善根を知るべきである。

1)『中観五蘊論』のチベット語訳は med を欠くが、『牟尼意趣荘厳』の解説を参考に、źen med pa と読む。

〔チベット語訳〕

… **ma chags pa** ni sred pa'i gñen por gyur pa'i chos dṅos po'i don la (1źen pa'i1) mtshan ñid do // … 'di dag ni2) raṅ gi3) bdag ñid kyaṅ dge ba yin la / dge ba gźan rnams kyi yaṅ rtsa bar gyur par dge ba'i rtsa ba ste / 'di ltar śiṅ rnams kyi rtsa ba 'dab ma la sogs pa skye ba daṅ gnas pa daṅ 'phel ba'i rgyur gyur pa ltar / de bźin du dge ba'i chos thams cad kyi rtsa bar dge ba'i (4rtsa ba4) gsum po 'di dag ñid śes par bya'o //

1) sic read *źen med pa'i*.　2) *źi* P　3) *gis* G　4) om. GNP

（C 253a2–4, D 256a3–5, G 350a6–b2, N 282b7–283a2, P 293b7–294a1; LINDTNER［1979］p. 124, *l*. 29–p. 125, *l*. 9, Zh, vol. 60, p. 1575, *ll*. 9–16）

参考文献（1）

Munimatālaṃkāra

【原語】alobha
【チベット語訳】'dod chags med pa

【定義的用例】

〔原文〕

… **alobhas** tṛṣṇāpratidvaṃdvibhūto dharmaḥ padārthānabhiniveśalakṣaṇaḥ / … ete svayaṃ kuśalā anyakuśalānāṃ mūlabhūtā vṛkṣamūlavad utpattisthitivṛddhihetavaḥ /

（李・加納［2015］p. 24, *ll*. 9–13）

〔チベット語訳〕

… **'dod chags med pa** ni sred pa daṅ 'gal ba'i chos te dṅos po rnams la mṅon par źen pa med pa'i mtshan ñid do // … 'di rnams ni raṅ ñid dge ba dge ba gźan rnams kyi rtsa bar gyur pa śiṅ gi rtsa ba bźin bskyed pa daṅ gnas pa daṅ 'phel ba'i rgyu'o //

（C 130b6–131a1, D 131a5–6, G 206a2–4, N 150b7–151a2, P 155b8–156a2; AKAHANE and YOKOYAMA［2014］p. 38, *l*. 18–p. 39, *l*. 1, 磯田［1991］p. 3, *ll*. 21–26, Zh, vol. 63, p. 1197, *ll*. 5–11）

【先行研究における翻訳】

〔原文からの和訳〕

… **無貪**とは、渇愛に敵対する法であり、対象に執着しないことを定義とする。… それらは自ずから善であり、他の諸善にとっての根本であり、樹木の根っこの如く、生起、存続、成長の原因である。

（李ほか［2015］pp. 154–155）

参考文献（2）

Abhidharmāvatāra

【チベット語訳】ma chags pa
【漢訳】無貪

【定義的用例】

〔チベット語訳〕

… **ma chags pa** ni chags par gyur pa'i gñen[1] po'i chos so // … de dag ni bdag ñid kyis kyaṅ dge la / dge ba gźan rnams kyi rtsa bar yaṅ gyur pas na / de'i phyir dge ba'i rtsa ba rnams te / srid pa yid du 'oṅ ba daṅ thar pa'i myu gu mṅon par sgrub par byed pas [2] bde ba'i don ni dge ba'i don to //[3] yaṅ na gzugs bzaṅ po mṅon par grub par byed pas legs par lobs pa'i don te / ri mo mkhan legs par lobs pa bźin no //

[1] *mñen* P [2] CD insert /. [3] / G, om. N

（C 308a3–5, D 307a3–5, G 497b4–498a1, N 409a7–b2 P 398b4–7; Dhammajoti［2008］p. 223, *ll*. 5–12, Zh, vol. 82, p. 1561, *ll*. 5–12）

〔漢訳〕

… 一**無貪**是違貪法。… 如是三法是善自性。亦能爲根生餘善法。故名善根。安隱義是善義。能引可愛有及解脱牙 [1] 故。或已習學成巧便義是善義。由此能辨妙色像故。如彩畫師造妙色像世稱爲善。

[1] sic read 芽. 大正蔵は「牙」とするが、チベット語訳を参考に、大正蔵の脚注に挙げられる宋元明本と宮内省本の異読を採り、「芽」と読む。

（T, vol. 28, 982b25–c1）

【先行研究における翻訳と訳例】

〔チベット語訳からの和訳〕

… **無貪** alobha とは貪の対治なる法である。… これら〔三〕は自性としても善であり、他の善〔を生ずる〕根本ともなるから、この故に善根である。

可意なる manojñā（心にかなう）有 bhava（生存）と解脱との芽を生起せしめるから、楽 sukha の義が善 kuśala の義である。また、美しい色を生起せしめるから、〔善とは〕巧みになすの義である。絵師が〔美しい絵を〕巧みになすが如くである。

（櫻部［1997］p. 206）

〔漢訳からの英訳〕non-greed

… **non-greed** (*alobha*), a *dharma* opposed to greed (*lobha*) … These three *dharma*-s are named the roots of wholesomeness, because they are wholesome in their specific nature, and are also productive of other wholesome *dharma*-s. "Wholesome" means "secure" (*kṣema*), as [what is *kuśala*] can bring about the germs of desirable (*iṣṭa*) existence and of liberation. Or again, "wholesome" means being skilful through training (*śikṣita*), by reason of which one can, [for example], produce beautiful images. Thus, in the world people call an artist *kuśala* for producing beautiful images.

（DHAMMAJOTI［2008］p. 85）

〔漢訳からの仏訳〕absence de convoitise

… l'**absence de convoitise** (*alobha*), contraire de la convoitise (*lobha*), … Elles ont pour nature propre (*svabhāva*) la sagesse (*prajñā*), déjà évoquée. Comme elles ont le bien pour nature propre et qu'elles sont des racines (*mūla*) produisant d'autres bons dharma on les nomme racines de bien (*kuśalamūla*). Le bonheur (*kṣema*) est synonyme de bien (*kuśala*). Celui-ci produit des existences agréables (*iṣṭabhava*) et des germes de délivrance. L'habileté (*kauśalya*) suscitée par une étude accomplie signifie également le bien (*kuśala*). (En effet), c'est grâce à l'habileté qu'on est à même de composer de belles images et que l'on proclame (l'artiste) bon en tant que maître de dessin (*citrakara*) réalisateur de belles images.

（VELTHEM［1977］p. 19）

29. adveṣa

【七十五法】pp. 85–86【百法】pp. 71–73【パーリ文献】なし（cf. dosa: pp. 133–136）

Madhyamakapañcaskandhaka

【訳例】憎しみがないこと
【チベット語訳】źe sdaṅ med pa

【定義的用例】

〔和訳〕

憎しみがないこととは、憎しみ（dveṣa, →56. pratigha）と対立する法であり、有情に荒々しい心を持たないことを特徴とする。… これら（三善根）は、それ自体善でもあり、他の善にとっての根でもあって、善根である。木の根が、葉などが生じ、存続し、成長することの因であるように、一切の善い事柄の根であるとこれらの三善根を知るべきである。

〔チベット語訳〕

źe sdaṅ 1) **med pa** ni khoṅ khro ba'i gñen po'i chos sems can rnams la sems rtsub pa med pa'i mtshan ñid do // … 'di dag ni2) raṅ gi3) bdag ñid kyaṅ dge ba yin la / dge ba gźan rnams kyi yaṅ rtsa bar gyur par dge ba'i rtsa ba ste / 'di ltar śiṅ rnams kyi rtsa ba 'dab ma la sogs pa skye ba daṅ gnas pa daṅ 'phel ba'i rgyur gyur pa ltar / de bźin du dge ba'i chos thams cad kyi rtsa bar dge ba'i (4rtsa ba4) gsum po 'di dag ñid śes par bya'o //

1) C inserts /.　2) *źi* P　3) *gis* G　4) om. GNP

（C 253a2–4, D 256a4–5, G 350a6–b2, N 282b7–283a2, P 293b7–294a1; LINDTNER［1979］p. 125, *ll*. 2–9, Zh, vol. 60, p. 1575, *ll*. 10–16）

参考文献（1）

Munimatālaṃkāra

【原語】adveṣa
【チベット語訳】źe sdaṅ med pa

【定義的用例】

〔原文〕

adveṣaḥ pratighavirodhī dharmaḥ sattveṣv arūkṣatālakṣaṇaḥ / … ete svayaṃ kuśalā anyakuśalānāṃ mūlabhūtā vṛkṣamūlavad utpattisthitivṛddhihetavaḥ /

（李・加納［2015］p. 24, *ll*. 10–13）

〔チベット語訳〕

źe sdaṅ med pa ni khoṅ khro daṅ 'gal ba'i chos te sems can rnams la mnar sems med pa ñid kyi[1)] mtshan ñid can no // … 'di rnams ni raṅ ñid dge ba dge ba gźan rnams kyi rtsa bar gyur pa śiṅ gi rtsa ba bźin bskyed pa daṅ gnas pa daṅ 'phel ba'i rgyu'o //

[1)] om. D

（C 130b6–131a1, D 131a5–6, G 206a3–4, N 150b7–151a2, P 155b8–156a2; AKAHANE and YOKOYAMA［2014］p. 38, *l*. 19–p. 39, *l*. 1, 磯田［1991］p. 3, *ll*. 22–26, Zh, vol. 63, p. 1197, *ll*. 6–11）

【先行研究における翻訳】

〔原文からの和訳〕

無瞋とは、敵愾心（pratigha）に対立する法であり、衆生たちに対して荒々しさがないことを定義とする。… それらは自ずから善であり、他の諸善にとっての根本であり、樹木の根っこの如く、生起、存続、成長の原因である。

（李ほか［2015］pp. 154–155）

参考文献（2）

Abhidharmāvatāra

【チベット語訳】źe sdaṅ med pa
【漢訳】無瞋

【定義的用例】

〔チベット語訳〕

źe sdaṅ med pa ni khoṅ khro ba daṅ mi mthun pa'i chos so // … de dag ni bdag ñid kyis kyaṅ dge la / dge ba gźan rnams kyi rtsa bar yaṅ gyur pas na / de'i phyir dge ba'i rtsa ba rnams te / srid pa yid du 'oṅ ba daṅ thar pa'i myu gu mṅon par sgrub par byed pas [1] bde ba'i don ni dge ba'i don to //[2] yaṅ na gzugs bzaṅ po mṅon par grub par byed pas legs par lobs pa'i don te / ri mo mkhan legs par lobs pa bźin no //

[1] CD insert /. [2] / G, om. N

（C 308a3–5, D 307a3–5, G 497b4–498a1, N 409a7–b2, P 398b4–7; Dhammajoti［2008］p. 223, *ll*. 6–12, Zh, vol. 82, p. 1561, *ll*. 6–12）

〔漢訳〕

… 二**無瞋**是違瞋法。… 如是三法是善自性。亦能爲根生餘善法。故名善根。安隱義是善義。能引可愛有及解脱牙 [1] 故。或已習學成巧便義是善義。由此能辨妙色像故。如彩畫師造妙色像世稱爲善。

[1] sic read 芽. 大正蔵は「牙」とするが、チベット語訳を参考に、大正蔵の脚注に挙げられる宋元明本と宮内省本の異読を採り、「芽」と読む。

（T, vol. 28, 982b26–c1）

【先行研究における翻訳と訳例】

〔チベット語訳からの和訳〕

無瞋 adveṣa は瞋恚 pratigha と相伴わぬ法である。… これら〔三〕は自性としても善であれ他の善〔を生ずる〕根本ともなるから、この故に善根である。可意なる manojñā（心にかなう）有 bhava（生存）と解脱との芽を生起せしめるから、楽 sukha の義が善 kuśala の義である。また、美しい色を生起せしめるから、〔善とは〕巧みになすの義である。絵師が〔美しい絵を〕巧みになすが如くである。

（櫻部［1997］p. 206）

〔漢訳からの英訳〕non-hatred

… **non-hatred** (*adveṣa*), a *dharma* opposed to hatred (*dveṣa*) … These three *dharma*-s are named the roots of wholesomeness, because they are wholesome in their specific nature, and are also productive of other wholesome *dharma*-s. "Wholesome" means "secure" (*kṣema*), as [what is *kuśala*] can bring about the germs of desirable (*iṣṭa*) existence and of liberation. Or again, "wholesome" means being skilful through training (*śikṣita*), by reason of which one can, [for example], produce beautiful images. Thus, in the world people call an artist *kuśala* for producing beautiful images.

（DHAMMAJOTI［2008］p. 85）

〔漢訳からの仏訳〕absence de haine

… l'**absence de haine** (*adveṣa*), contraire de la haine (*dveṣa*) et … Elles ont pour nature propre (*svabhāva*) la sagesse (*prajñā*), déjà évoquée. Comme elles ont le bien pour nature propre et qu'elles sont des racines (mūla) produisant d'autres bons dharma on les nomme racines de bien (*kuśalamūla*). Le bonheur (*kṣema*) est synonyme de bien (*kuśala*). Celui-ci produit des existences agréables (*iṣṭabhava*) et des germes de délivrance. L'habileté (*kauśalya*) suscitée par une étude accomplie signifie également le bien (*kuśala*). (En effet), c'est grâce à l'habileté qu'on est à même de composer de belles images et que l'on proclame (l'artiste) bon en tant que maître de dessin (*citrakara*) réalisateur de belles images.

（VELTHEM［1977］p. 19）

30. avihiṃsā

【七十五法】pp. 87–88【百法】pp. 88–90【パーリ文献】なし（cf. vihiṃsā / vihesā: pp. 137–138）

Madhyamakapañcaskandhaka

【訳例】非暴力
【チベット語訳】rnam par mi 'tshe ba

【定義的用例】

〔和訳〕

それ（暴力、→46. vihiṃsā）と反対の法が**非暴力**である。その力によって他者を傷つけることがない〔心所法である〕。

〔チベット語訳〕

de daṅ 'gal ba'i chos ni **rnam par mi 'tshe ba** ste / gaṅ gi[1)] dbaṅ gis gźan la rnam par [(2]'tho mi 'tsham[2)] pa'o //

[1)] *gis* G　[2)] *tho mi 'tshams* CD

（C 252b3–4, D 255b4–5, G 349b4–5, N 282a7–b1, P 293a7; Lindtner［1979］p. 124, *ll.* 4–5, Zh, vol. 60, p. 1574, *ll.* 9–10）

参考文献（1）

Munimatālaṃkāra

【原語】avihiṃsā
【チベット語訳】rnam par mi 'tshe ba

【定義的用例】

〔原文〕

tadviruddho dharmo **'vihiṃsā** //

（李・加納［2015］p. 23, *l*. 12）

〔チベット語訳〕

de daṅ 'gal ba'i chos ni **rnam par mi 'tshe ba**'o //

（C 130b1, D 130b7, G 205b1–2, N 150b1, P 155a8; AKAHANE and YOKOYAMA［2014］p. 37, *l*. 12, 磯田［1991］p. 3, *l*. 3, Zh, vol. 63, p. 1196, *ll*. 8–9）

【先行研究における翻訳】

〔原文からの和訳〕

不害とは、それとは逆の法である。

（李ほか［2015］p. 154）

参考文献（2）

Abhidharmāvatāra

【チベット語訳】rnam par mi 'tshe ba
【漢訳】不害

【定義的用例】

〔チベット語訳〕

rnam par mi 'tshe ba ni [1)] gźan la gnod pa byed pa la mṅon par dga' ba daṅ mi mthun pa'i sems bzaṅ po ñid de / gaṅ gi dbaṅ gis gźan la rnam par tho mi 'tsham[2)] pa'o //

1) CD insert /. 2) *'tshams* CD

（C 307b6–7, D 306b6–7, G 497a5–6, N 409a2–3, P 398a7–8; DHAMMAJOTI［2008］p. 222, *ll*. 17–19, Zh, vol. 82, p. 1560, *ll*. 13–15）

30. avihiṃsā

〔漢訳〕

心堅善性説名**不害**。由此勢力不損惱他。能違於他樂爲損事。

（T, vol. 28, 982b12–13）

【先行研究における翻訳と訳例】

〔チベット語訳からの和訳〕

不害 ahiṃsā とは、他に害を加えることを喜ぶことと逆なる pratikūla 善い心性であって、そ〔の心性〕によって他を悩害することはないのである。

（櫻部［1997］p. 205）

〔漢訳からの英訳〕harmlessness

Harmlessness (*avihiṃsā*) is the mental goodness (*citta-bhadratā*). By the force of this, one does not harm others, and becomes averse to the harmful activities in which others indulge.

（Dhammajoti［2008］p. 84）

〔漢訳からの仏訳〕non-nuisance

La **non-nuisance** (*avihiṃsā*) est une généreuse résolution de la pensée (*citta-bhadravatā*) en vertu de laquelle on ne tourmente pas autrui (*yadvaśāt parāṃ na viheṭhayati*) et qui empêche de se réjouir des malheurs des autres.

（Velthem［1977］p. 18）

31. praśrabdhi

【七十五法】pp. 89–91【百法】pp. 77–79【パーリ文献】pp. 139–141

Madhyamakapañcaskandhaka

【訳例】軽快、軽やかさ
【チベット語訳】śin tu sbyaṅs pa

【定義的用例】

〔和訳〕

軽快とは、身心が活動に適していることである。(1 軽快でないこととは、身心が重いことであり 1)、重ければ晴れ晴れとしないから、それは沈鬱と倦怠（→37. styāna）を本体とする。それ（軽快でないこと）を離れており、精神集中（→22. samādhi）を生じさせる心所法が**軽快**である。

1)『中観五蘊論』のチベット語訳には「軽快でない身心は…」（śin tu ma sbyaṅs pa'i lus daṅ sems）とある。しかし、行蘊の冒頭で心相応行が列挙される際には、praśrabdhi と apraśrabdhi が挙げられており、以上の解説については、チベット語訳を śin tu ma sbyaṅs pa ni … と訂正し、apraśrabdhi の定義として理解する。

〔チベット語訳〕

śin tu sbyaṅs pa ni lus daṅ sems dag las su ruṅ ba ñid do // śin tu[1)] ma[2)] sbyaṅs pa'i[3)] lus daṅ sems lci ba ñid de / lci na ni mi gsal ba'i phyir de ni byiṅ ba daṅ rmugs pa'i bdag ñid do // sems las byuṅ ba'i chos gaṅ de daṅ bral ba tiṅ ṅe 'dzin 'byuṅ bar byed pa de ni **śin tu sbyaṅs pa**'o //

1) *du* C　2) om. GNP　3) sic read *pa ni*.

（C 252b1–2, D 255b2–3, G 349b1–3, N 282a5–6, P 293a4–5; Lindtner［1979］p. 123, *ll*. 27–31, Zh, vol. 60, p. 1573, *l*. 21–p. 1574, *l*. 3）

参考文献（1）

Munimatālaṃkāra

【原語】praśrabdhi
【チベット語訳】śin tu sbyaṅs pa

【定義的用例】

〔原文〕

praśrabdhiḥ kāyacittayoḥ karmaṇyatā // apraśrabdhiḥ kāyacittayor gurutvaṃ styānamiddhātmakam //

（李・加納［2015］p. 23, *ll*. 8–9）

〔チベット語訳〕

śin tu sbyaṅs pa ni lus daṅ sems dag las su ruṅ ba'o // śin tu sbyaṅs pa ma yin pa ni lus daṅ sems dag gi lci ba ñid daṅ rmugs pa daṅ gñid[1] kyi bdag ñid do //

[1] *gñis* P

（C 130a7–b1, D 130b6, G 205a6,–b1 N 150a7–b1, P 155a7–8; Akahane and Yokoyama［2014］p. 37, *ll*. 3–7, 磯田［1991］p. 2, *ll*. 39–41, Zh, vol. 63, p. 1196, *ll*. 4–7）

【先行研究における翻訳】

〔原文からの和訳〕

軽安とは、身心の軽やかさのことである。不軽安とは、身心の重さであり、惛沈と睡眠を本質とする。

（李ほか［2015］p. 154）

参考文献（2）

Abhidharmāvatāra

【チベット語訳】śin tu sbyaṅs pa
【漢訳】輕安

31. praśrabdhi

【定義的用例】

〔チベット語訳〕

śin tu sbyaṅs pa ni sems las su ruṅ ba ñid do //

（C 307b6, D 306b6, G 497a5, N 409a2, P 398a7; Dhammajoti［2008］p. 222, *l*. 15, Zh, vol. 82, p. 1560, *ll*. 12–13）

〔漢訳〕

心堪任性説名**輕安**。違害惛沈隨順善法。

（T, vol. 28, 982b11–12）

【先行研究における翻訳と訳例】

〔チベット語訳からの和訳〕

軽安 prasrabdhi とは心の敏活な状態 karmaṇyatā である。

（櫻部［1997］p. 205）

〔漢訳からの英訳〕calm

Calm (*praśrabdhi*) is the aptitude of the mind (*cittakarmaṇyatā*). It is opposed to torpor (*styāna*), and accords with the wholesome *dharma*-s.

（Dhammajoti［2008］p. 84）

〔漢訳からの仏訳〕aptitude

L'**aptitude** (*praśrabdhi*) a pour nature l'efficience de la pensée (*cittakarmaṇyatā*). Elle détruit la langueur (*styāna*) et se conforme aux bons dharma (*taṃnisaraṇapratipakṣānveṣiṇas tadavirotini*?).

（Velthem［1977］p. 17）

32. apramāda

【七十五法】pp. 92–94【百法】pp. 80–83【パーリ文献】pp.142–145

Madhyamakapañcaskandhaka

【訳例】勤勉、真面目
【チベット語訳】bag yod pa

【定義的用例】

〔和訳〕

勤勉とは、善法を修めることに専念することである。心の連続を善法に没頭させるという意味である。(1 その場合、善の意味は楽という意味である。一切の害するものが消滅していることにより、涅槃は全く楽であり、無病の如くである。道諦も、それ（涅槃）を獲得させる因であることにより、楽であるからである。それ以外の有漏なる善は、それ自体に随順する異熟である求めるものを獲得させるからである 1)。

1)『牟尼意趣荘厳』は、この善の解説を apramāda ではなく、vimukti（解脱）の解説において借用する。

〔チベット語訳〕

bag yod pa ni dge ba'i chos rnams sgom[1)] pa la gces su byed pa daṅ bcas pa ñid de / sems kyi rgyun dge ba'i chos la gźol bar byed ces bya ba'i don to // [b…] [a…]de la dge ba'i don ni bde ba'i don te / 'tshe ba thams cad log pa ñid kyis mya ṅan las 'das pa ni thams cad du bde ba ste [2)] nad[3)] med pa lta bu'o[…a] // lam gyi bden pa yaṅ de thob par byed pa'i rgyu ñid kyis bde bas so // de las gźan pa[4)] dge ba zag pa daṅ bcas pa ni [5)] raṅ daṅ rjes su mthun pa'i rnam par smin pa'i dṅos po 'dod pa thob par byed pas so[…b] //

1) *bsgom* G 2) G inserts /. 3) *na* N 4) *pa'i* CD 5) G inserts *raṅ daṅ bcas pa ni*.

a MMA: tatra kṣemārthaḥ kuśalārthaḥ / vimuktiś ca sakalopadravanivṛttirūpatvān niṣparyāyeṇa kuśalam ārogyavat / mārgasatyaṃ tu tatprāptihetutvāt kuśalam / tadanyat tu satyadvayaṃ sāsravam iṣṭavipākatvena sarūpabimbābhinirvartanāt / (p. 24, *ll.* 4–7)

[b] AKBh ad IV. 8: tatra tāvat

paramārthaśubho mokṣaḥ 8c

nirvāṇaṃ hi sarvaduḥkhavyupaśamaḥ / tataḥ paramakṣematvāt paramārthena kuśalam ārogyavat / (p. 202, *ll.* 6–8)

（C 251b7–252a2, D 255a1–3, G 348b4–6, N 281b3–5, P 292b1–4; LINDTNER［1979］p. 122, *ll.* 24–31, Zh, vol. 60, p. 1572, *ll.* 14–20）

参考文献（1）

Munimatālaṃkāra

【原語】apramāda
【チベット語訳】bag yod

【定義的用例】

〔原文〕

tadviparīto **'pramādaḥ** //

（李・加納［2015］p. 22, *l.* 19–p. 23, *l.* 1）

〔チベット語訳〕

bag yod ni de las bzlog pa'o //

（C 130a6, D 130b5, G 205a4, N 150a5, P 155a4; AKAHANE and YOKOYAMA［2014］p. 36, *l.* 12, 磯田［1991］p. 2, *l.* 33, Zh, vol. 63, p. 1195, *l.* 21）

【先行研究における翻訳】

〔原文からの和訳〕

その逆が**不放逸**である。

（李ほか［2015］p. 153）

参考文献（2）

Abhidharmāvatāra

【チベット語訳】bag yod pa
【漢訳】不放逸

【定義的用例】

〔チベット語訳〕

bag yod[1] **pa** ni dge ba'i chos rnams bsgom pa ste / bag med pa[2] las phyir 'jil ba'i chos so //

[1] *yid* P [2] *la* P

（C 307b4–5, D 306b4, G 497a3, N 408b7, P 398a4–5; Dhammajoti［2008］p. 222, *ll*. 1–2, Zh, vol. 82, p. 1560, *ll*. 5–6）

〔漢訳〕

不放逸謂修諸善法違害放逸守護心性。

（T, vol. 28, 982b10–11）

【先行研究における翻訳と訳例】

〔チベット語訳からの和訳〕

不放逸 apramāda は善法を修することであって、すなわち、放逸をさまたげる pratibandha 法である。

（櫻部［1997］p. 205）

〔漢訳からの英訳〕heedfulness

Heedfulness (*apramāda*) is the cultivation of the wholesome *dharma*-s (*kuśaladharma-bhāvanā*). It is opposed to heedlessness (*pramāda*), and is of the nature of guarding (*ārakṣā*) thought.

（Dhammajoti［2008］p. 84）

32. apramāda

〔漢訳からの仏訳〕diligence

La **diligence** (*apramāda*) consiste à cultiver les bons dharma (*kuśalānām dharmānām bhāvanā*) et à contrecarrer l'indolence (*pramādapritidvaṃdvidharma*). Elle est par nature une sauvegarde de la pensée (*cittāvahitatāsvabhāva*).

（VELTHEM［1977］p. 17）

33. avidyā

【七十五法】pp. 95–98【百法】pp. 101–103【パーリ文献】pp. 146–148

Madhyamakapañcaskandhaka

【訳例】無知
【チベット語訳】ma rig pa

【定義的用例】

〔和訳〕

無知の拘束（結）とは何か。それと結びつくことで、その者が邪な思考により真実の対象を見ず、存在の自性を過剰に想定する（増益する）心所法が**無知**と言われる。その中で、明知（vidyā）とは、法の自性を対象とする汚れのない（無漏なる）知（jñāna）である。〔無知は〕その反対を本質として存在するものであり、三宝や諦などを単に知らないことである。

〔チベット語訳〕

ma rig pa'i kun tu[1)] sbyor ba gaṅ źe na / sems las byuṅ ba'i chos gaṅ daṅ ldan pas de log pa'i yid kyis bden pa'i don mi mthoṅ ba daṅ / dṅos po'i ṅo bo ñid du sgro[2)] 'dogs pa de ni **ma rig pa** źes brjod do // de la[3)] rig pa ni chos kyi[4)] ṅo bo ñid kyi yul la zag pa med pa'i śes pa'o // de'i mi mthun pa'i phyogs kyi ṅo bor gnas pa dkon mchog gsum daṅ [5)] bden pa la sogs pa mi śes pa tsam mo //

1) *du* DG　2) *sgri* C　3) *ma* CD　4) *kyis* G　5) GNP insert /.

（C 254b5–7, D 257b6–7, G 352b5–353a1, N 284b6–7, P 295b6–8; Lindtner［1979］p. 128, *ll*. 5–11, Zh, vol. 60, p. 1579, *ll*. 11–16）

参考文献（1）

Munimatālaṃkāra

【原語】avidyā
【チベット語訳】ma rig pa

【定義的用例】

〔原文〕

yaddharmayogāt satyārthaṃ na paśyati bhāvānāṃ cāsantaṃ svabhāvaṃ pudgalaṃ dharmaṃ vā samāropayati s**āvidyā** vidyāvipakṣo ratnatrayasatyāparijñānamātram / vidyā tu dharmasvabhāvaviṣayam anāsravaṃ jñānam //

（李・加納［2015］p. 26, *ll*. 16–19）

〔チベット語訳〕

ma rig pa ni chos gaṅ daṅ ldan pa las bden pa'i don mi mthoṅ ba daṅ dṅos po rnams la yod pa ma yin pa'i raṅ bźin gaṅ zag gam chos su sgro 'dogs pa de ste / rig pa'i mi mthun pa'i phyogs dkon mchog gsum daṅ bden pa mi śes pa tsam mo // rig pa ni chos kyi raṅ bźin gyi yul can[1)] zag pa med pa'i ye śes so //

[1)] om. CD

（C 131b7–132a2, D 132a7–b1, G 208a4–6, N 152b2–3, P 157b4–6; Akahane and Yokoyama［2015］p. 102, *ll*. 15–19, 磯田［1991］p. 4, *ll*. 35–39, Zh, vol. 63, p. 1200, *ll*. 2–6）

【先行研究における翻訳】

〔原文からの和訳〕

その法と結びつくことによって、真実なる対象を見ず、そして諸存在について、ありもしない本性を人または法として増益するものが、**無明**である。明（vidyā）の対治であり、三宝と〔四〕諦を単によく知らないことである。一方で明とは、法の本性を対象とした、無漏の智である。

（李ほか 近刊予定）

参考文献（2）

Abhidharmāvatāra

【チベット語訳】ma rig pa
【漢訳】無明

【定義的用例】

〔チベット語訳〕

ma rig pa źes bya ba ni khams gsum pa'i mi śes pa mi rtogs pa'i mtshan ñid loṅ ba lta bu ste / rig pa'i gñen po[1] ni **ma rig pa** źes bya'o // dgag pa ni gñen po la[2] gźag pa'i phyir /[3] mi mdza' ba [(4]daṅ mi bden pa[4)] la sogs pa bźin no // **ma rig pa** ñid kun tu[5] sbyor bas na **ma rig pa**'i kun tu[6] sbyor ba'o //

[1] *pa* P　[2] om. GNP　[3] // CD　[4] om. GNP　[5] [6] *du* CD

（C 309a5–6, D 308a4–5, G 499b1–2, N 410b5–6, P 400a3–4; Dhammajoti［2008］p. 225, *ll*. 25–28, Zh, vol. 82, p. 1563, *l*. 20–p. 1564, *l*. 2）

〔漢訳〕

無明結者謂三界無知。以不解了爲相如盲瞽者。違害明故説名**無明**。此遮止言依對治義。如非親友不實等言即説怨家虚誑語等。**無明**即是結故名**無明**結。

（T, vol. 28, 983a10–13）

【先行研究における翻訳と訳例】

〔チベット語訳からの和訳〕

無明 avidyā というのは、三界の無知であって、識知しないことを相とすること盲の如くである。すなわち、明 vidyā（知）に相反する pratipakṣa のが**無明** a-vidyā である。〔a- という〕否定詞は、a-mitra、a-satya などのように、相反する意味をあらわして用いられるからである。**無明**がすなわち結であるから**無明**結である。

（櫻部［1997］p. 208）

〔漢訳からの英訳〕ignorance, non-knowledge

The **ignorance** fetter (*avidyā-saṃyojana*) is the nescience (*ajñāna*) in the three spheres. It is characterized by non-discernment. It is named ***avidyā* — non-knowledge**, because it is opposed to *vidyā* — knowledge; like a blind man [who is deprived of knowledge of the visible world]. This is an expression negating (*prati-√sidh*) the opposite (*pratipakṣa*). It is like calling those who are not friends (*mitra*), enemies (*a-mitra*); and words which are not true (*ṛta*), etc., untrue words (*anṛta*), etc. **Ignorance** itself is the fetter, therefore it is named **ignorance**-fetter.

（Dhammajoti［2008］p. 88）

〔漢訳からの仏訳〕 nescience

Quant à l'entrave de **nescience** (*avidyāsaṃyojana*), elle est le savoir erroné (*ajñāna*) répandu dans le triple monde (*traidhātuka*). Sa caractéristique est le manque de discernement semblable à l'ignorance d'un aveugle (*andhaka*) à l'endroit de la lumière. Le préfixe négatif (*pratiṣedha*) pose ici une antonymie (*pratipakṣārtha*), à l'instar de «non-ami» (*amitra*) signifiant «ennemi» (*śatru*) et de «non pas vérité» (*anṛta*) signifiant «mensonge» (*mṛṣāvāda*), etc. En tant qu'entrave (*saṃyojana*), la **nescience** (*avidyā*) est appelée entrave de **nescience** (*avidyāsaṃyojana*).

（VELTHEM［1977］pp. 23–24）

34. pramāda

【七十五法】pp. 99–100【百法】pp. 151–153【パーリ文献】pp. 142–145

Madhyamakapañcaskandhaka

【訳例】怠慢、不真面目
【チベット語訳】bag med pa

【定義的用例】

〔和訳〕

怠慢とは、善法を修めないことであり、専念しないことである。〔この後に〕解説する勤勉（→32. apramāda）と反対にして適用せよ。

〔チベット語訳〕

bag med pa ni dge ba'i chos rnams mi sgom[1] źiṅ gces su mi 'dzin pa ste / 'chad par 'gyur ba'i bag yod pa las bzlog ste sbyar ro //

[1] *sgoms* N

（C 251b6–7, D 255a1, G 348b3–4, N 281b2–3, P 292b1; Lindtner［1979］p. 122, *ll*. 21–23, Zh, vol. 60, p. 1572, *ll*. 12–13）

参考文献（1）

Munimatālaṃkāra

【原語】pramāda
【チベット語訳】bag med pa

【定義的用例】

〔原文〕

pramādaḥ kuśalānāṃ dharmāṇām abhāvānā / anavahitatā //

（李・加納［2015］p. 22, *l*. 19）

〔チベット語訳〕

bag med pa ni dge ba'i chos rnams (1mi bsgom1) pa ste mi sgrub pa'o //

1) *ni sgom* C, *mi sgom* D, *mi bsgoms* N

（C 130a6, D 130b4–5, G 205a3, N 150a4–5, P 155a3–4; AKAHANE and YOKOYAMA［2014］p. 36, *ll*. 8–10, 磯田［1991］p. 2, *l*. 32, Zh, vol. 63, p. 1195, *ll*. 20–21）

【先行研究における翻訳】

〔原文からの和訳〕

放逸とは、善法を修めないこと、つまり専念しないことである。

（李ほか［2015］p. 153）

参考文献（2）

Abhidharmāvatāra

【チベット語訳】bag med pa
【漢訳】放逸

【定義的用例】

〔チベット語訳〕

bag med pa ni dge ba'i chos rnams mi bsgom pa ste 1) mi 'jug pa źes bya ba'i don gaṅ yin pa'o //

1) CD insert /.

（C 307b4, D 306b4, G 497a2, N 408b6–7, P 398a4; DHAMMAJOTI［2008］p. 221, *ll*. 32–33, Zh, vol. 82, p. 1560, *ll*. 4–5）

〔漢訳〕

不修善法 1) 爲**放逸**。違前所説不放逸性。即是不能守護心義。

[1] sic insert 名． 大正蔵は「名」の字を欠くが、直前の不信と懈怠の解説における「名爲不信」、「名爲懈怠」という表現に合わせて、大正蔵の脚注に挙げられる宋元明本と宮内省本の異読を採り、「名」を補って読む。

（T, vol. 28, 982b22–23）

【先行研究における翻訳と訳例】

〔チベット語訳からの和訳〕

放逸 pramāda は善法を修しない、〔すなわち〕起さない、という意味である。

（櫻部［1997］p. 205）

〔漢訳からの英訳〕heedlessness

Heedlessness (*pramāda*) is the non-cultivation of wholesome *dharma*-s (*kuśa-lānāṃ dharmāṇām abhāvanā*), and is opposed to the heedfulness (*apramāda*) mentioned above. It is the inability to guard thought.

（Dhammajoti［2008］p. 85）

〔漢訳からの仏訳〕indolence

L'**indolence** est le fait de ne pas cultiver les bons dharma (*pramādaḥ kuśalānām dharmāṇām abhāvanā*). Elle s'oppose à la nature de la diligence (*apramāda*) dont on a déjà parlé. Sa signification est : incapacité de sauvegarder la pensée (*anavahiteti yo 'rtha*).

（Velthem［1977］p. 18）

35. kauśīdya

【七十五法】pp. 101–102【百法】pp. 148–150【パーリ文献】pp. 149–150

Madhyamakapañcaskandhaka

定義的用例なし。『中観五蘊論』では、精励の解説（→24. vīrya）において、同法の対治として挙げられるため、【チベット語訳】の回収が可能である。ここでは精励の対治という位置づけから怠惰という【訳例】を与える。

【訳例】怠惰
【チベット語訳】le lo

参考文献（1）

Munimatālaṃkāra

定義的用例なし。精励の解説においても、対治として挙がらない。

参考文献（2）

Abhidharmāvatāra

『入阿毘達磨論』のチベット語訳には kauśīdya の解説は見られないが、漢訳は同法の解説を含む。チベット語訳と漢訳における以上の差異に関しては、Velthem［1977］p. XIX と Dhammajoti［2008］p. 29 を参照されたい。

【漢訳】懈怠

【定義的用例】

〔漢訳〕

(1 心心 1) 不勇悍名爲**懈怠**。與前所説精進相違。

1) sic read 心. 大正蔵は「心心」とするが、脚注に挙げられる宋元明本と宮内省本の異読を採り、「心」を一つ削除して読む。

（T, vol. 28, 982b21–22）

〔漢訳からの英訳〕slackness

Slackness (*kauśīdya*) is the non-energetic-ness of thought (*cetaso nābhyut-sāha*); it is opposed to the vigour (*vīrya*) mentioned above.

（DHAMMAJOTI［2008］p. 85）

〔漢訳からの仏訳〕paresse

La **paresse** (*kausīdya*) est la non-endurance (*anabhyutsāha*) de la pensée. Elle contrecarre l'énergie (*vīrya*) dont on a parlé plus haut.

（VELTHEM［1977］p. 18）

36. āśraddhya

【七十五法】pp. 103–104【百法】pp. 145–147【パーリ文献】なし（cf. saddhā: pp. 111–115）

Madhyamakapañcaskandhaka

定義的用例なし。『中観五蘊論』では、確信の解説（→23. śraddhā）において、同法の対治として挙げられるため、【チベット語訳】の回収が可能である。ここでは確信の対治という位置づけから不信という【訳例】を与える。

【訳例】不信
【チベット語訳】ma dad pa

参考文献（1）

Munimatālaṃkāra

定義的用例なし。確信の解説においても、対治として挙がらない。

参考文献（2）

Abhidharmāvatāra

『入阿毘達磨論』のチベット語訳には āśraddhya の解説は見られないが、漢訳は同法の解説を含む。チベット語訳と漢訳における以上の差異に関しては、Velthem［1977］p. XIX と Dhammajoti［2008］p. 29 を参照されたい。

【漢訳】不信

36. āśraddhya

【定義的用例】

〔漢訳〕

心不澄淨名爲**不信**。是前所説信相違法。

（T, vol. 28, 982b20–21）

〔漢訳からの英訳〕faithlessness

Faithlessness (*āśraddhya*) is the non-clarity of thought (*cetaso 'prasāda*). It is a *dharma* opposed to the faith (*śraddhā*) mentioned above.

（Dhammajoti［2008］p. 85）

〔漢訳からの仏訳〕incrédulité

L'état de non-clarification de la pensée (*cittāprasāda*) s'appelle **incrédulité** (*āsraddhya*). C'est le dharma opposé à la foi (*śraddhā*) don't on a parlé ci-avant.

（Velthem［1977］p. 18）

37. styāna

【七十五法】pp. 105–106【百法】pp. 154–156【パーリ文献】pp. 151–153

Madhyamakapañcaskandhaka

【訳例】倦怠、だるさ
【チベット語訳】rmugs pa

【定義的用例】

〔和訳〕

倦怠とは、身心が(1晴れないことにより1)、(2重くなっているが故に2)、堪能性の欠如に結びつくことであり、それが**倦怠**である。

1)『中観五蘊論』は instr.（mi gsal bas）をとるが、『牟尼意趣荘厳』は nom.（stimitatā）をとる。ここでは『中観五蘊論』のチベット訳に従って和訳する。

2)『中観五蘊論』は lci ba ñid du gyur pa'i phyir とし、『牟尼意趣荘厳』は gurutvāpattyā とする。『中観五蘊論』における gyur pa という箇所に āpatti の意を読み取ることは難しく、ここでは『中観五蘊論』のチベット語訳に従って和訳する。

〔チベット語訳〕

rmugs pa ni lus daṅ sems mi gsal bas lci ba ñid du gyur pa'i phyir las su mi ruṅ bar sbyor ba de ni **rmugs pa**'o //

（C 259a2, D 262a6–7, G 359a4–5, N 290a1, P 300b6; Lindtner［1979］p. 136, *ll*. 15–16, Zh, vol. 60, p. 1590, *ll*. 8–10）

参考文献（1）

Munimatālaṃkāra

【原語】styāna
【チベット語訳】rmugs pa

【定義的用例】

〔原文〕

styānaṃ stimitatā kāyamanasor gurutvāpattyākarmaṇyatā cittasyālambanaprabhātaye //

（李・加納［2015］p. 30, *ll.* 7–8）

〔チベット語訳〕

rmugs pa ni [1] 'dar ba ñid de[2] lus daṅ yid[3] dag lci ba ñid du gyur pas sems dmigs pa rtogs pa la las su mi ruṅ ba'o //

[1] CD insert *'di.* [2] *daṅ* CD [3] *ṅag* CD

（C 133b2–3, D 134a1, G 211a3–4, N 154b4, P 160a2–3; Akahane and Yokoyama［2015］p. 109, *ll.* 14–16, 磯田［1991］p. 6, *ll.* 30–31, Zh, vol. 63, p. 1204, *ll.* 2–3）

【先行研究における翻訳】

〔原文からの和訳〕

惛沈とは、身心の不活発な状態であり、重くなって、心の所縁を照らし出すにあたって 堪能さを欠くことである。

（李ほか 近刊予定）

参考文献（2）

Abhidharmāvatāra

【チベット語訳】rmugs pa
【漢訳】惛沈

【定義的用例】

〔チベット語訳〕

… **rmugs pa** ni lus daṅ sems las su mi ruṅ ba[1] ste / sloṅ[2] ba źes bya ba'i tha tshig go //

[1] om. N [2] sic read *bloṅ.*

（C 312b1–2, D 311b1, G 504b1, N 414b3, P 403b6; Dhammajoti［2008］p. 233, *ll.* 28–29, Zh, vol. 82, p. 1571, *ll.* 18–20）

38. styāna

〔漢訳〕

身心相續無堪任性名爲**惛沈**。是昧重義。

（T, vol. 28, 984b7–8）

【先行研究における翻訳と訳例】

〔チベット語訳からの和訳〕

… **惛沈**とは身と心との敏活でないこと akarmaṇyatā である。鈍重という意味である。

（櫻部［1997］p. 215）

〔漢訳からの英訳〕torpor

Torpor is the lack of aptitude (*akarmanyatā*) of the psycho-physical series. It is the heaviness (*gurutā*) [of the mind and body].

（DHAMMAJOTI［2008］p. 96）

〔漢訳からの仏訳〕langueur

Une inaptitude des séries corporelles et mentales (*kāyacittasaṃtānākarmaṇyatā*), voilà la **langueur** (*styāna*). Elle est synonyme de lourdeur (*gurutā*).

（VELTHEM［1977］p. 35）

38. auddhatya

【七十五法】pp. 107–108【百法】pp. 157–159【パーリ文献】pp. 154–155

Madhyamakapañcaskandhaka

【訳例】高ぶり、浮つき
【チベット語訳】rgod pa

【定義的用例】

〔和訳〕

高ぶりとは、身心が静まっていないことである。例えば、風と触れることで水が表面において揺り動かされ、川の水の一部分が上向きに生じるのが高ぶりである様に、身心が静まらないようにする原因である心所が**高ぶり**である。

〔チベット語訳〕

[a…]**rgod pa** ni lus daṅ sems rab tu ma źi ba ñid daṅ[…a] / ji ltar rluṅ daṅ 'brel bas chu steṅ du bskyod na chu kluṅ gi[1)] chu'i cha steṅ du 'byuṅ ba ni rgod pa'o // de bźin du sems las byuṅ ba gaṅ lus daṅ sems ma źi bar 'jug pa'i rgyu mtshan ni **rgod pa**'o //

[1)] *gis* G

[a] RĀ: … auddhatyaṃ kāyacittāpraśāntatā // V. 32cd (p. 144, *ll*. 7–8; 瓜生津［1974］p. 306)

（C 259a3–4, D 262a7–b1, G 259a5–6, N 290a2–3, P 300b7–8; Lindtner［1979］p. 136, *ll*. 20–23, Zh, vol. 60, p. 1590, *ll*. 12–15）

参考文献（1）

Munimatālaṃkāra

定義的用例なし。『牟尼意趣荘厳』は十種類の paryavasthāna（纏）を列挙する際に、その一つとして auddhatya を数えるが、auddhatya 自体を個別に解説することはしない。したがって【原語】と【チベット語訳】は回収可能であるが、【定義的用例】を欠く。

【原語】auddhatya
【チベット語訳】rgod pa

参考文献（2）

Abhidharmāvatāra

【チベット語訳】rgod pa
【漢訳】掉舉

【定義的用例】

〔チベット語訳〕

rgod pa ni sems ma źi ba'o //

（C 312b2, D 311b2, G 504b2, N 414b4, P 403b7; Dhammajoti［2008］p. 234, *l*. 4, Zh, vol. 82, p. 1572, *l*. 1）

〔漢訳〕

掉舉謂令心不寂靜。

（T, vol. 28, 984b9–10）

【先行研究における翻訳と訳例】

〔チベット語訳からの和訳〕

掉挙は心が静かでないこと cetaso 'vyupaśamaḥ である。

（櫻部［1997］p. 215）

〔漢訳からの英訳〕restlessness

Restlessness is that which causes non-tranquility of the mind (*avyupaśama*).

（Dhammajoti［2008］p. 96）

〔漢訳からの仏訳〕excitation

L'**excitation** (*auddhatya*) est l'absence de calme de la pensée (*cittāvyupaśama*).

（Velthem［1977］p. 35）

39. āhrīkya

【七十五法】pp. 109–113【百法】pp. 139–141【パーリ文献】pp. 124–127

Madhyamakapañcaskandhaka

【訳例】自律的羞恥心の欠如、自己に照らして恥じることがないこと
【チベット語訳】ṅo tsha med pa

【定義的用例】

〔和訳〕

自律的羞恥心の欠如とは、それと結びつくことで、自身の美徳を損ない、自己を省みて悪事に向かうのを (1 恥じない 1) 法である。過ちを抑えられない原因であり、本質的に (2 非難されるべき 2) 法であるもの、それに対して**自律的羞恥心の欠如**と言う。

1)『牟尼意趣荘厳』の解説と比較すれば、mi 'dzem pa は「恐れを離れること」(apeta-śaṅka) に相当するように見える。しかし、『中観五蘊論』における自律的羞恥心 (→26. hrī) の解説を考慮すれば、原語は alajjā であると考えるのが妥当であろう。同様の表現が『五蘊論』や『阿毘達磨集論』の hrī の解説にも見られる。

2)『牟尼意趣荘厳』の解説と比較すれば、smad pa は duṣṭa に相当し、smad pa を sdaṅ ba に訂正する可能性も考えられるが、ここでは『中観五蘊論』のチベット語訳に従って和訳する。

〔チベット語訳〕

ṅo tsha med pa ni chos gaṅ daṅ ldan pas bdag gi yon tan ñams par byed ciṅ bdag ñid la bltos[1] nas sdig pa la 'jug pa la mi 'dzem pa ste / ñes pa mi sdom pa'i rgyu raṅ bźin gyis smad pa'i chos gaṅ yin pa de la **ṅo tsha med pa** źes brjod do //

1) *ltos* CD

(C 259a4–5, D 262b2–3, G 359b1–2, N 290a4–5, P 301a1–2; LINDTNER［1979］p. 136, *l*. 28–p. 137, *l*. 2, Zh, vol. 60, p. 1590, *ll*. 18–21)

参考文献（1）

Munimatālaṃkāra

【原語】āhrīka
【チベット語訳】ṅo tsha med pa

【定義的用例】

〔原文〕

yaddharmayogād ātmāpekṣayāpetaśaṅkaḥ pāpe pravartate sa prakṛtiduṣṭo dharma **āhrīkam** /

（李・加納［2015］p. 30, *ll*. 13–14）

〔チベット語訳〕

ṅo tsha med pa ni chos gaṅ daṅ ldan pa las bdag ñid la bltos[1] nas 'dzem pa daṅ bral[2] źiṅ sdig pa la 'jug pa ste de raṅ bźin gyis ṅan pa'i chos so //

[1] *ltos* CD [2] *dral* N

（C 133b4, D 134a2–3, G 211a5–b2, N 154b6–155a1, P 160a4–7; AKAHANE and YOKOYAMA［2015］p. 110, *ll*. 4–13, 磯田［1991］p. 6, *ll*. 35–37, Zh, vol. 63, p. 1204, *ll*. 8–10）

【先行研究における翻訳】

〔原文からの和訳〕

その法と結びつくことにより、自己を省みて、罪への恐れから離れてしまうのが、**無慚**であり、本性として悪なる法である。

（李ほか 近刊予定）

参考文献（2）

Abhidharmāvatāra

【チベット語訳】ṅo tsha med pa
【漢訳】無慚

【定義的用例】

〔チベット語訳〕

ṅo tsha med pa ni yon tan [1] rnams daṅ [2] yon tan can rnams la [3] mi gus pa ste / gus pa'i gñen po'i chos so //

[1] GNP insert *can*. [2] GNP insert /. [3] N inserts /.

（C 312b4 , D 311b4, G 504b4–5, N 414b6, P 404a1–2; Dhammajoti〔2008〕p. 234, *ll*. 17–18, Zh, vol. 82, p. 1572, *ll*. 7–9）

〔漢訳〕

於諸功徳及有徳者令心不敬説名**無慚**。即是恭敬所敵對法。

（T, vol. 28, 984b14–15）

【先行研究における翻訳と訳例】

〔チベット語訳からの和訳〕

無慚は徳 guṇa や徳ある者 guṇavat を尊重しないこと、すなわち敬重 gaurava の対治 pratipakṣa なる法である。

（櫻部〔1997〕p. 216）

〔漢訳からの英訳〕immodesty

Immodesty is that which causes disrespect (*agauravatā*) to virtues and those who are virtuous. It is a *dharma* opposed to respectfulness.

（Dhammajoti〔2008〕p. 97）

〔漢訳からの仏訳〕disrespect

Il y a **disrespect** quand la pensée ne respecte ni les qualités ni ceux qui les ont (*guneṣu gunavatsu cittāgauravatā āhrīkyam*). C'est le dharma contrecarrant le respect (*gauravapratidvandvo dharmaḥ*).

（Velthem〔1977〕p. 36）

40. anapatrāpya

【七十五法】pp. 114–118【百法】pp. 142–144【パーリ文献】pp. 128–129

Madhyamakapañcaskandhaka

【訳例】他律的羞恥心の欠如、他者に照らして恥じることがないこと
【チベット語訳】khrel med pa

【定義的用例】

〔和訳〕

他律的羞恥心の欠如というこれも〔自律的羞恥心の欠如（→39. āhrīkya）と同様に、悪事に向かうのを〕恥じないことに他ならない。ただし、違いは以下の通りである。これは他を顧みて過ちを避けようとしないことである。

〔チベット語訳〕

khrel med pa źes bya ba 'di yaṅ 'dzem pa med pa ñid do // 'on kyaṅ khyad par ni 'di yin te / 'di ni gźan la bltos[1] nas ñes pa rnams la mi 'dzem pa'o //

[1] *ltos* CD

（C 259a5–6, D 262b3, G 359b2–3, N 290a5–6, P 301a2–3; Lindtner［1979］p. 137, *ll*. 3–5, Zh, vol. 60, p. 1590, *l*. 21–p. 1591, *l*. 2）

参考文献（1）

Munimatālaṃkāra

【原語】anapatrāpya
【チベット語訳】khrel med pa

【定義的用例】

〔原文〕

tad eva parāpekṣay**ānapatrāpyam** /

（李・加納［2015］p. 30, *l*. 14）

〔チベット語訳〕

khrel med pa ni de ñid gźan la bltos[1)] pas so //

[1)] *ltos* CD

（C 133b4, D 134a3, G 211b2, N 155a1, P 160a7; Akahane and Yokoyama［2015］p. 110, *ll.* 13–14, 磯田［1991］p. 6, *l.* 37, Zh, vol. 63, p. 1204, *l.* 10）

【先行研究における翻訳】

〔原文からの和訳〕

全く同様のものであるが、他人を顧みた場合は、**無愧**である。

（李ほか 近刊予定）

参考文献（2）

Abhidharmāvatāra

【チベット語訳】khrel med pa
【漢訳】無愧

【定義的用例】

〔チベット語訳〕

khrel med pa ni kha na ma tho ba la 'jigs par mi lta ba'o // kha na ma tho ba ni gaṅ dam pa rnams kyis smad pa ṅan soṅ du 'gro ba'o //

（C 312b4–5, D 311b4, G 504b5, N 414b6–7, P 404a2; Dhammajoti［2008］p. 234, *ll.* 20–21, Zh, vol. 82, p. 1572, *ll.* 9–10）

〔漢訳〕

於諸罪中不見怖畏説名**無愧**。

（T, vol. 28, 984b16）

【先行研究における翻訳と訳例】

〔チベット語訳からの和訳〕

無愧とは罪 avadya において怖れを見ないこと abhayadarśitā である。

（櫻部［1997］p. 216）

40. anapatrāpya

〔漢訳からの英訳〕 shamelessness

Shamelessness is [that which causes] one not to see the fearful consequences of evil (*abhayadarśitva*).

（DHAMMAJOTI［2008］p. 97）

〔漢訳からの仏訳〕 absence de crainte

Le fait d'avoir une absence de crainte à l'endroit des péchés (*avadye 'bhaya-darśitvam*) est appelé «l'**absence de crainte**» (*anapatrāpya*).

（VELTHEM［1977］p. 36）

41. krodha

【七十五法】pp. 119–120【百法】pp. 109–111【パーリ文献】pp. 156–157

Madhyamakapañcaskandhaka

【訳例】怒気
【チベット語訳】khro ba

【定義的用例】

〔和訳〕

怒気とは、心の憤り（prakopa）である。その場合、悪意（vyāpāda, →56. pratigha）は[(1]有情という対象への[1)]〔特殊な〕怒り（āghāta）であるが、**怒気**は有情と、さらに非有情という対象への単なる怒りである。暴力（→46. vihiṃsā）は、怒った者が、観察せずに、他者を拳や平手打ちなどで殴る原因である。したがって、悪意と暴力でない単なる心の憤りが**怒気**である。

[1)]『中観五蘊論』のチベット語訳は sems kyi yul la とするが、チベット語訳の注 b に示す『倶舎論』の称友注の解説に基づき、sems can kyi yul la と訂正して和訳する。

〔チベット語訳〕

[b...] [a...]**khro ba** ni sems rab tu 'khrug pa'o[...a] // de la gnod sems ni sems[1)] kyi[2)] yul la kun nas mnar sems pa yin la / **khro ba** ni sems can daṅ [3)] sems can ma yin pa'i yul la yaṅ kun nas mnar sems pa tsam mo // rnam par 'tshe ba ni khros par gyur pas so sor ma brtags[4)] par gźan dag la khu tshur daṅ thal lcag[5)] la sogs pas rab tu rdeg par byed pa'i rgyu yin no // des na gnod sems daṅ [(6]rnam par 'tshe ba ma yin pa'i sems[6)] rnam par 'khrug pa tsam ni **khro ba**'o[...b] //

[1)] sic read *sems can*. [2)] *kyis* G [3)] C inserts /. [4)] *gtags* G, *btags* NP [5)] *lcags* G [6)] om. GNP

[a] RĀ: krodhaś cittaprakopo … V. 3 (p. 132, *l*. 10; 瓜生津［1974］p. 301)

[b] AKVy: vyāpādavihiṃsāvarjitaḥ sattvāsattvayor āghātaḥ krodha iti / sattvaviṣaye āghātaviśeṣo vyāpādaḥ / amī bhavaṃtaḥ sattvā hanyaṃtāṃ vā badhyaṃtāṃ vā śīryaṃtāṃ vā anayena vyasanam āpadyaṃtām ity ākārapravṛtto vyāpādaḥ / sattvākarṣaṇasaṃtrāsanatarjanādikarma-

pravṛttā vihiṃsā / tābhyām anyaḥ sattvāsattvayor āghātaḥ krodhaḥ / tadyathā śikṣākāmasya bhikṣoś cittaprakopaḥ. kaṃṭakādiṣu ca prakopa iti / (p. 494, *ll.* 13–18; 小谷・本庄［2007］p. 211)

（C 259a6–7, D 262b3–5, G 359b3–5, N 290a6–b1, P 301a3–5; LINDTNER［1979］p. 137, *ll.* 6–12, Zh, vol. 60, p. 1591, *ll.* 2–7）

参考文献（1）

Munimatālaṃkāra

【原語】krodha
【チベット語訳】khro ba

【定義的用例】

〔原文〕

krodhaḥ sattvāsattvaviṣayaṃ cittaprakopamātram / pratyutpannam āgamya yā tasyaiva cetaso raudratā sa roṣaḥ /

（李・加納［2015］p. 30, *ll.* 15–16）

〔チベット語訳〕

khro ba ni sems can daṅ sems can ma yin pa'i yul la sems rab tu khro ba tsam ste da ltar 'byuṅ 'gyur gyis sems de ñid drag po ñid du byed pa ste gtum pa'o //

（C 133b5, D 134a3–4, G 211b2–3, N 155a1–2, P 160a7–8; AKAHANE and YOKOYAMA［2015］p. 111, *ll.* 1–3, 磯田［1991］p. 6, *ll.* 37–39, Zh, vol. 63, p. 1204, *ll.* 10–12）

【先行研究における翻訳】

〔原文からの和訳〕

忿（krodha）とは、有情と無情を対象とした、単なる心内の怒りである。現前のもの（つまり現前する損害）に関しての（āgamya）、その同じ心の凶暴性が、憤怒（roṣa）である。

（李ほか 近刊予定）

参考文献（2）

Abhidharmāvatāra

【チベット語訳】khro ba
【漢訳】忿

【定義的用例】

〔チベット語訳〕

khro ba ni źe[1)] sdaṅ daṅ rnam par 'tshe ba ma gtogs te / sems can daṅ [2)] sems can ma yin pa dag la kun nas mnar sems pa'o //

[1)] *źes* P　[2)] CD insert /.

（C 312b5, D 311b4–5, G 504b5–6, N 414b7, P 404a2–3; Dhammajoti［2008］p. 234, *ll.* 23–24, Zh, vol. 82, p. 1572, *ll.* 10–12）

〔漢訳〕

除瞋及害於情非情令心憤發説名爲**忿**。

（T, vol. 28, 984b17–18）

【先行研究における翻訳と訳例】

〔チベット語訳からの和訳〕

忿は瞋 dveṣa と害 vihiṃsā とを除いた、有情・非有情に対する恚害 āghāta の心である。

（櫻部［1997］p. 216）

〔漢訳からの英訳〕anger

Anger is, excluding hostility and harmfulness, that which causes hatefulness (*āghāta*) with regard to the sentient and the non-sentient.

（Dhammajoti［2008］p. 97）

〔漢訳からの仏訳〕colère

Compte non tenu de l'hostilité et de la nuisance, ce qui fait en sorte que la pensée s'irrite à l'égard des êtres et des choses a pour nom «**colère**» (*vyāpādavihiṃsā-varjitaḥ sattvāsattvayor āghātaḥ krodhaḥ*).

（Velthem［1977］p. 36）

42. mrakṣa

【七十五法】pp. 121–122【百法】pp. 118–120【パーリ文献】pp. 158–160

Madhyamakapañcaskandhaka

【訳例】隠蔽、包み隠すこと
【チベット語訳】'chab pa

【定義的用例】

〔和訳〕

隠蔽とは、罪を覆い隠すことである。聖者たちが非難するものが罪である。それを覆い隠すこととは、他者に示さないことである。それが**隠蔽**であり、それによりその人が罪で自分を汚し、不浄にするもの（心所法）である。

〔チベット語訳〕

[a...]**'chab pa** ni kha na ma tho ba rab tu 'khyud[1)] pa ste[...a] / 'phags pa rnams kyis smad pa ni kha na ma tho ba'o // de rab tu 'khyud[2)] pa ni gźan la rab tu mi ston pa'o // de ni **'chab pa** ste / gaṅ gis gaṅ zag de kha na ma tho bas bdag ñid śin tu sbags śiṅ mi gtsaṅ bar byed pa'o //

[1) 2)] *mkhyud* CD

[a] RĀ: … pāpapracchādanaṃ mrakṣaḥ … V. 3 (p. 132, *l.* 12; 瓜生津［1974］p. 301)

（C 259a7–b1, D 262b5–6, G 359b5–6, N 290b1–2, P 301a5–6; LINDTNER［1979］p. 137, *ll.* 13–17, Zh, vol. 60, p. 1591, *ll.* 8–11）

参考文献（1）

Munimatālaṃkāra

【原語】mrakṣa
【チベット語訳】'chab pa

【定義的用例】

〔原文〕

pāpapracchādanaṃ **mrakṣaḥ** //

（李・加納［2015］p. 30, *l*. 17）

〔チベット語訳〕

'chab pa ni sdig pa sbed pa'o //

（C 133b5, D 134a4, G 211b3, N 155a2, P 160a8–b1; Akahane and Yokoyama［2015］p. 111, *l*. 5, 磯田［1991］p. 6, *ll*. 39–40, Zh, vol. 63, p. 1204, *ll*. 12–13）

【先行研究における翻訳】

〔原文からの和訳〕

覆とは、罪過を包み隠すことである。

（李ほか 近刊予定）

参考文献（2）

Abhidharmāvatāra

【チベット語訳】'chab pa
【漢訳】覆

【定義的用例】

〔チベット語訳〕

'chab pa ni kha na ma tho bas[1] mkhyud pa'o //

[1] sic read *ba*. See SS: kha na ma tho ba mkhyud pa'o źes bya ba la kha na ma tho ba brjod par bya ba dge ba ste /（D 264a1, P 348a1–2）

（C 312b5, D 311b5, G 504b6, N 415a1, P 404a3; Dhammajoti［2008］p. 234, *l*. 26, Zh, vol. 82, p. 1572, *l*. 12）

42. mrakṣa

〔漢訳〕

隱藏自罪説名爲**覆**。

（T, vol. 28, 984b18）

【先行研究における翻訳と訳例】

〔チベット語訳からの和訳〕

覆は罪を〔内に〕隠したもつことである。

（櫻部［1997］p. 216）

〔漢訳からの英訳〕concealment

Concealment (*mrakṣa*) is the hiding of one's own evil.

（Dhammajoti［2008］p. 97）

〔漢訳からの仏訳〕hypocrisie

Camoufler ses propres péchés s'appelle l'**hypocrisie** (*avadyapracchādanaṃ mrakṣaḥ*).

（Velthem［1977］p. 36）

43. mātsarya

【七十五法】pp. 123–124【百法】pp. 136–138【パーリ文献】pp. 161–163

Madhyamakapañcaskandhaka

【訳例】吝嗇、物惜しみ
【チベット語訳】ser sna

【定義的用例】

〔和訳〕

教えや巧みさを本質とするものなどを与えることと対立する心の執着が**吝嗇**である。それが**吝嗇**の拘束（結）と言われる。

〔チベット語訳〕

chos daṅ mkhas pa'i bdag ñid la sogs pa sbyin pa daṅ rab tu 'gal ba sems kyi[1)] kun tu 'dzin pa ni **ser sna** ste / de ni **ser sna**'i kun tu[2)] sbyor ba źes bya'o //

[1)] *kyis* CD [2)] *du* CD

（C 256a1–2, D 259a2–3, G 354b3–4, N 286a4–5, P 297a4–5; Lindtner［1979］p. 130, *ll*. 13–15, Zh, vol. 60, p. 1582, *ll*. 11–13）

参考文献（1）

Munimatālaṃkāra

【原語】mātsarya
【チベット語訳】ser sna

【定義的用例】

〔原文〕

dharmādikauśaladānavirodhī cittāgraho **mātsaryam** //

（李・加納［2015］p. 27, *l*. 20）

〔チベット語訳〕

ser sna ni chos la sogs pa sbyin pa la mkhas pa daṅ 'gal ba'i sems 'dzin pa'o //

（C 132b3, D 133a2, G 209a6–b1, N 153a7–b1, P 158b3–4; AKAHANE and YOKOYAMA［2015］p. 105, *ll*. 12–13, 磯田［1991］p. 5, *ll*. 24–25, Zh, vol. 63, p. 1201, *ll*. 15–16）

【先行研究における翻訳】

〔原文からの和訳〕

慳とは、教えなどについての巧みさを差し出すことに反する、心の執着である。

（李ほか 近刊予定）

参考文献（2）

Abhidharmāvatāra

【チベット語訳】ser sna
【漢訳】慳

【定義的用例】

〔チベット語訳〕

dṅos po [(1]'di bdag[1)] las gźan la mi gtoṅ ṅo sñam pa'i sems kyis kun tu[2)] 'dzin pa gaṅ yin pa de ni[3)] **ser sna** ste / de ñid kun tu[4)] sbyor bas **ser sna**'i kun tu[5)] sbyor ba'o //

[1)] *'di dag* GN, *de dag* P　[2)] *du* CD　[3)] *na* CD　[4)] [5)] *du* CD

（C 309b7–310a1, D 308b6–7, G 500b1–2, N 411b2, P 400b7; DHAMMAJOTI［2008］p. 227, *ll*. 16–18, Zh, vol. 82, p. 1565, *ll*. 12–14）

〔漢訳〕

慳結者謂於己法財令心悋惜。謂我所有勿至於他。**慳**即是結故名**慳**結。

（T, vol. 28, 983b7–8）

43. mātsarya

【先行研究における翻訳と訳例】

〔チベット語訳からの和訳〕

この物はわれより他〔の人の所〕に行かしめないと〔考える〕、心の執着なるものが**慳** mātsarya であって、そ〔の慳〕がすなわち結であるから、**慳**結である。

（櫻部［1997］p. 209）

〔漢訳からの英訳〕avarice

The **avarice** fetter (*mātsarya-saṃyojana*) is that which causes the mind to be hoarding with regard to one's own belongings and wealth. [It is the mental attitude]: "What belongs to me must not go to others." The **avarice** itself is the fetter, therefore it is named the **avarice**-fetter.

（DHAMMAJOTI［2008］p. 90）

〔漢訳からの仏訳〕avarice

L'entrave d'**avarice** (*mātsaryasaṃyojana*) désigne l'attachement obstiné de la pensée aux biens personnels (*dharmāmiṣacittāgraha*) impliquant que ce qui est mien ne puisse aller à autrui. L'**avarice** en tant qu'entrave (*saṃyojana*) est dite entrave d'**avarice** (*mātsaryasaṃyojana*).

（VELTHEM［1977］p. 27）

44. īrṣyā

【七十五法】pp. 125–126【百法】pp. 133–135【パーリ文献】pp. 164–166

Madhyamakapañcaskandhaka

【訳例】嫉妬、やきもち
【チベット語訳】phrag dog

【定義的用例】

〔和訳〕

嫉妬とは、他人の美徳による苦悩である。それと結びついた際に、他の人に学識、道徳、喜捨、容姿などの美徳が揃っているのを認識するたびに、その人には内に激しい苦悩が生じる法である。その法が**嫉妬**と言われるのであって、それが**嫉妬**の拘束（結）である。

〔チベット語訳〕

[a]…**phrag dog** ni gźan gyi[1] yon tan gyis gduṅ ba ste…[a] /[2] chos gaṅ daṅ ldan na gaṅ daṅ gaṅ du pha rol la[3] thos pa daṅ /[4] tshul khrims daṅ / gtoṅ ba daṅ / gzugs la sogs pa'i yon tan tshogs pa ñe bar dmigs pa de daṅ der gaṅ zag de[5] la [6] naṅ du śin tu gduṅ ba 'byuṅ ste / chos de ni **phrag dog** ces bya bar brjod de / [7] de ni **phrag dog** gi kun tu[8] sbyor ba'o //

1) *gyis* G　2) om. CD　3) *du* CD　4) om. C　5) *da* G　6) G inserts *de la.*　7) CD insert *chos.*
8) *du* D

[a] RĀ: … īrṣyā paraguṇais tāpo … V. 4　(p. 132, *l.* 16; 瓜生津［1974］p. 301)

（C 255b7–256a1, D 259a1–2, G 354b1–3, N 286a3–4, P 297a3–4; Lindtner［1979］p. 130, *ll.* 7–12, Zh, vol. 60, p. 1582, *ll.* 6–10）

参考文献（1）

Munimatālaṃkāra

【原語】īrṣyā
【チベット語訳】phrag dog

【定義的用例】

〔原文〕

īrṣyā paraguṇais tāpaḥ //

（李・加納［2015］p. 27, *l*. 19）

〔チベット語訳〕

phrag dog ni gźan gyi yon tan gyis gduṅ ba'o //

（C 132b2–3, D 133a1, G 209a6, N 153a7, P 158b3; Akahane and Yokoyama［2015］p. 105, *ll*. 9–10, 磯田［1991］p. 5, *ll*. 23–24, Zh, vol. 63, p. 1201, *ll*. 14–15）

【先行研究における翻訳】

〔原文からの和訳〕

嫉とは、他人のもつ諸徳性によって苛まれることである。

（李ほか 近刊予定）

参考文献（2）

Abhidharmāvatāra

【チベット語訳】phrag dog
【漢訳】嫉

44. īrṣyā

【定義的用例】

〔チベット語訳〕

phrag[1] **dog** ni pha rol tu[2] 'byor ba la mi bzod pa ste / pha rol po[3] nor daṅ ldan nam mkha' nas bkur ba rnams la / sems khoṅ nas 'khrug pa źes bya ba'i don gaṅ yin pa'o // **phrag**[4] **dog** ñid kun tu[5] sbyor bas **phrag**[6] **dog** gi kun tu[7] sbyor ba'o //

1) *phra* G 2) *du* D 3) om. GNP 4) *phra* G 5) *du* CD 6) *phra* G 7) *du* CD

（C 309b6–7, D 308b5–6, G 500a6–b1, N 411b1–2, P 400b6–7; Dhammajoti［2008］p. 227, *ll*. 11–13, Zh, vol. 82, p. 1565, *ll*. 9–12）

〔漢訳〕

嫉結者謂於他勝事令心不忍。謂於他得恭敬供養財位多聞及餘勝法心生妬忌。是不忍義。**嫉**即是結故名**嫉**結。

（T, vol. 28, 983b4–7）

【先行研究における翻訳と訳例】

〔チベット語訳からの和訳〕

嫉 īrṣya とは、〔富などの〕所有において他を許せぬことである。他〔人〕が財産を有することや、言葉をもって敬意を表わされることに対する、内心の不平という義である。**嫉**がすなわち結であるから**嫉**結である。

（櫻部［1997］p. 209）

〔漢訳からの英訳〕jealousy

The **jealousy** fetter (*īrṣyā-saṃyojana*) is that by virtue of which the mind becomes unable to bear the excellences of others: When others acquire respect, offering, wealth, learning and other excellences, [a person having this fetter] becomes envious — This is the meaning of being unable to bear. **Jealousy** itself is a fetter, therefore it is named the **jealousy**-fetter.

（Dhammajoti［2008］p. 89）

44. īrṣyā

〔漢訳からの仏訳〕jalousie

L'entrave de **jalousie** (*īrṣyāsaṃyojana*) désigne le fait que la pensée ne puisse supporter la prospérité des autres (*parasaṃpattau cetaso vyāroṣa*) ni que les autres soient gratifiés d'hommages (*satkāra*), d'offrandes (*pūja*), de richesses (*artha*), d'érudition (*śruta*) , ni d'autres dharma excellents. (Si c'est le cas), la pensée en conçoit de l'envie. Cette **jalousie** (*īrṣyā*), dont le sens est «ne pas supporter» est, en tant qu'entrave (*saṃyojana*), appelée entrave de **jalousie** (*īrṣyāsaṃyojana*).

（VELTHEM［1977］p. 26）

45. pradāśa

【七十五法】pp. 127–128【百法】pp. 115–117【パーリ文献】pp. 167–169

Madhyamakapañcaskandhaka

【訳例】固執、しがみつくこと
【チベット語訳】'tshig pa

【定義的用例】

〔和訳〕

固執とは、悪事に耽ることである。それと結びつくことで、悪事から離れない法である。歯や爪で捕えたように、悪事を捕えたままであることが**固執**である。

〔チベット語訳〕

[a]…**'tshig pa** ni sdig pa la rab tu źen[1] pa'o…[a] // chos gaṅ daṅ ldan pas sdig pa las mi zlogs[2] pa ste / mche ba'am sen[3] mos bzuṅ ba ltar sdig pa [4] rab tu bzuṅ nas gnas pa ni **'tshig pa**'o //

[1] *gnas* GNP [2] *ldog* GNP [3] *sem* N [4] C inserts *pa.*

[a] RĀ: … pradāśaḥ pāpasaṅgitā // V. 3 (p. 132, *l.* 13; 瓜生津［1974］p. 301)

（C 258b5–6, D 262a2–3, G 358b5–6, N 289b3–4, P 300a8–b1; Lindtner［1979］p. 135, *ll.* 27–29, Zh, vol. 60, p. 1589, *ll.* 14–16）

参考文献（1）

Munimatālaṃkāra

【原語】pradāśa
【チベット語訳】'tshig pa

【定義的用例】

〔原文〕

pradāśaḥ pāpaprasaṅgitā / dantair iva pāpaṃ pradaśya sthiteḥ //

（李・加納［2015］p. 29, *l*. 16）

〔チベット語訳〕

'tshig pa ni sdig pa daṅ 'grogs pa ste so rnams kyis zas 'dzin pa bźin du sdig pas btsir nas gnas [1)] pa'o //

[1)] G inserts *gnas*.

（C 133a7, D 133b5–6, G 210b5, N 154b1, P 159b5–6; Akahane and Yokoyama［2015］p. 108, *ll*. 13–14, 磯田［1991］p. 6, *ll*. 20–22, Zh, vol. 63, p. 1203, *ll*. 13–14）

【先行研究における翻訳】

〔原文からの和訳〕

悩とは、悪事に溺れ耽けることである。あたかも歯で悪事を噛みしめているようであるからである。

（李ほか 近刊予定）

参考文献（2）

Abhidharmāvatāra

【チベット語訳】dus che ba
【漢訳】悩

【定義的用例】

〔チベット語訳〕

dus che ba ni kha na ma tho ba daṅ bcas pa'i dṅos po maṅ du 'dzin pa ste / de'i dbaṅ gis rigs par bsgo ba mi 'dzin pa'o //

（C 312a5, D 311a5, G 504a3, N 414a6, P 403b1–2; Dhammajoti［2008］p. 233, *ll*. 4–5, Zh, vol. 82, p. 1571, *ll*. 6–7）

45. pradāśa

〔漢訳〕

惱謂堅執諸有罪事。由此不受如理諫誨。

（T, vol. 28, 984a25–26）

【先行研究における翻訳と訳例】

〔チベット語訳からの和訳〕

惱は非難すべき多くの事 vastu を固執して、それによって道理に叶った訓戒を受けいれないことである。

（櫻部［1997］p. 214）

〔漢訳からの英訳〕depraved opinionatedness

Depraved opinionatedness (*pradāśa*) is the clinging to various reproachable things (*sāvadyavastu-dṛḍhagrāhitā*), as a result of which one would not accept any rightful admonition (*nyāya-samjñapti*).

（Dhammajoti［2008］p. 95）

〔漢訳からの仏訳〕perversité

La **perversité** est un attachement au péché impliquant le refus des reproches justifiés (*sāvadyavastudṛḍhagrāhitā pradāso yena nyāyasaṃjñaptiṃ na gṛhṇāti*).

（Velthem［1977］p. 34）

46. vihiṃsā

【七十五法】pp. 129–130【百法】pp. 130–132【パーリ文献】pp. 137–138

Madhyamakapañcaskandhaka

【訳例】暴力、傷害
【チベット語訳】rnam par 'tshe ba

【定義的用例 1】
（cetanā などと並列される cittasaṃprayuktasaṃskāra の一要素として）

〔和訳〕

それと結びついた際に、怒り（roṣa）を契機とする拳や平手打ちなどによって他者を傷つける心所法が**暴力**である。

〔チベット語訳〕

sems las byuṅ ba'i chos gaṅ daṅ mtshuṅs par ldan na khro ba'i rkyen gyis khu tshur daṅ thal lcag[1] la sogs pas gźan la rnam par 'tho[2] 'tshams par byed pa de[3] ni **rnam par 'tshe ba**'o //

[1] *lcags* GNP [2] *tho* CD [3] om. G

（C 252b2–3, D 255b4, G 349b3–4, N 282a6–7, P 293a6–7; Lindtner［1979］p. 124, *ll*. 1–3, Zh, vol. 60, p. 1574, *ll*. 6–8）

【定義的用例 2】
（cittasaṃprayuktasaṃskāra の一要素である upakleśa の下位要素として）

〔和訳〕

怒り（roṣa）を契機とする拳や平手打ちなどによって殴ることの原因である法は、傷を負わせるから、**暴力**である。

〔チベット語訳〕

khro ba'i[1)] rkyen gyis khu tshur daṅ thal lcag[2)] la sogs pas[3)] rab tu brdeg pa'i rgyu'i chos ni rnam par 'tshe bas na **rnam par 'tshe ba**'o //

[1)] *ba'o* N [2)] *lcags* GNP [3)] om. CD

（C 258b5, D 262a2, G 358b4–5, N 289b2–3, P 300a8; LINDTNER［1979］p. 135, *ll*. 24–26, Zh, vol. 60, p. 1589, *ll*. 13–14）

参考文献（1）

Munimatālaṃkāra

【原語】vihiṃsā
【チベット語訳】rnam par 'tshe ba

【定義的用例１】
（cetanā などと並列される cittasaṃprayuktasaṃskāra の一要素として）

〔原文〕

yaddharmayogāc capeṭādyai roṣapratyayaiḥ parān viheṭhayati sā **vihiṃsā** //

（李・加納［2015］p. 23, *l*. 11）

〔チベット語訳〕

rnam par 'tshe ba ni chos gaṅ daṅ ldan pa las khro ba'i rkyen gyis thal lcag la sogs pas gźan la [(1]'tho 'tsham[1)] pa de'o //

[1)] *tho 'tshams* CD

（C 130b1, D 130b6–7, G 205b1, N 150b1, P 155a8; AKAHANE and YOKOYAMA［2014］p. 37, *ll*. 9–10, 磯田［1991］p. 3, *ll*. 1–2, Zh, vol. 63, p. 1196, *ll*. 7–8）

【先行研究における翻訳】

〔原文からの和訳〕

その法と結びつくことで、怒りに端を発する平手打ちなどによって、他者を傷つける〔心所法〕、それが**害**である。

（李ほか［2015］p. 154）

【定義的用例２】
（cittasaṃprayuktasaṃskāra の一要素である upakleśa の下位要素として）

〔原文〕

roṣapratyayacapeṭādiprahāre hetur dharmo **vihiṃsā** //

（李・加納［2015］p. 29, *l*. 15）

〔チベット語訳〕

rnam par 'tshe[1] **ba** ni khro ba'i rkyen gyis thal lcag la sogs pa rdeg pa'i rgyu'i chos so //

[1] *'tsha* N

（C 133a6–7, D 133b5, G 210b4–5, N 154a7–b1, P 159b5; Akahane and Yokoyama［2015］p. 108, *ll*. 10–11, 磯田［1991］p. 6, *ll*. 19–20, Zh, vol. 63, p. 1203, *ll*. 12–13）

【先行研究における翻訳】

〔原文からの和訳〕

怒りをきっかけとした平手打ちなどにより打つことに対する原因である法が、**害**である。

（李ほか 近刊予定）

参考文献（2）

Abhidharmāvatāra

【チベット語訳】rnam par 'tshe ba
【漢訳】害

【定義的用例】

（cetanā などと並列される cittasaṃprayuktasaṃskāra の一要素としては害を挙げず、upakleśa の下位要素としてのみ定義するので、定義的用例は一つ）

〔チベット語訳〕

rnam par 'tshe ba ni lag pa daṅ boṅ pa daṅ dbyug[1] pas brdeg pa daṅ / tshig rtsub pos pha rol la rnam par (2mtho 'tsham2) pa'o //

1) *dbyig* CD 2) *tho 'tshams* CD

（C 312a4–5, D 311a4–5, G 504a2–3, N 414a5–6, P 403b1; Dhammajoti［2008］p. 233, *ll.* 1–2, Zh, vol. 82, p. 1571, *ll.* 4–6）

〔漢訳〕

害謂於他能爲逼迫。由此能行打罵等事。

（T, vol. 28, 984a24–25）

【先行研究における翻訳と訳例】

〔チベット語訳からの和訳〕

害は、手や石や杖によって打つこと、および粗暴な言葉をもって他を嘲笑することである。

（櫻部［1997］p. 214）

〔漢訳からの英訳〕harmfulness

Harmfulness (*vihiṃsā*) is the harming of others, as a result of which one practises the acts of beating and scolding etc.

（Dhammajoti［2008］p. 95）

〔漢訳からの仏訳〕nuisance

La **nuisance** signifie l'oppression des autres. Par elle, on porte des coups et on profère des injures, etc. (*viheṭhanaṃ vihiṃsā yena prahārapāruṣyādibhiḥ parān viheṭhayate*).

（Velthem［1977］p. 34）

47. māyā

【七十五法】pp. 131–132【百法】pp. 121–123【パーリ文献】pp. 170–173

Madhyamakapañcaskandhaka

【訳例】欺瞞、惑わすこと
【チベット語訳】sgyu

【定義的用例】

〔和訳〕

… **欺瞞**とは、他者を欺くことである。幻影が自らの本性を隠し、偽ったあり方を本質として現われて、世間の人を欺く様に、それと結びつくことで、自身のあるがままの性質を隠し、虚妄なる本体として現われる心所法であり、他者を欺くその法が**欺瞞**と言われる。

〔チベット語訳〕

… **sgyu** ni gźan bslu[1)] ba ste / ji ltar sgyu ni raṅ gi ṅo bo sbas nas brdzun pa'i rnam pa'i bdag ñid du źugs te 'jig rten slu[2)] bar byed pa de bźin du sems las byuṅ ba'i chos gaṅ daṅ [3)] ldan pas raṅ la ji ltar gnas pa'i chos sbas nas mi bden pa'i bdag ñid du źugs te / gźan la bslu[4)] ba'i chos de ni **sgyu**[5)] źes brjod do //

1) *slu* CD　2) *bslu* GNP　3) G inserts /.　4) *slu* CD　5) *rgyu* GNP

（C 258b3–4, D 261b7–262a1, G 358b2–4, N 289a7–b2, P 300a6–7, Lindtner［1979］p. 135, *ll.* 17–21, Zh, vol. 60, p. 1589, *ll.* 7–11）

参考文献（1）

Munimatālaṃkāra

【原語】māyā
【チベット語訳】sgyu

【定義的用例】

〔原文〕

… **māyā** paravañcanā / yayā vyāmohayati yataḥ pare 'bhiprāyaṃ na jānanti māyeva hi svarūpaṃ pracchādya vitathenātmanā pravartamānaṃ cittaṃ parān visaṃvādayati yaddharmayogāt sa **māyā** //

（李・加納［2015］p. 29, *ll.* 11–13）

〔チベット語訳〕

… **sgyu**[1] ni gźan bslu[2] ba ste / gaṅ gis rnam par rmoṅs par byed pa'am gaṅ las gźan rnams kyi bsam pa mi śes par 'gyur la / sgyu ma bźin du raṅ gi ṅo bo sbas nas sems ji bźin ma yin pa'i bdag ñid du 'jug [3] ste / chos gaṅ daṅ ldan pa las pha rol rnams slu[4] bar byed pa de **sgyu**'o[5] //

[1] *rgyu* GNP [2] *slu* CD [3] GNP insert *pa.* [4] *bslu* GNP [5] *rgyu'o* GNP

（C 133a5–6, D 133b3–4, G 210b2–4, N 154a5–7, P 159b3–4; Akahane and Yokoyama［2015］p. 108, *ll.* 1–5, 磯田［1991］p. 6, *ll.* 14–18, Zh, vol. 63, p. 1203, *ll.* 6–10）

【先行研究における翻訳】

〔原文からの和訳〕

誑とは、他者を欺くことである。それによって錯乱させ、それにもとづいて他の者たちは真意を理解しない。その法と結びつくことによって、心が、じつに幻（māyā）のように、本性を覆い隠して、ありもしない本体として現れて、他の者たちを欺く。それが**誑**（māyā）である。

（李ほか 近刊予定）

参考文献（2）

Abhidharmāvatāra

【チベット語訳】sgyu
【漢訳】誑

47. māyā

【定義的用例】

〔チベット語訳〕

… **sgyu**[1] ni pha rol la slu[2] ba'o //

[1] *rgyu* GNP [2] *bslu* GNP

（C 312a4, D 311a3, G 504a1, N 414a4, P 403a8; DHAMMAJOTI［2008］p. 232, *ll*. 27, Zh, vol. 82, p. 1571, *ll*. 1–2）

〔漢訳〕

誑謂惑他。

（T, vol. 28, 984a22）

【先行研究における翻訳と訳例】

〔チベット語訳からの和訳〕

… 誑は他〔人〕を惑わすことである。

（櫻部［1997］p. 214）

〔漢訳からの英訳〕deceptiveness

Deceptiveness (*māyā*) is the deluding of others (*paravañcana*).

（DHAMMAJOTI［2008］p. 95）

〔漢訳からの仏訳〕tromperie

La **tromperie** consiste à mentir aux autres (*paravañcanā māyā*).

（VELTHEM［1977］p. 33）

48. śāṭhya

【七十五法】pp. 133–134【百法】pp. 124–126【パーリ文献】pp. 174–176

Madhyamakapañcaskandhaka

【訳例】不正直、歪んでいること
【チベット語訳】g-yo

【定義的用例】

〔和訳〕

不正直とは、(1 心の真っ直ぐでないことであり 1)、不正直の本性が不正直性である。その場合、**不正直**というものは、それと結びつくことで、心の連続が曲がる法である。あるがままの道理非道理を示さず、(1 真っ直ぐではなく 1) 不明瞭にするものが**不正直**と言われる。

1)『牟尼意趣荘厳』や『倶舎論』などの解説と比較すれば、原語は kauṭilya であると考えられる。『中観五蘊論』のチベット語訳は mi dran pa とするが、dran pa は 19. smṛti のチベット語訳であり、kauṭilya の訳語としては不適当である。ここでは dran pa を draṅ ba に訂正して和訳する。

〔チベット語訳〕

g-yo ni sems[1] kyi[2] mi (3dran pa3) ste / g-yo'i ṅo bo[4] ni g-yo ñid do //[5] de la **g-yo** źes bya ba ni chos gaṅ daṅ ldan pas [a]...sems kyi rgyun gya gyu ba ste...[a] / ji ltar gnas pa'i tshul daṅ tshul ma yin pa mi ston pa mi dran[6] źiṅ mi gsal bar źugs pa ni **g-yo** źes bya'o //

1) *sem* C 2) *kyis* G 3) sic read *draṅ ba*. 4) om. CD 5) / N 6) sic read *draṅ*.

a RĀ: … śāṭhyaṃ cittasaṃtānajihmatā / … V. 4 (p. 132, *ll*. 15–16; 瓜生津［1974］p. 301)

（C 258b6–7, D 262a4, G 359a1–2, N 289b5–6, P 300b2–4; Lindtner［1979］p. 136, *ll*. 3–6, Zh, vol. 60, p. 1589, *l*. 20–p. 1590, *l*. 2）

参考文献（1）

Munimatālaṃkāra

【原語】śāṭhya
【チベット語訳】g-yo

【定義的用例】

〔原文〕

yaddharmayogād yathāvasthitanyāyānyāyāvedanena kauṭilyenāsphuṭipravṛttiḥ / tat **śāṭhyaṃ** cittasantānajihmatā //

（李・加納［2015］p. 29, *l*. 18–p. 30, *l*. 1）

〔チベット語訳〕

g-yo ni chos gaṅ daṅ ldan pa las ji ltar gnas pa'i rigs pa daṅ mi rigs pa 'khyog po mi gsal bar 'jug pa de ste sems kyi rgyun gya gyu'o //

（C 133a7–b1, D 133b6, G 210b6–211a1, N 154b2, P 159b7–8; Akahane and Yokoyama［2015］p. 109, *ll*. 1–3, 磯田［1991］p. 6, *ll*. 23–25, Zh, vol. 63, p. 1203, *ll*. 16–18）

【先行研究における翻訳】

〔原文からの和訳〕

その法と結びつくことにより、あるがままの道理と非道理を知らせずに、捻じ曲げて、不明瞭なものとなるものが、**諂**である。心相続の歪曲のことである。

（李ほか 近刊予定）

参考文献（2）

Abhidharmāvatāra

【チベット語訳】g-yo
【漢訳】諂

48. śāṭhya

【定義的用例】

〔チベット語訳〕

g-yo ni sems gya gyu ba ste / de'i dbaṅ gis gźan nas gźan brgyud ciṅ gud du 'dren te gsal bar mi rtogs par byed pa'o //

（C 312a6, D 311a5–6, G 504a3–4, N 414a7, P 403b2–3; DHAMMAJOTI［2008］p. 233, *ll*. 9–10, Zh, vol. 82, p. 1571, *ll*. 8–10）

〔漢訳〕

諂謂心曲。

（T, vol. 28, 984a27）

【先行研究における翻訳と訳例】

〔チベット語訳からの和訳〕

諂は心の曲っていることで、それによって、あることから他のことへ〔事実を矯げて〕伝え、偏ったように〔事実を〕導いて、明らかに理解させないことである。

（櫻部［1997］p. 214）

〔漢訳からの英訳〕dissimulation

Dissimulation (*śāṭhya*) is the crookedness of the mind (*cittakauṭilya*).

（DHAMMAJOTI［2008］p. 95）

〔漢訳からの仏訳〕dissimulation

La **dissimulation** est tortuosité de pensée (*cittakauṭilyaṃ śāṭhyam*).

（VELTHEM［1977］p. 34）

49. mada

【七十五法】pp. 135–137【百法】pp. 127–129【パーリ文献】pp. 177–178

Madhyamakapañcaskandhaka

【訳例】自惚れ、思い上がり
【チベット語訳】rgyags pa

【定義的用例】

〔和訳〕

自惚れとは、傲慢であり、驕りである。その力により、他者に対する軽蔑を有する身心の連続が生じる。

〔チベット語訳〕

[a]…**rgyags pa**'i[1)] kheṅs pa ste dregs pa'o…[a] // gaṅ gi stobs kyis gźan la brñas pa daṅ bcas pa'i lus daṅ sems kyi rgyun 'byuṅ[2)] ba'o //

1) sic read *pa ni*. 2) *byuṅ* CD

a RĀ: mado darpaḥ … V. 6 (p. 134, *l*. 1; 瓜生津［1974］p. 302)

（C 258b4–5, D 262a1–2, G 358b4, N 289b2, P 300a7–8; LINDTNER［1979］p. 135, *ll*. 22–23, Zh, vol. 60, p. 1589, *ll*. 11–12）

参考文献（1）

Munimatālaṃkāra

【原語】mada
【チベット語訳】rgyags pa

【定義的用例】

〔原文〕

mado darpo dṛptatā yadbalāt pareṣu sāvagītakāyacittasantāno bhavati //

（李・加納［2015］p. 29, *l*. 14）

〔チベット語訳〕

rgyags śiṅ dregs pa ni **rgyags pa** ste gaṅ gi dbaṅ las gźan rnams la lus daṅ sems kyi rgyun mi gus pa daṅ bcas par 'gyur ba'o //

（C 133a6, D 133b4–5, G 210b4, N 154a7, P 159b4–5; Akahane and Yokoyama［2015］p. 108, *ll*. 7–8, 磯田［1991］p. 6, *ll*. 18–19, Zh, vol. 63, p. 1203, *ll*. 10–12）

【先行研究における翻訳】

〔原文からの和訳〕

憍とは、傲慢、驕り（dṛptatā）である。その力によって他の者たちに対する軽蔑を伴った身心の相続が生じる。

（李ほか 近刊予定）

参考文献（2）

Abhidharmāvatāra

【チベット語訳】rgyags pa
【漢訳】憍

【定義的用例】

〔チベット語訳〕

rgyags pa ni gzugs daṅ laṅ tsho daṅ / rigs daṅ tshul khrims daṅ [1] maṅ du thos pa la sogs pa raṅ gi chos rnams la chags te / gźan la mi ltos[2] par sems yoṅs su gtugs pa'o //

[1] GNP insert /. [2] *bltos* NP

（C 312a4, D 311a3–4, G 504a1–2, N 414a4–5, P 403a8–b1; Dhammajoti［2008］p. 232, *ll*. 29–31, Zh, vol. 82, p. 1571, *ll*. 2–4）

〔漢訳〕

憍謂染著自身所有色力族姓淨戒多聞巧辯等已。令心傲逸無所顧性。

（T, vol. 28, 984a22–24）

【先行研究における翻訳と訳例】

〔チベット語訳からの和訳〕

憍は、美貌や若さや血統やよい振舞いや広い学識など〔勝れていると自負する〕おのれの性質に執着して、他を顧ない心を固く持することである。

（櫻部［1997］p. 214）

〔漢訳からの英訳〕pride

Pride (*mada*) has the nature of being arrogant and caring for no-one (*cetasaḥ paryādānaṃ*), which results from an attachment to one's own physical appearance, strength, lineage, purity of precept, learning and eloquence, etc.

（Dhammajoti［2008］p. 95）

〔漢訳からの仏訳〕ivresse orgueilleuse

L'**ivresse orgueilleuse** est un attachement à son corps (*kāya*), à sa prestance (*rūpa*), sa force (*bala*), son clan (*gotra*), sa pureté (*śuddhi*), sa moralité (*śīla*), son érudition (*śruta*), son habileté (*kauśalya*), toutes raisons pour lesquelles la pensée s'enorgueillit et ne prête plus attention à rien d'autre (*madaḥ svadharmeṣv eva raktasya yaccetasaḥ paryādānam*).

（Velthem［1977］pp. 33–34）

50. upanāha

【七十五法】pp. 138–139【百法】pp. 112–114【パーリ文献】pp. 179–180

Madhyamakapañcaskandhaka

【訳例】怨恨、憎しみ
【チベット語訳】khon du 'dzin pa

【定義的用例】

〔和訳〕

怨恨とは、敵意を抱き続けることである。怒っていて、怒りの事物（対象）を観察することなく、何度も繰り返し継起させることで敵意を抱き続けることが**怨恨**である。怒りの対象を心の中で何度も思い描くという意味である。

〔チベット語訳〕

khon[1] **du 'dzin pa** ni khon[2] du 'dzin pa ste /[3] khros par gyur par khros pa'i dṅos po la so sor rtog pa ma yin par[4] maṅ bar yaṅ daṅ yaṅ du 'jug pas gaṅ khon[5] du 'dzin pa ni **khon**[6] **du 'dzin pa** ste khros pa'i yul sems la maṅ du byed ces bya ba'i don to //

1) 2) *'khon* GNP 3) om. CD 4) *pa* CD 5) 6) *'khon* GNP

（C 258b6, D 262a3–4, G 358b6–359a1, N 289b4–5, P 300b1–2; Lindtner［1979］p. 135, *l*. 30–p. 136, *l*. 2, Zh, vol. 60, p. 1589, *ll*. 17–20）

参考文献（1）

Munimatālaṃkāra

【原語】upanāha
【チベット語訳】'khon du 'dzin pa

【定義的用例】

〔原文〕

vairānubandhanaṃ cittasya kopanīyavastubahulīkāra **upanāhaḥ** //

（李・加納［2015］p. 29, *l*. 17）

〔チベット語訳〕

'khon du 'dzin pa ni mi mdza' ba daṅ[1)] rjes su 'brel pa ste sems la khro bar bya ba'i dṅos po lan maṅ du byed pa'o //

[1)] om. GNP

（C 133a7, D 133b6, G 210b5–6, N 154b1–2, P 159b6–7; AKAHANE and YOKOYAMA［2015］p. 108, *ll*. 16–18, 磯田［1991］p. 6, *ll*. 22–23, Zh, vol. 63, p. 1203, *ll*. 14–16）

【先行研究における翻訳】

〔原文からの和訳〕

恨とは、怨恨を抱き続けることである。心が怒りの対象である事物を繰り返し思い描くことである。

（李ほか 近刊予定）

参考文献（2）

Abhidharmāvatāra

【チベット語訳】khon du 'dzin pa
【漢訳】恨

【定義的用例】

〔チベット語訳〕

khon du 'dzin pa ni kun tu[1)] mnar sems kyi dṅos po maṅ du byed pa'o //

[1)] *du* CD

（C 312a5–6, D 311a5, G 504a3, N 414a6–7, P 403b2; DHAMMAJOTI［2008］p. 233, *l*. 7, Zh, vol. 82, p. 1571, *ll*. 12–13）

50. upanāha

〔漢訳〕

恨謂於忿所縁事中數數尋思結怨不捨。

（T, vol. 28, 984a26–27）

【先行研究における翻訳と訳例】

〔チベット語訳からの和訳〕

恨は恚害 āghāta の心をもって多くの事をなすことである。

（櫻部［1997］p. 214）

〔漢訳からの英訳〕enmity

Enmity (*upanāha*) is the harbouring of hatred within and not letting go of it, which results from the repeated thinking over of the objects of anger.

（DHAMMAJOTI［2008］p. 95）

〔漢訳からの仏訳〕inimitié

L'**inimitié** désigne une irritation indéfectible envers un objet de colère (*āghāta-vastubahulīkāro upanāhaḥ*).

（VELTHEM［1977］p. 34）

51. kaukṛtya

【七十五法】pp. 140–141【百法】pp. 173–175【パーリ文献】pp. 181–184

Madhyamakapañcaskandhaka

【訳例】後悔、悔やむこと
【チベット語訳】'gyod pa

【定義的用例】

〔和訳〕

後悔とは、不調法に対して、後に悩ませ、苦しめるもの（śoka）である。後に苦悩（tāpa）から生じた悔恨が**後悔**である。

〔チベット語訳〕

[a]...**'gyod pa** ni ṅan par byas pa'i dṅos po la phyis gduṅ źiṅ mya ṅan byed pa ste / phyi nas gduṅ ba las byuṅ ba'i yid la gcags pa ni **'gyod pa**'o...[a] //

[a] RĀ: kaukṛtyaṃ kukṛte śokaḥ paścāt tāpasamudbhavaḥ / … V. 33 (p. 144, *ll*. 9–10; 瓜生津［1974］p. 306)

（C 259a4, D 262b1–2, G 359a6–b1, N 290a3–4, P 300b8–301a1; LINDTNER［1979］p. 136, *ll*. 24–26, Zh, vol. 60, p. 1590, *ll*. 15–17）

参考文献（1）

Munimatālaṃkāra

定義的用例なし。『牟尼意趣荘厳』は、十種類の paryavasthāna（纏）を列挙する際に、その一つとして kaukṛtya を数えるが、kaukṛtya 自体を個別に解説することはしない。したがって【原語】と【チベット語訳】は回収可能であるが、【定義的用例】を欠く。

【原語】kaukṛtya
【チベット語訳】'gyod pa

参考文献（2）

Abhidharmāvatāra

【チベット語訳】'gyod pa
【漢訳】惡作

【定義的用例】

〔チベット語訳〕

ṅan pa byas pa'i dṅos po ni [1] **'gyod pa**'o // 'dir ni de la dmigs pa sems las byuṅ ba'i chos la **'gyod pa** źes bya ste [2] yid la gcags[3] źes bya ba'i tha tshig go // … de yaṅ ñon moṅs pa can ñid kun nas dkris te 'dug pa'o //

[1] GNP insert *'gyod pa ni*. [2] N inserts /. [3] *bcags* N

（C 312b2–4, D 311b2–3, G 504b2–4, N 414b4–6, P 403b7–404a1; Dhammajoti［2008］p. 234, *ll*. 6–11, Zh, vol. 82, p. 1572, *ll*. 1–6）

〔漢訳〕

惡所作體名爲**惡作**。有別心所縁惡作生立**惡作**名。是追悔義。… 此立纏名亦唯依染。

（T, vol. 28, 984b10–14）

【先行研究における翻訳と訳例】

〔チベット語訳からの和訳〕

〔先になされた〕悪い所作を体とする kukṛtabhāva のが**悪作** kaukṛtya である。この場合、 **悪作**とはそ〔の悪い所作〕を縁ずる心所法の意味である。後悔 vipratisāra という意味である。… こ〔の悪作〕も染汚であるから、纏である。

（櫻部［1997］pp. 215–216）

〔漢訳からの英訳〕

[Properly speaking] ***kaukṛtya*** is the being of that which is badly done (*kukṛta-bhāva*). [But] a distinct thought-concomitant, which arises by taking this ***kau-kṛtya*** [in its proper sense] as its object (*kaukṛtyālambana*), is given the name

kaukṛtya. Its meaning is remorse (*vipratisāra*). … It is classified as an envelopment also only when it is defiled.

(Dhammajoti［2008］p. 96)

〔漢訳からの仏訳〕malignité

La nature du méfait est la **malignité** (*kukṛtabhāvaḥ kaukṛtyam*). Il s'agit d'un mental (*caitasikadharma*) distinct qui a pour objet le mal (*kaukṛtyālambana*), d'où son nom de **malignité**. Mais en fait, il a le sens de «regret» (*vipratisāra*). … Ce dernier enveloppement reçoit le nom d'enveloppement (*paryavasthāna*) lorsqu'il ne s'appuie que sur l'impur (*kliṣṭa*).

(Velthem［1977］pp. 35–36)

52. middha

【七十五法】pp. 142–143【百法】pp. 169–172【パーリ文献】pp. 185–187

Madhyamakapañcaskandhaka

【訳例】眠気、睡魔
【チベット語訳】gñid

【定義的用例】

〔和訳〕

眠気とは、五つの認識（→12. vijñāna）の集合（五識身）の働きと対立する法であり、思考による認識（意識）を委縮させる原因であるものを**眠気**と言う。

〔チベット語訳〕

gñid ni gaṅ rnam par śes pa'i tshogs lṅa 'jug pa daṅ 'gal ba'i chos yid kyi rnam par śes pa sdud par byed pa'i rgyu de ni **gñid** ces brjod do //

（C 259a2–3, D 262a7, G 359a5, N 290a1–2, P 300b6–7; Lindtner［1979］p. 136, *ll*. 17–19, Zh, vol. 60, p. 1590, *ll*. 10–11）

参考文献（1）

Munimatālaṃkāra

【原語】middha
【チベット語訳】gñid

【定義的用例】

〔原文〕

[a]…**middhaṃ** nidrā…[a] pañcavijñānapravṛttiviruddho dharmo manovijñānasyāpi jaḍatāpattihetuḥ /

[a] RĀ: … middhaṃ nidrāndhyam … V. 32 (p. 144, *l*. 7; 瓜生津［1974］p. 306)
（李・加納［2015］p. 30, *ll*. 9–10）

〔チベット語訳〕

gñid ni gñid de rnam par śes pa lṅa 'jug pa daṅ 'gal ba'i chos yid kyi rnam par śes pa'aṅ blun par 'gyur ba'i rgyu'o //

（C 133b3, D 134a1–2, G 211a4, N 154b5, P 160a3; Akahane and Yokoyama［2015］p. 109, *ll*. 18–19, 磯田［1991］p. 6, *ll*. 31–33, Zh, vol. 63, p. 1204, *ll*. 4–5）

【先行研究における翻訳】

〔原文からの和訳〕

睡眠とは、眠りである。五識の働きに反する法であり、意識をも朦朧とさせる原因である。

（李ほか 近刊予定）

参考文献（2）

Abhidharmāvatāra

【チベット語訳】gñid
【漢訳】睡眠

【定義的用例】

〔チベット語訳〕

gñis[1)] ni lus daṅ sems 'dzin mi nus pa daṅ / sems sdud pa ste de yaṅ ñon moṅs pa can ñid yin pas kun nas dkris te 'dug pa'o //

[1)] sic read *gñid.*

（C 312b2, D 311b1–2, G 504b1–2, N 414b3–4, P 403b6–7; Dhammajoti［2008］p. 234, *ll*. 1–2, Zh, vol. 82, p. 1571, *ll*. 20–21）

〔漢訳〕

不能任持身心相續令心昧略名爲**睡眠**。此得纒名唯依染汚。

（T, vol. 28, 984b8–9）

52. middha

【先行研究における翻訳と訳例】

〔チベット語訳からの和訳〕

睡眠とは身と心とを〔活動的に〕保っていることができない saṃdhāraṇāsamartha ことと、心を昧くすることであって、これもまたまさしく染汚であるから纏である。

（櫻部［1997］p. 215）

〔漢訳からの英訳〕drowsiness

Drowsiness is the inability to sustain the psycho-physical series (*kāyacitta-saṃdhāraṇā-samartha*). It causes mental compression (*abhisaṃkṣepa*). This is classified as an envelopment only when it is defiled.

（DHAMMAJOTI［2008］p. 96）

〔漢訳からの仏訳〕torpeur

On appelle **torpeur** une incapacité de commander aux séries corporelles et mentales (*kāyacittasaṃtānāsaṃdhāraṇaḥ middhaḥ*) ayant pour effet une compression de la pensée (*cittābhisaṃkṣepaṇa*). Elle reçoit la dénomination d'enveloppement (*paryavasthāna*) lorsqu'elle s'appuie seulement sur l'impur (*kliṣṭa*).

（VELTHEM［1977］p. 35）

53. vitarka

【七十五法】pp. 144–145【百法】pp. 176–179【パーリ文献】pp. 188–192

Madhyamakapañcaskandhaka

【訳例】概察
【チベット語訳】rnam par rtog pa

【定義的用例】

〔和訳〕

それと結びつくと認識（→12. vijñāna）が認識対象を労力の少ないままに判断し、認識対象に属するものを細かく観察することがない心所法が分別というものであり、**概察**と言われる。すなわち、ある者が遠くから以上のように壷や皿などを見るならば、それに属するものを観察することなく、単に把握されたものとして観察するから、それにより、すなわち、認識は認識対象に対して大雑把に観察するものとして働く。それと結びつかないならば、以上のように働くことはない。したがって、心の大雑把さを特徴とするものが**概察**と言われるが、認識は物質的なものではないから、それ自体が大雑把な形象になるのではない。

〔チベット語訳〕

sems las byuṅ ba'i chos gaṅ daṅ mtshuṅs par ldan na rnam par śes pa 'bad pa chuṅ ṅur dmigs pa yoṅs su gcod pa ñid de / dmigs par gtogs pa la brtags pa[1] phra mo mi byed pa de ni kun tu[2] rtog pa źes bya ba ste [3] **rnam par rtog pa** źes brjod do // 'di lta ste / 'ga' źig gis thag riṅ po nas 'di ltar bum pa daṅ kham[4] phor la sogs pa mthoṅ ba ñid na / der gtogs pa la dpyad pa ma byas par bzuṅ ba tsam[5] du dpyod pas des 'di ltar rnam par śes pa dmigs pa la yoṅs su dpyad pa rtsiṅ bar 'jug go // de daṅ mtshuṅs par mi ldan na ni de ltar 'jug pa med do // de lta bas na[6] sems rtsiṅ ba'i mtshan ñid ni **rnam par rtog pa** źes brjod kyi / rnam par śes pa ni gzugs can ma yin pa ñid kyis[7] bdag ñid ni rtsiṅ ba'i rnam par 'gyur ba ma yin no //

[1] *pas* GNP [2] *du* CDGN [3] G inserts /. [4] *khams* P [5] *rtsam* GNP [6] om. N [7] *kyi* G

（C 251a4–7, D 254a5–b1, G 347b4–348a1, N 280b6–281a2, P 291b4–8; LINDTNER［1979］p. 121, *ll*. 11–22, Zh, vol. 60, p. 1570, *l*. 20–p. 1571, *l*. 8）

参考文献（1）

Munimatālaṃkāra

【原語】vitarka
【チベット語訳】rtog pa

【定義的用例】

〔原文〕

yadyogād vijñānaṃ ghaṭasyāyataśobhanatāmātram ivodāram ālambanaṃ paricchinatti sa saṃkalpasaṃjñako **vitarkaḥ** //

（李・加納［2015］p. 22, *ll*. 15–16）

〔チベット語訳〕

rtog[1] **pa** ni gaṅ daṅ ldan pa las rnam par śes pa bum pa'i riṅ ba daṅ mdzes pa tsam bźin du rags pa'i dmigs pa yoṅs su gcod pa de kun tu[2] rtog pa'i miṅ can no //

[1] *rtogs* GNP [2] *du* CDNP

（C 130a5–6, D 130b3–4, G 205a1–2, N 150a3–4, P 155a1–3; AKAHANE and YOKOYAMA［2014］p. 35, *l*. 22–p. 36, *l*. 3, 磯田［1991］p. 2, *ll*. 28–29, Zh, vol. 63, p. 1195, *ll*. 17–19）

【先行研究における翻訳】

〔原文からの和訳〕

それと結びつくことによって識が壺の単なる長さや美しさのような粗大な所縁を識別するその〔心所法〕、それが**尋**であり、把捉（saṃkalpa）と呼ばれる。

（李ほか［2015］p. 153）

参考文献（2）

Abhidharmāvatāra

【チベット語訳】rtog pa
【漢訳】尋

【定義的用例】

〔チベット語訳〕

rtog pa ni sems rtsiṅ ba'i mtshan ñid do // gñis su na rtog pa źes kyaṅ bya ste / 'du śes kyi rluṅ gis bskyed na / 'jug pa rnam par śes pa rtsiṅ[1] ba'i tshogs lṅa 'jug pa'i rgyu'i chos so //

[1] *brtsiṅ* N

（C 307b3–4, D 306b3, G 497a1–2, N 408b5–6, P 398a2–3; DHAMMAJOTI［2008］p. 221, *ll.* 24–26, Zh, vol. 82, p. 1559, *l.* 21–p. 1560, *l.* 2）

〔漢訳〕

尋謂於境令心麁爲相。亦名分別思惟。想風所繫麁動而轉。此法即是五識轉因。

（T, vol. 28, 982a24–25）

【先行研究における翻訳と訳例】

〔チベット語訳からの和訳〕

尋 vitarka は、粗放な心を相とする。第二義としては、分別する作用である。想なる風によって生じ、粗放な〔前〕五識身を起す因となる法である。

（櫻部［1997］p. 204）

〔漢訳からの英訳〕reasoning

Reasoning (*vitarka*) has the characteristic of causing thought to be gross with regard to an object (*cittaudāryalakṣaṇa*). It is also named discriminative reflection (*saṃkalpadvitīyanāmā*). Struck by the wind of ideation (*saṃjñāpavanoddhata*), it operates (*vartate*) in a gross manner. It is this *dharma* which serves as the projecting cause (*pancavijñānapravṛtti-hetu*) of the five consciousnesses.

（DHAMMAJOTI［2008］p. 83）

53. vitarka

〔漢訳からの仏訳〕enquête

L'**enquête** (*vitarka*) a pour caractéristique la grossièreté de pensée (*cittaudārya-lakṣaṇa*) vis-à-vis des objets. C'est également un acte d'attention discriminatoire (*saṃkalpadvitināma*) qui, saisi par le vent de la notion (*saṃjñānilodutavṛttir*) se meut d'un mouvement grossier. Ce dharma est la cause du fonctionnement des cinq (premières) connaissances (*audārikapañca vijñānaṃ hetudharmā*).

（VELTHEM［1977］p. 16）

54. vicāra

【七十五法】pp. 146–147【百法】pp. 180–183【パーリ文献】pp. 193–194

Madhyamakapañcaskandhaka

【訳例】精察
【チベット語訳】dpyod pa

【定義的用例】

〔和訳〕

それと結びついた際に認識（→12. vijñāna）が認識対象を細かく観察するものが**精察**という心所法である。心の緻密さを特徴とする。すなわち、〔概察（→53. vitarka）で述べたのと〕同じそれらの壷や皿などに対して、割れている、割れていないと観察し、観察した後に、これは割れている、これは固いというその様なあり方を認識対象として、細かく観察することにおいて働くものが**精察**という心所法と言われる。

〔チベット語訳〕

sems las byuṅ ba'i chos gaṅ daṅ mtshuṅs par ldan na rnam par śes pas dmigs pa la źib par yoṅs su dpyod pa de ni sems las byuṅ ba'i chos **dpyod pa** źes bya ste / sems phra ba'i mtshan ñid de / 'di lta ste /[1] bum pa daṅ / kham phor la sogs pa de dag ñid la[2] gas[3] pa daṅ / ma gas pa yoṅs su dpyod ciṅ yoṅs su dpyad nas 'di ni[4] gas pa'o //[5] 'di ni sra ba'o źes de lta bu'i rnam pa la dmigs śiṅ phra bar dpyod pa la 'jug pa ni sems las byuṅ ba'i chos **dpyod**[6] **pa** źes brjod do //

[1] om. CD [2] *lag* C [3] G inserts *la gas*. [4] om. GNP [5] / C [6] *spyod* GNP

（C 251b4–5, D 254b5–7, G 348a6–b2, N 281a6–b1, P 292a5–7; Lindtner［1979］p. 122, *ll.* 8–15, Zh, vol. 60, p. 1572, *ll.* 1–7）

参考文献（1）

Munimatālaṃkāra

【原語】vicāra
【チベット語訳】dpyod pa

【定義的用例】

〔原文〕

ghaṭo jarjaro dṛḍho veti sūkṣmekṣikāpravṛttaś caitto dharmo **vicāraḥ** //

（李・加納［2015］p. 22, *ll*. 16–17）

〔チベット語訳〕

dpyod pa ni bum pa rñiṅ pa daṅ brtan pa źes phra mo lta bar źugs pa'i sems las byuṅ ba'i chos so //

（C 130a6, D 130b4, G 205a2–3, N 150a4, P 155a3; Akahane and Yokoyama［2014］p. 36, *ll*. 5–6, 磯田［1991］p. 2, *ll*. 30–31, Zh, vol. 63, p. 1195, *ll*. 19–20）

【先行研究における翻訳】

〔原文からの和訳〕

壺が老朽している、だとか堅い、だとかいった微細な観察として生じた心所法が**伺**である。

（李ほか［2015］p. 153）

参考文献（2）

Abhidharmāvatāra

【チベット語訳】dpyod pa
【漢訳】伺

【定義的用例】

〔チベット語訳〕

dpyod pa ni sems źib pa ñid kyi mtshan ñid de / yid kyi rnam par śes pa'i 'jug pa daṅ mthun pa'i chos so //

（C 307b4, D 306b3–4, G 497a2, N 408b6, P 398a3–4; Dhammajoti〔2008〕p. 221, *ll.* 29–30, Zh, vol. 82, p. 1560, *ll.* 2–4）

〔漢訳〕

伺謂於境令心細爲相。此法即是隨順意識於境轉因。

（T, vol. 28, 982a25–27）

【先行研究における翻訳と訳例】

〔チベット語訳からの和訳〕

伺 vicāra は微細な心を相とし〔第六〕意識の起るのと共に〔起る〕法である。

（櫻部〔1997〕pp. 204–205）

〔漢訳からの英訳〕investigation

Investigation (*vicāra*) has the characteristic of causing thought to be subtle. It is this *dharma* which serves as the cause that accords with the operation of mental consciousness on its object (*manovijñānapravṛttyanukūla-hetu*).

（Dhammajoti〔2008〕p. 83）

〔漢訳からの仏訳〕jugement

Le **jugement** (*vicāra*) a pour caractéristique la subtilité de pensée (*cittasaukṣmalakṣaṇa*) vis-à-vis des objets. Ce dharma est la cause qui favorise le fonctionnement de la connaissance mentale à l'endroit des objets (*manovijñānapravṛtyanukulo dharma*).

（Velthem〔1977〕p. 16）

55. rāga

【七十五法】pp. 148–149【百法】pp. 91–93【パーリ文献】pp. 195–196

Madhyamakapañcaskandhaka

定義的用例なし。『中観五蘊論』では、rāga という語は、anunayasaṃyojana（愛結）を定義する際に用いられる。また rāga-bandhana（貪縛）、rāga-anuśaya（貪随眠）という語の一部としても説かれるが、それ自体の定義的用例は見られない。したがって【チベット語訳】のみ回収可能である。

【チベット語訳】'dod chags

参考文献（1）

Munimatālaṃkāra

『牟尼意趣荘厳』では、九つの saṃyojana（結）の一つ目の要素として、anunaya（愛）ではなく、rāga を挙げ、それを anunaya を用いて定義する。したがって、rāgo に関しても定義的用例の回収が可能である。ここでは、例外的に、『牟尼意趣荘厳』における定義的用例の〔和訳〕を示し、それに基づく【訳例】を参考として示す。

【訳例】貪り、貪欲
【原語】rāga
【チベット語訳】'dod chags

【定義的用例】

〔和訳〕

… **貪り**とは、愛着であり、渇愛、固執、染著である。

〔原文〕

… **rāgo** 'nunayas tṛṣṇādhyavasānaṃ saktiḥ //

（李・加納［2015］p. 25, *l.* 17）

〔チベット語訳〕

… **'dod chags** ni rjes su chags pa daṅ sred pa daṅ / lhag par źen pa daṅ źen[1] pa'o //

[1] *źin* P

（C 131a7–b1, D 131b6–7, G 207a4, N 151b5, P 156b7; Akahane and Yokoyama［2015］p. 100, *ll.* 3–4, 磯田［1991］p. 4, *ll.* 10–12, Zh, vol. 63, p. 1198, *ll.* 17–18）

【先行研究における翻訳】

〔原文からの和訳〕

… **貪欲**とは愛（anunaya）のことであり、すなわち、渇愛、執着、愛着である。

（李ほか 近刊予定）

参考文献（2）

Abhidharmāvatāra

定義的用例なし。『入阿毘達磨論』では、rāga という語は、anunayasaṃyojana（愛結）を定義する際に用いられる。また rāga-bandhana（貪縛）、rāga-anuśaya（貪随眠）という語の一部としても説かれるが、それ自体の定義的用例は見られない。したがって【チベット語訳】、【漢訳】、ならびに、先行研究における訳例のみ回収可能である。

【チベット語訳】'dod chags
【漢訳】貪

【先行研究における翻訳と訳例】

〔漢訳からの英訳〕greed
〔漢訳からの仏訳〕convoitise

56. pratigha

【七十五法】pp. 150–151【百法】pp. 94–96【パーリ文献】pp. 197–199

Madhyamakapañcaskandhaka

【訳例】敵愾心
【チベット語訳】khoṅ khro

【定義的用例】

〔和訳〕

敵愾心とは、悪意（vyāpāda, →41. krodha）であり、憎しみ（dveṣa, →29. adveṣa）である。有情を対象とする怒り（āghāta）が**敵愾心**の拘束（結）である。

〔チベット語訳〕

khoṅ khro ni gnod sems daṅ źe sdaṅ ste / sems can gyi yul la mnar sems pa ni **khoṅ khro**'i[1] kun tu[2] sbyor ba'o //[3]

1) *khro ba'i* CD　2) *du* CD　3) / G

（C 253b5–6, D 256b6–7, G 351a6–b1, N 283b4–5, P 294b4; Lindtner［1979］p. 126, *ll*. 11–12, Zh, vol. 60, p. 1577, *ll*. 4–5）

参考文献（1）

Munimatālaṃkāra

【原語】pratigha
【チベット語訳】khoṅ khro

【定義的用例】

〔原文〕

pratigho vyāpādo dveṣaḥ sattvaviṣaye āghātaḥ //

（李・加納［2015］p. 25, *l*. 18）

〔チベット語訳〕

khoṅ khro ni gnod sems daṅ że sdaṅ ste sems can gyi yul la kun nas mnar sems pa'o //

（C 131b1, D 131b7, G 207a4–5, N 151b5, P 156b7–8; Akahane and Yokoyama［2015］p. 100, *ll*. 6–7, 磯田［1991］p. 4, *ll*. 12–13, Zh, vol. 63, p. 1198, *ll*. 18–19）

【先行研究における翻訳】

〔原文からの和訳〕

瞋とは、悪意（vyāpāda）、憎しみ（dveṣa）であり、衆生という対象に対する怒り（āghāta）である。

（李ほか 近刊予定）

参考文献（2）

Abhidharmāvatāra

【チベット語訳】khoṅ khro ba
【漢訳】恚

【定義的用例】

〔チベット語訳〕

sems can rnams la kun nas mnar sems /[1] gnod sems kyi mtshan ñid tsha[2] ba'i sa bon lta bu'i chos ni **khoṅ khro ba** ste / **khro**[3] **ba**[4] ñid kun tu[5] sbyor bas **khoṅ khro ba**'i kun tu[6] sbyor ba'o //

[1] om. GNP [2] *rtsa* CD [3] sic read *khoṅ khro*. [4] *bo* P [5] [6] *du* CD

（C 308b6, D 307b5–6, G 498b5–6, N 410a5, P 399b3–4; Dhammajoti［2008］p. 224, *ll*. 22–24, Zh, vol. 82, p. 1562, *l*. 20–p. 1563, *l*. 1）

56. pratigha

〔漢訳〕

恚結者謂五部瞋。於有情等樂爲損苦。不饒益相如辛苦種。故名爲恚。恚即是結故是名恚結。

（T, vol. 28, 982c24–26）

【先行研究における翻訳と訳例】

〔チベット語訳からの和訳〕

有情に対する害心 āghāta であって、瞋怒 vyāpāda の相あること辛子の種の如き法が恚である。恚がすなわち結であるから恚結である。

（櫻部［1997］p. 207）

〔漢訳からの英訳〕hostility

The **hostility** fetter (*pratigha-saṃyojana*) is the hatred (dveṣa) belonging to the five classes [of abandonables]. It is named **hostility** as it is characterized by the delight in harming (*āghāta*) and not being benevolent to sentient beings etc. [It brings about the future unsatisfactoriness], just like bitter seeds. **Hostility** itself is the fetter, therefore it is named **hostility**-fetter.

（Dhammajoti［2008］p. 87）

〔漢訳からの仏訳〕hostilité

L'entrave d'**hostilité** désigne les cinq classes de haine (*pañcaprakārapratighaḥ pratighasaṃyojanaḥ*). Vis-à-vis des êtres (*sattva*), elle a pour caractéristique (*lakṣaṇa*) de vouloir apporter la destruction et n'être d'aucun profit, telle la graine piquante-amère (*kaṭukatiktabīja*). On l'appelle donc **hostilité** (*pratigha*) et, en tant qu'entrave (*saṃyojana*), entrave d'**hostilité** (*pratighasaṃyojana*).

（Velthem［1977］p. 22）

57. māna

【七十五法】pp. 152–153【百法】pp. 97–100【パーリ文献】pp. 200–204

Madhyamakapañcaskandhaka

【訳例】慢心
【チベット語訳】ṅa rgyal

【定義的用例１】（māna 全般）

〔和訳〕

それは自分と他者との正しい或いは正しくないあり方の何らかの差を構想して驕ることであって、心の本性の変化が生じる原因である汚れた心所法である。これがまず**慢心**一般である。

〔チベット語訳〕

de ni bdag ñid gźan dag pas bden pa mi bden pa'i rnam pa'i khyad par 'ga' źig yoṅs su brtags nas kheṅs par byed pa ste /[1] sems kyi[2] raṅ bźin 'gyur ba 'byuṅ ba'i rgyu sems las byuṅ ba'i chos ñon moṅs pa can te / 'di ni re źig **ṅa rgyal** spyi'o //

[1] om. G [2] *kyis* G

（C 253b7–254a1, D 257a1–2, G 351b2–3, N 283b6–7, P 294b6–7; Lindtner〔1979〕p. 126, *ll.* 16–20, Zh, vol. 60, p. 1577, *ll.* 9–12）

【定義的用例２】（七種類の māna の一番目）

〔和訳〕

それは発現の違いにより七種類である。その場合、世間〔の人々〕は、劣った者、同等の者、優れた者という違いにおいて、相対的に存在する。その中で、劣った者に基づいて三つのあり方を構想するその場合に、学識、道徳、家柄、容姿、権力などの点で劣った者より自分が劣っていると考える驕りであり、心の本性を変化させることを特徴とするものがまずは**慢心**と説かれる。劣った者と自分が同等であると認識することで、その通りの特別な構想を生じさせるものも**慢心**という。劣った者より自分が勝れていると認識して、特別な構想が生じることも**慢心**である。同等である者と自分が同等であると認識する特別な構想が生じることも**慢心**である。可能性として四つが設定される。

〔チベット語訳〕

de ni 'jug pa'i bye brag gis rnam pa bdun no // de la 'jig rten ni dman pa daṅ /[1] bar ma daṅ / mchog gi bye brag tu phan tshun bltos[2] nas rnam par gnas so // de la gaṅ dman pa la bltos[3] nas rnam pa gsum du rtog pa de la thos pa daṅ / tshul khrims daṅ / rigs daṅ / gzugs daṅ / dbaṅ phyug la sogs pas dman pa las bdag ñid dman no sñam du kheṅs[4] pa gaṅ sems kyi raṅ bźin 'gyur bar byed pa'i mtshan ñid can de yaṅ re źig **ṅa rgyal** źes bstan to // gaṅ yaṅ dman pa daṅ bdag mtshuṅs par dmigs pas ji ltar yoṅs su brtags pa'i khyad[5] par skyed par byed pa 'di yaṅ **ṅa rgyal** źes bya'o // gaṅ yaṅ dman pa las bdag lhag par ñe bar dmigs nas kun tu[6] rtog pa'i khyad par 'byuṅ ba de yaṅ **ṅa rgyal** lo // gaṅ yaṅ mtshuṅs pa daṅ bdag ñid mtshuṅs par ñe bar dmigs pa'i yoṅs su rtog pa'i khyad par 'byuṅ ba de yaṅ **ṅa rgyal** te / srid pa'i dbaṅ du byas nas mu bźir rnam par bźag[7] go //

[1] om. G　[2] [3] *ltos* CD　[4] *khaṅs* N　[5] *byed* C　[6] *du* CD　[7] *gźag* CDG

（C 254a1–4, D 257a2–5, G 351b3–352a1, N 283b7–284a4, P 294b7–295a3; Lindtner〔1979〕p. 126, *l.* 20–p. 127, *l.* 2, Zh, vol. 60, p. 1577, *l.* 12–p. 1578, *l.* 3）

参考文献（1）

Munimatālaṃkāra

【原語】māna
【チベット語訳】ṅa rgyal

【定義的用例１】（māna 全般）

〔原文〕

mānaḥ saptadhā / tatrātmānaṃ parato bhūtenābhūtena ca viśeṣeṇa parikalpayato manyamānasya yaś cittaprakṛter vikārāpattihetuś caitasiko dharmaḥ kliṣṭo 'yaṃ sāmānyena **mānaḥ** /

（李・加納［2015］p. 25, *ll*. 19–21）

〔チベット語訳〕

ṅa rgyal ni rnam pa bdun te de la yaṅ dag pa'am yaṅ dag pa ma yin pas gźan las bdag khyad par 'phags par rtog ciṅ sems pa gaṅ źig sems kyi raṅ bźin gyi rnam par 'gyur ba ltuṅ ba'i rgyu sems las[1] byuṅ ba'i chos ñon moṅs pa can 'di ni **ṅa rgyal** gyi spyi'o //

[1] *yas* N

（C 131b1–2, D 131b7–132a1, G 207a5–6, N 151b5–7, P 156b8–157a2; Akahane and Yokoyama［2015］p. 100, *ll*. 10–13, 磯田［1991］p. 4, *ll*. 13–16, Zh, vol. 63, p. 1198, *l*. 19–p. 1199, *l*. 2）

【先行研究における翻訳】

〔原文からの和訳〕

慢は七種である。その中で、事実に即した違い、あるいは、事実に即さない違いにもとづいて、他人と比較して自らを思い描いて驕る〔場合、その〕人の心の本性に変化をもたらす原因である、汚れた心所法が、広くいえば、**慢**である。

（李ほか 近刊予定）

【定義的用例２】（七種類の māna の一番目）

〔原文〕

tasya pravṛttibhedād bhedaḥ // tatra śrutaśīlakularūpaiśvaryādibhir hīnād ātmānaṃ hīnaṃ sadṛśam adhikaṃ vā sadṛśena sadṛśaṃ vopalabhya parikalpaviśeṣo **mānaḥ** //

（李・加納［2015］p. 25, *l*. 21–p. 26, *l*. 1）

〔チベット語訳〕

de ni 'jug pa'i bye brag gis tha dad pa ste de la[1)] thos pa daṅ tshul khrims daṅ rigs daṅ gzugs daṅ dbaṅ phyug la sogs pa rnams kyis dman pa las bdag ñid dman pa daṅ 'dra ba daṅ lhag pa'am mtshuṅs pa daṅ mtshuṅs par ñe bar dmigs nas yoṅs su rtog pa'i khyad par ni **ṅa rgyal** lo //

1) *las* GNP

（C 131b2–3, D 132a1–2, G 207a6–b2, N 151b7–152a1, P 157a2–3; Akahane and Yokoyama［2015］p. 100, *ll*. 15–19, 磯田［1991］p. 4, *ll*. 16–19, Zh, vol. 63, p. 1199, *ll*. 2–7）

【先行研究における翻訳】

〔原文からの和訳〕

それの発現の区別によって〔七種の〕区別がある。その中で、学識、道徳、家柄、容姿、権力などの点で、劣った者よりも自分が劣っている、同等である、あるいは優れていると、もしくは同等の者と同等であると認識した後に〔発現する〕特別な思い込み（parikalpaviśeṣa）が**慢**である。

（李ほか 近刊予定）

参考文献（2）

Abhidharmāvatāra

【チベット語訳】ṅa rgyal
【漢訳】慢

【定義的用例１】（māna 全般）

〔チベット語訳〕

bdag daṅ gźan la dmigs nas sems kheṅs pa'i mtshan ñid skyes bu[1)] reṅs pa lta bu'i chos ni **ṅa rgyal** lo //

1) *pa* P

（C 308b6–7, D 307b6, G 498b6, N 410a5–6, P 399b4–5; Dhammajoti［2008］p. 224, *ll*. 27–28, Zh, vol. 82, p. 1563, *ll*. 1–2）

〔漢訳〕

慢結者謂三界**慢**。以自方他徳類差別心恃舉相說名爲**慢**。如傲逸者凌篾於他。

（T, vol. 28, 982c26–27）

【先行研究における翻訳と訳例】

〔チベット語訳からの和訳〕

自をも他をも対象として〔生ずる〕、倣ぶりの相あること不動鬼 stabdha-puruṣa の如き法が、**慢**である。

（櫻部［1997］p. 207）

〔漢訳からの英訳〕conceit

The **conceit** fetter (*māna-saṃyojana*) is the **conceit** in the three spheres. It is named **conceit** as it is characterized by mental elevation (*unnati*) when one compares one's own virtues with those of others, as in the case of an arrogant person (*stabdha-puruṣa*) depreciating others.

（DHAMMAJOTI［2008］p. 87）

〔漢訳からの仏訳〕orgueil

L'entrave d'**orgueil** (*mānasaṃyojana*) représente l'**orgueil** dans le triple monde (*traidhātuka*). Si, à la suite d'une comparaison des différences (*viśeṣa*) de qualités (*guṇa*) et de classe entre soi-même et autrui, la pensée (acquiert) un caractère de suffisance (*unnati*), on dit qu'il y a **orgueil** (*māna*), tout comme quand un homme méprisant fustige un autre avec une lamelle de bambou.

（VELTHEM［1977］p. 22）

【定義的用例２】（七種類の māna の一番目）

〔チベット語訳〕

… ṅa rgyal ni chuṅ ṅu bas bdag rus daṅ rigs daṅ gzugs daṅ / nor daṅ thos pa daṅ / tshul khrims daṅ / bzo la sogs pa dag gis bye brag tu 'phags pa 'am / rus la sogs pa 'dra ba daṅ [1] mtshuṅs so sñam pa de'i rgyu las byuṅ ba'i sems de ni **ṅa rgyal** źes bya'o //

[1] GNP insert /.

（C 308b7–309a1, D 307b7–308a1, G 499a1–3, N 410a7–b1, P 399b6–7; DHAMMAJOTI［2008］p. 224, *ll*. 34–37, Zh, vol. 82, p. 1563, *ll*. 5–8）

〔漢訳〕

謂因族姓財位色力持戒多聞工巧等事。若於劣謂已勝。或於等謂己等。由此令心高舉名**慢**。

（T, vol. 28, 982c29–983a2）

【先行研究における翻訳と訳例】

〔チベット語訳からの和訳〕

… **慢**とは、〔自らより〕劣ったものに対してわれは家柄や種族や容貌や財産や見聞の知識や平生の振舞や技芸などにおいて〔彼より〕勝れているとし、家柄その他が似通っているものに対して〔われは彼と〕等しいとする、それを因として生ずるこの〔傲ぶる〕心のはたらきが**慢**といわれる。

（櫻部［1997］pp. 207–208）

〔漢訳からの英訳〕

If, with regard to these — clan (*kula*), lineage (*gotra*), wealth (*dhana*), appearance (*varṇa*), strength (*bala*), observance of the precepts (*śīla*), learning (*bāhuśrutya*), skill in the arts and crafts (*śilpa*) etc. — others are inferior and one claims that one is superior, or others are equal to one, and one claims that one is equal; the mental elevation so produced is named ***māna***.

（Dhammajoti［2008］p. 87）

〔漢訳からの仏訳〕orgueil

Si, eu égard à son clan (*gotra*), ses richesses (*artha*), sa prestance (*rūpa*), sa force (*bala*), sa moralité (*śīla*), son érudition (*śruta*), son habileté (*kauśalya*), etc., on se considère supérieur à un petit ou égal à un moyen et que la pensée s'en exalte, il s'agit d'**orgueil** (proprement dit) (*hīnād viśiṣṭaḥ samena vā samo 'smīti manyamānasyonnatir mānaḥ*).

（Velthem［1977］pp. 22–23）

58. vicikitsā

【七十五法】pp. 154–155【百法】pp. 104–106【パーリ文献】pp. 205–207

Madhyamakapañcaskandhaka

【訳例】疑念
【チベット語訳】the tshom

【定義的用例】

〔和訳〕

〔四〕諦や三宝などに対して、あるのかないのかという両方のあり方で働く (1 汚れた知（→18. prajñā）による拘束（結）を本質とするものが**疑念**である 1)。それが**疑念**の拘束と言われる。

1)『牟尼意趣荘厳』には「汚れた知であり、疑惑（saṃśaya）を本質とするものである」とあり、『中観五蘊論』の解説との間に差が見られる。ここでは『中観五蘊論』のチベット語訳に従って和訳する。

〔チベット語訳〕

bden pa daṅ [1] dkon mchog gsum la sogs pa la yod pa daṅ med pa'i rnam pa gñis su rab tu źugs pa'i śes rab ñon moṅs pa can gyis kun tu[2] sbyor ba'i bdag ñid ni **the tshom** ste / de ni **the tshom** gyi[3] kun tu[4] sbyor ba źes bya'o //

1) GNP insert /.　2) *du* CD　3) *gyis* G　4) *du* CD

（C 255b6–7, D 258b7–259a1, G 354a6–b1, N 286a2–3, P 297a2–3; Lindtner［1979］p. 130, *ll*. 3–6, Zh, vol. 60, p. 1582, *ll*. 3–5）

参考文献（1）

Munimatālaṃkāra

【原語】vicikitsā
【チベット語訳】the tshom

【定義的用例】

〔原文〕

satyaratnatrayādiṣv astināstyākāradvayapravṛttā kliṣṭā prajñā saṃśayātmikā **vicikitsā** //

（李・加納［2015］p. 26, *ll.* 20–21）

〔チベット語訳〕

the tshom ni[1)] bden pa daṅ dkon mchog gsum la sogs pa rnams la yod med gñis ka'i rnam par źugs pa ñon moṅs pa can gyi śes rab dogs pa'i bdag ñid do //

[1)] *daṅ* CD

（C 132a2, D 132b1, G 208a6–b1, N 152b3–4, P 157b6–7; Akahane and Yokoyama［2015］p. 103, *ll.* 1–4, 磯田［1991］p. 4, *ll.* 39–41, Zh, vol. 63, p. 1200, *ll.* 6–9）

【先行研究における翻訳】

〔原文からの和訳〕

〔四〕諦や三宝などに対して、あるないという二種類のあり方で働く、汚れた慧であり、疑念を本体とするものが、**疑**である。

（李ほか 近刊予定）

参考文献（2）

Abhidharmāvatāra

【チベット語訳】the tshom
【漢訳】疑

【定義的用例】

〔チベット語訳〕

the tshom ni sdug bsṅal daṅ kun 'byuṅ ba daṅ / 'gog pa daṅ lam źes bya ba bden pa rnams la[1)] yid gñis za ba / lam kha brag daṅ rtswa[2)] mi 'dra ba'i chos yin te /

'di sdug bsṅal yin nam 'di sdug bsṅal ma yin sñam pa la sogs pa'o // **the tshom** ñid kun tu[3] sbyor bas / **the tshom** gyi kun tu[4] sbyor ba'o //

[1] om. GNP [2] *rtsa* CD [3] [4] *du* CD

（C 309b5–6, D 308b4–5, G 500a5–6, N 411a6–b1, P 400b4–5; Dhammajoti［2008］p. 227, *ll*. 5–8, Zh, vol. 82, p. 1565, *ll*. 5–9）

〔漢訳〕

疑結者謂於四聖諦令心猶豫。如臨岐路見結草人躊躇不決。如是於苦心生猶豫爲是爲非。乃至廣説。**疑**即是結故名**疑**結。

（T, vol. 28, 983b1–4）

【先行研究における翻訳と訳例】

〔チベット語訳からの和訳〕

疑 vicikitsā とは、苦・集・滅・道という〔四〕諦に疑惑 vimati をいだくことである。岐れ道に至ってこの道を行くまいか行こうかと惑うごとき法であって、これは苦であるか苦でないかなどということである。**疑**がすなわち結であるから、**疑**結である。

（櫻部［1997］p. 209）

〔漢訳からの英訳〕doubt

The **doubt** fetter (*vicikitsā-saṃyojana*) is that which causes hesitation (*vimati*) in the mind with regard to the Four Noble Truths. It is like [a man] being undecided when confronted with an intersection or a straw-man. [In the first case he is uncertain as to which is the right way to take; in the second case, he is uncertain — when seeing from afar or in darkness — as to whether it is a real man or simply a straw-man]. Likewise, there arises hesitation as to the truth or falsehood of the [Truth of] Unsatisfactoriness (*duḥkha*); etc. The **doubt** itself is the fetter, therefore it is named the **doubt**-fetter.

（Dhammajoti［2008］p. 89）

〔漢訳からの仏訳〕doute

L'entrave du **doute** (*vicikitsāsaṃyojana*) est une hésitation (*vimati*) de la pensée à l'endroit des quatre vérités saintes (*caturāryasatya*). Ainsi, lorsqu'on s'approche d'une bifurcation (*śṛṅgāṭaka*, *catuṣpatha)* et qu'on voit un homme qui lie des herbes, on hésite (*cirāyati*) et on ne se décide pas. Vis-à-vis de (la vérité sur) la douleur (*duḥkha*), la pensée produit ce genre d'hésitation (*vimati*) : ou bien elle est (vraie) ou bien elle n'est pas (vraie). Il en va de même pour les (trois) autres vérités. C'est en tant qu'entrave (*saṃyojana*) que le **doute** est appelé entrave du **doute** (*vicikitsāsaṃyojana*).

(VELTHEM [1977] p. 26)

59. prāpti

【七十五法】pp. 156–158【百法】pp. 215–218【パーリ文献】pp. 208–211

Madhyamakapañcaskandhaka

【訳例】獲得
【チベット語訳】thob pa

【定義的用例】

〔和訳〕

…(1 **獲得**とは何か。取得と保有である。〔獲得は〕二〔種類〕であり、未だ獲得していないものと失ったものを取得することと、取得したものを保持することである 1)。

1)『中観五蘊論』のチベット語訳によれば、「獲得とは何か。取得と保有の二〔種類〕である」となるが、原文は『牟尼意趣荘厳』や『倶舎論』の解説と同一であると考えられるため、それを参考に和訳する。

〔チベット語訳〕

… a…**thob pa** gaṅ źe na / rñed pa daṅ ldan pa gñis te /[1] ma thob pa daṅ / rnam par ñams pa las so sor rñed pa daṅ / thob nas kun tu[2] ldan pa'o //…a

1) om. C　2) *du* G

a AKBh ad II. 36: tatra tāvat

prāptir lābhaḥ samanvayaḥ /　36b

dvividhā hi prāptir aprāptavihīnasya ca lābhaḥ pratilabdhena ca samanvāgamaḥ / (p. 62, *ll.* 14–16; 櫻部〔1969〕pp. 301–302)

（C 261b5–6, D 265a5, G 363a5–6, N 293a5, P 303b8–304a1; Lindtner〔1979〕p. 142, *ll.* 5–8, Zh, vol. 60, p. 1597, *ll.* 9–11）

参考文献（1）

Munimatālaṃkāra

【原語】prāpti
【チベット語訳】thob pa

【定義的用例】

〔原文〕

... **prāptir** lābhaḥ samanvayaḥ / sā dvidhā / aprāpter vihīnasya ca lābhaḥ pratilabdhena ca samanvāgamaḥ /

（李・加納［2015］p. 34, *ll.* 7–8）

〔チベット語訳〕

... **thob pa** ni rñed pa daṅ yaṅ dag par ldan pa'o // de'aṅ[1] rnam pa gñis ni ma thob pa daṅ ñams pa rñed pa daṅ thob pa yaṅ dag par ldan pa'o //

[1] *de yaṅ* CD

（C 135a3, D 135b1, G 213b6–214a1, N 156b5–6, P 162a6; Akahane and Yokoyama［2015］p. 116, *ll.* 4–6, 磯田［1991］p. 8, *ll.* 27–28, Zh, vol. 63, p. 1207, *ll.* 19–21）

【先行研究における翻訳】

〔原文からの和訳〕

... **得**とは、獲得と保持である。〔つまり〕それ（得）は二種であり、未だ得ていないものと失われたものの獲得、および獲得したものを随伴維持することである。

（李ほか 近刊予定）

参考文献（2）

Abhidharmāvatāra

【チベット語訳】'thob pa
【漢訳】得

【定義的用例】

〔チベット語訳〕

chos 'di daṅ ldan pa ñid du źes ṅes par bsñad pa'i rgyu ni **'thob pa**'o // 'di na ni gdon mi za bar chos rnam pa gsum ste / dge ba daṅ mi dge ba daṅ / luṅ du ma bstan pa'o // de la dge ba ni dad pa la sogs pa'o // mi dge ba ni 'dod chags la sogs pa'o // luṅ du ma[1)] bstan pa ni sprul pa'i sems la sogs pa'o // de rnams gaṅ dag la yod pa de dag ni chos 'di daṅ ldan pa'o // de'i dṅos po ni chos 'di daṅ ldan pa ñid do // de'i ṅes par bsñad pa'i rgyu'i chos gaṅ yin pa de ni **'thob pa** ste / rñed pa daṅ ldan pa źes kyaṅ bya'o //

[1)] *mi* CD

（C 317b3–5, D 316b3–5, G 512a3–5, N 420b7–421a2, P 409b4–6; Dhammajoti［2008］p. 245, *ll.* 26–32, Zh, vol. 82, p. 1584, *ll.* 5–12）

〔漢訳〕

得謂稱説有法者。因法有三種。一淨二不淨三無記。淨謂信等。不淨謂貪等。無記謂化心等。若成此法名有法者。稱説此定因名**得**獲成就。

（T, vol. 28, 986a28–b2）

【先行研究における翻訳と訳例】

〔チベット語訳からの和訳〕

この法を有することを称説する因が**得**である。これについて、〔一般的にいって〕三種の法のあることが定まっている。善・不善・無記である。この中、善とは信などである。不善とは貧などである。無記とは化心 nirmāṇacitta などである。ある人の上に、これら〔善・不善・無記の〕法が存するのが、「この法を有する」である。その状態が「この法を有すること」である。それを称説する因である法がすなわち**得**であって、獲 lābha と成就 samanvāgama ともいわれる。

（櫻部［1997］pp. 225–226）

〔漢訳からの英訳〕 acquisition

Acquisition (*prāpti*) is the cause (*kāraṇa*) which permits the affirmation: "One is in possession of a certain *dharma* (*dharmavat*)". There are three kinds of *dharma*-s: pure (*śubha*), impure (*aśubha*) and non-defined (*avyākṛta*). The pure *dharma*-s comprise faith etc.; the impure, greed, etc.; and the non-defined, the mind of transformation (*nirmāṇacitta*), etc. One who possesses [any of] these *dharma*-s is said to be "in possession of the *dharma*". The cause of certitude for such an assertion is named **acquisition** (*prāpti*), obtainment (*lābha*, *prati-lābha*/*pratilambha*), and endowment (*samanvāgama*).

(DHAMMAJOTI [2008] p. 108)

〔漢訳からの仏訳〕 possession

De la **possession** (*prāpti*), on peut dire qu'elle est la cause de l'affirmation : «Il y en a qui ont certains dharma». Ces derniers peuvent être de trois espèces : bons (*śubha*), mauvais (*aśubha*) ou indéterminés (*avyākṛta*). Les bons dharma sont la foi (*śraddhā*), etc., les mauvais sont la convoitise (*rāga*), etc., les indéterminés la pensée de création (*nirmāṇacitta*), etc. Celui qui a acquis ces dharma est nommé «possesseur de dharma». On proclame qu'il y a à cela une cause certaine (*niścitahetu*) dite «**possession**» (*prāpti*), acquisition (*pratilambha*) ou obtention (*samanvāgama*).

(VELTHEM [1977] p. 54)

60. aprāpti

【七十五法】pp. 159–160【百法】なし【パーリ文献】なし

Madhyamakapañcaskandhaka

【訳例】不獲得
【チベット語訳】ma thob pa

【定義的用例】

〔和訳〕

不獲得はそれ（獲得, →59. prāpti）と反対である。

〔チベット語訳〕

ma thob pa ni de las bzlog pa'o //

（C 262a1, D 265a7, G 363b2, N 293b1, P 304a3; Lindtner［1979］p. 142, *l*. 17, Zh, vol. 60, p. 1597, *l*. 18）

参考文献（1）

Munimatālaṃkāra

【原語】aprāpti
【チベット語訳】ma thob pa

【定義的用例】

〔原文〕

viparyayād **aprāptiḥ** //

（李・加納［2015］p. 34, *l*. 8）

〔チベット語訳〕

bzlog pa las **ma thob pa**'o //

（C 135a3, D 135b2, G 214a1, N 156b6, P 162a7; Akahane and Yokoyama［2015］p. 116, *l*. 6, 磯田［1991］p. 8, *ll*. 28–29, Zh, vol. 63, p. 1207, *l*. 21）

【先行研究における翻訳】

〔原文からの和訳〕

非得はその反対である。

（李ほか 近刊予定）

参考文献（2）

Abhidharmāvatāra

【チベット語訳】'thob pa med pa
【漢訳】非得

【定義的用例】

〔チベット語訳〕

de las bzlog pa ni **'thob pa med pa**r rig par bya'o //

（C 318a1–2, D 317a1–2, G 512b4, N 421a7, P 410a3–4; Dhammajoti［2008］p. 246, *ll*. 21–22, Zh, vol. 82, p. 1585, *ll*. 5–6）

〔漢訳〕

應知**非得**與此相違。

（T, vol. 28, 986b13–14）

【先行研究における翻訳と訳例】

〔チベット語訳からの和訳〕

それの逆が**非得**であると知るべきである。

（櫻部［1997］p. 226）

60. aprāpti

〔漢訳からの英訳〕non-acquisition

Non-acquisition (*aprāpti*) is the contrary to this.

（DHAMMAJOTI［2008］p. 109）

〔漢訳からの仏訳〕non-possession

Il faut se représenter la **non-possession** (*aprāpti*) comme étant le contraire.

（VELTHEM［1977］p. 55）

61. sabhāgatā

【七十五法】pp. 161–163【百法】pp. 222–224【パーリ文献】なし

Madhyamakapañcaskandhaka

【訳例】同類性
【チベット語訳】skal ba mñam pa

【定義的用例】

〔和訳〕

同類性とは何か。有情の共通性である。それは有情の類似性であり、有情にとっての共通するものを欲する因である。

〔チベット語訳〕

[a]...**skal ba mñam pa** gaṅ źe na / sems can rnams mtshuṅs pa'o // de ni sems can rnams kyi 'dra ba ste / sems can rnams la gcig tu 'dod[1)] pa'i rgyu'o...[a] //

1) *'ded* D

a ADV ad II. 134:

ekārtharucihetur yaḥ sattvānāṃ sa sabhāgatā / (134ab)

sabhāgatā nāma dravyaṃ / sattvānām ekārtharuciḥ sādṛśyahetubhūtam / nikāyasabhāga ity asya śāstrasaṃjñā / (p. 89, *ll*. 4–6; 三友［2007］pp. 383–384)

（C 262a4, D 265b4, G 363b6–364a1, N 293b5, P 304a7–8; Lindtner［1979］p. 143, *ll*. 2–4, Zh, vol. 60, p. 1598, *ll*. 8–10）

参考文献（1）

Munimatālaṃkāra

【原語】sabhāgatā
【チベット語訳】rigs mthun pa ñid

【定義的用例】

〔原文〕

sabhāgatā sattvasāmyaṃ sattvasādṛśyaṃ sattvānām ekārthābhirucitāhetuḥ //

（李・加納［2015］p. 35, *ll*. 3–4）

〔チベット語訳〕

rigs mthun pa ñid ni sems can mtshuṅs pa daṅ sems can 'dra ba ñid de sems can rnams don gcig [1] mṅon par 'dod pa'i rgyu'o //

[1] CD insert *par*.

（C 135a7, D 135b5–6, G 214b1, N 157a4–5, P 162b5; AKAHANE and YOKOYAMA［2015］p. 117, *ll*. 10–11, 磯田［1991］p. 8, *l*. 40–p. 9, *l*. 1, Zh, vol. 63, p. 1208, *ll*. 14–15）

【先行研究における翻訳】

〔原文からの和訳〕

同分とは、衆生たちにある共通性、衆生たちにある類似性、衆生たちが同一の対象を好むことの原因である。

（李ほか 近刊予定）

参考文献（2）

Abhidharmāvatāra

【チベット語訳】skal ba mñam pa ñid
【漢訳】衆同分

【定義的用例】

〔チベット語訳〕

skal ba mñam pa ñid ni sems can rnams kyi don gcig la 'dod pa'i rgyu'o //

（C 320a1–2, D 319a1, G 515b5, N 424a3, P 412a6–7; DHAMMAJOTI［2008］p. 251, *ll*. 12–13, Zh, vol. 82, p. 1590, *l*. 2）

61. sabhāgatā

〔漢訳〕

諸有情類同作事業同樂欲因名**衆同分**。

（T, vol. 28, 987b4–5）

【先行研究における翻訳と訳例】

〔チベット語訳からの和訳〕

同分 sabhāgatā は有情が同一の目的を欲求する因である。

（櫻部［1997］p. 230）

〔漢訳からの英訳〕 group-homogeneity

The **group-homogeneity** is the cause for the similarities in striving and inclination among sentient beings (*sattvānām ekārtharuciḥ sādṛśyahetubhūta*).

（Dhammajoti［2008］p. 115）

〔漢訳からの仏訳〕 similitude d'espèce

Toutes les catégories d'êtres présentent des similitudes d'activités (*kriyāsabhāgatā*) et des similitudes de désirs (*chandasabhāgatā*) dont la cause (*hetu*) a nom : **similitude d'espèce** (*nikāyasabhāga*).

（Velthem［1977］pp. 63–64）

62. āsaṃjñika

【七十五法】pp. 164–166【百法】pp. 238–241【パーリ文献】なし

Madhyamakapañcaskandhaka

【訳例】表象作用がないこと
【チベット語訳】'du śes med pa

【定義的用例】

〔和訳〕

表象作用がないこととは何か。無想有情天に生まれた者にとっての心と心所法の抑止である。

〔チベット語訳〕

[a]...**'du śes med pa** gaṅ źe na / 'du śes med pa'i sems can lha rnams kyi naṅ du skyes pa'i sems daṅ sems las byuṅ ba'i chos rnams 'gog pa gaṅ yin pa'o...[a] //

[a]『品類足論』:滅定云何。謂已離無所有處染止息想作意為先心心所滅。(T, vol. 26, 694a21–22)

PSk: āsañjñikaṃ katamat / asañjñisamāpattiphalaṃ / asañjñisattveṣu deveṣūpapannasyāsthāvarāṇāṃ cittacaitasikānāṃ dharmānāṃ yo nirodhaḥ / (p. 15, *ll.* 1–3)

AS: āsaṃjñikaṃ katamat / asaṃjñisattveṣu deveṣūpapannasyāsthāvarāṇāṃ cittacaitasikānāṃ dharmānāṃ nirodhe āsaṃjñikam iti prajñaptiḥ // (p. 18, *ll.* 27–28)

(C 262a3–4, D 265b3, G 363b5–6, N 293b4, P 304a6–7; Lindtner［1979］p. 142, *ll.* 28–30, Zh, vol. 60, p. 1598, *ll.* 5–7)

参考文献（1）

Munimatālaṃkāra

【原語】āsaṃjñika
【チベット語訳】'du śes med pa pa

【定義的用例】

〔原文〕

āsaṃjñikam asaṃjñisamāpatteḥ phalam / asaṃjñisattveṣu deveṣūpapannasya yaś cittacaitasikānāṃ dharmāṇāṃ nirodhaḥ //

（李・加納［2015］p. 34, *l.* 17–p. 35, *l.* 1）

〔チベット語訳〕

'du śes med pa pa[1)] ni 'du śes med pa'i sñoms par 'jug pa'i 'bras bu ste / 'du śes med pa'i sems can gyi lhar skyes pa'i gaṅ sems daṅ sems las byuṅ ba'i chos rnams 'gog pa'o //

[1)] om. N

（C 135a6–7, D 135b4–5, G 214a5–6, N 157a3–4, P 162b3–4; Akahane and Yokoyama［2015］p. 117, *ll.* 3–6, 磯田［1991］p. 8, *ll.* 37–39, Zh, vol. 63, p. 1208, *ll.* 10–13）

【先行研究における翻訳】

〔原文からの和訳〕

無想果とは、無想定の果である。無想有情天に生まれた者にとっての、心、心所の諸法の滅である。

（李ほか 近刊予定）

参考文献（2）

Abhidharmāvatāra

【チベット語訳】'du śes med pa
【漢訳】無想事

【定義的用例】

〔チベット語訳〕

'du śes med pa'i sems kyi khrod /[1)] lha rnams kyi naṅ du skyes pa rnams kyi sems daṅ sems las byuṅ ba'i gcod pa'i chos gźan [(2]rnam par smin pa las byuṅ ba / 'du śes med pa'i sñoms par 'jug pa'i[2] rnam par smin pa'i 'bras bu gaṅ yin pa de ni **'du śes med pa** ste / lha 'bras bu che ba źes bya ba gaṅ yin pa de dag gi phyogs gcig pa ni 'du śes med pa ste / dper na bsam gtan daṅ po'i phyogs gcig ni bsam gtan khyad par can lta bu'o //

[1] // CD [2] om. GNP

（C 319b1–3, D 318b1–3, G 515a2–3, N 423b2–3, P 411b6–8; Dhammajoti［2008］p. 250, *ll.* 2–10, Zh, vol. 82, p. 1588, *l.* 18–p. 1589, *l.* 3）

〔漢訳〕

若生無想有情天中有法能令心心所滅名**無想事**。是實有物。是無想定異熟果故名異熟生。無記性攝。即廣果天中有一勝處如中間靜慮名無情天。

（T, vol. 28, 987a13–17）

【先行研究における翻訳と訳例】

〔チベット語訳からの和訳〕

無想有情天 asaṃjñisattvadeva の中に生じたるものの心・心所の断なる別法であって、〔無想定の〕異熟果なるものがすなわち**無想** āsaṃjñika である。広果 bṛhatphala〔天〕と呼ばれるところ〔の天〕の一処が無想〔有情天〕である。たとえば、初静慮の一処が中間定 dhyānāntara である如くである。

（櫻部［1997］p. 229）

〔漢訳からの英訳〕ideationlessness

For those born among the deities who are ideationless beings (*asaṃjñi-sattveṣu deveṣūpapannānām*) there is a *dharma* named **ideationlessness** (*āsaṃjñika*) which causes the cessation of the thought and thought-concomitants. It is a real entity (*dravya*). It is said to be "born of retribution" (*vipākaja*), being the retribution-fruit (*vipākaphala*) of the ideationless-attainment, and [therefore] non-defined. The heaven named the Ideationless Heaven is an elevated abode in the Great-fruit heaven (*Bṛhatphala*), just as [in the heaven of the Brahma-purohita of the first *dhyāna*, there is an elevated abode named] the Intermediate *Dhyāna* (*dhyānāntara*) [which is the residence of the *Mahābrahman* deities].

（Dhammajoti［2008］p. 113）

62. āsaṃjñika

〔漢訳からの仏訳〕état inconscient

Si l'on naît chez les dieux «êtres inconscients» (*asaṃjñisattvadeva*), on y trouve un dharma pouvant supprimer pensée (*citta*) et mentaux (*caitta*) et qu'on nomme «**état inconscient**» (*āsaṃjñika*). Celui-ci est réel (*dravyataḥ*). Etant fruit de rétribution (*vipākaphala*) du recueillement sans conscience (*asaṃjñisamāpatti*), il est dit «né en rétribution» (*vipākaja*). Sa nature est indéterminée (*avyākṛta*). Il y a chez les dieux «Grands Fruits» (*bṛhatphaladeva*) une place surélevée (*viśiṣṭasthāna*), analogue à la *dhyānāntarikā*; (y habitent ceux qu'on) nomme les «dieux inconscients» (*asaṃjñideva*).

（VELTHEM［1977］p. 60）

63. asaṃjñisamāpatti

【七十五法】pp. 167–169【百法】pp. 228–232【パーリ文献】なし

Madhyamakapañcaskandhaka

【訳例】表象作用がない精神統一
【チベット語訳】'du śes med pa'i sñoms par 'jug pa

【定義的用例】

〔和訳〕

表象作用がない精神統一とは何か。遍浄天の貪欲を離れてはいるが、〔それよりも〕上の〔貪欲を離れてい〕ない者にとっての、出離の表象作用（→14. saṃjñā）が先行する注意（→20. manaskāra）による、心と心所法の抑止である。

〔チベット語訳〕

[a]…**'du śes med pa'i**[1] **sñoms par 'jug pa** gaṅ źe na / dge rgyas kyi 'dod chags daṅ bral ba goṅ ma'i ma yin pa ṅes par 'byuṅ ba'i 'du śes sṅon du btaṅ ba'i yid la byed pas sems daṅ sems las byuṅ ba'i chos 'gog pa gaṅ yin pa'o…[a] //

[1] *pa* P

[a]『品類足論』: 無想定云何。謂已離遍淨染未離上染出離想作意為先心心所滅。（T, vol. 26, 694a19–20）

PSk: asañjñisamāpattiḥ katamā / śubhakṛtsnavītarāgasya nordhvaṃ niḥsaraṇasañjñāpūrvakeṇa manasikāreṇāsthāvarāṇāṃ cittacaitasikānāṃ dharmāṇāṃ yo nirodhaḥ / (p. 14, *ll.* 7–9)

AS: asaṃjñisamāpattiḥ katamā / śubhakṛtsnavītarāgasyo[parya]vītarāgasya niḥsaraṇasaṃjñāpūrvakeṇa manasikāreṇāsthāvarāṇāṃ cittacaitasikānāṃ dharmāṇāṃ nirodhe asaṃjñisamāpattir iti prajñaptiḥ / (p. 18, *ll.* 23–25)

（C 262a1–2, D 265b1–2, G 363b3–4, N 293b2–3, P 304a4–5; Lindtner［1979］p. 142, *ll.* 20–23, Zh, vol. 60, p. 1597, *l.* 20–p. 1598, *l.* 2）

参考文献（1）

Munimatālaṃkāra

【原語】asaṃjñisamāpatti
【チベット語訳】'du śes med pa'i sñoms par 'jug pa

【定義的用例】

〔原文〕

asaṃjñisamāpattiḥ śubhakṛtsnavītarāgasyopary avītarāgasya niḥśaraṇasaṃjñāpūrvakeṇa manasikāreṇa yaś cittacaittānāṃ dharmāṇāṃ nirodhaḥ //

（李・加納［2015］p. 34, *ll.* 13–14）

〔チベット語訳〕

'du śes med pa'i sñoms par 'jug pa ni dge rgyas kyi 'dod chags daṅ bral la goṅ ma'i 'dod chags daṅ ma bral ba'i ṅes par 'byuṅ ba'i 'du śes sṅon du btaṅ ba'i yid la byed pas sems daṅ sems las byuṅ ba'i chos rnams 'gog pa gaṅ yin pa'o //

（C 135a4–5, D 135b3, G 214a3–4, N 156b7–157a2, P 162a8–b2; Akahane and Yokoyama［2015］p. 116, *ll.* 13–17, 磯田［1991］p. 8, *ll.* 32–35, Zh, vol. 63, p. 1208, *ll.* 4–7）

【先行研究における翻訳】

〔原文からの和訳〕

無想定とは、遍浄天では離欲しているが、それよりも上では離欲していない者にとっての、出離の想念を前提とした作意による、心、心所の諸法の滅である。

（李ほか 近刊予定）

参考文献（2）

Abhidharmāvatāra

【チベット語訳】'du śes med pa'i sñoms par 'jug pa
【漢訳】無想定

【定義的用例】

〔チベット語訳〕

bsam gtan gsum pa'i 'dod chags daṅ bral ba / bsam gtan bźi pa'i sa pa [1] sems daṅ sems las byuṅ ba [2] 'jug pa daṅ mi mthun pa mi ldan pa'i chos ni [3] **'du śes med pa'i sñoms par 'jug pa** źes bya'o // sems daṅ sems las byuṅ ba thams cad 'gag[4] kyaṅ 'du śes 'jig pa'i sgo nas de bskyed pas 'du śes ñid du ston te / pḥa rol gyi sems śes pa bźin no //

[1] [2] [3] CD insert /. [4] *'gags* CD

（C 319a1–2, D 318a1–2, G 514a4–6, N 422b6–423a1, P 411a5–7; Dhammajoti［2008］p. 248, *l.* 34–p. 249, *l.* 3, Zh, vol. 82, p. 1587, *ll.* 13–17）

〔漢訳〕

已離第三靜慮染未離第四靜慮染第四靜慮地心心所滅有不相應法名**無想定**。雖滅一切心心所法而起此定專爲除想。故名無想。如他心智。

（T, vol. 28, 986c25–28）

【先行研究における翻訳と訳例】

〔チベット語訳からの和訳〕

第三静慮より離貧した人にとって、第四静慮地の心・心所の生起することに背く不相応法が、**無想定** asaṃjñisamāpatti といわれる。すべての心・心所が滅するのだけれども、想 saṃjñā を滅尽することによってこ〔の定〕を生ずるから無想定〔といわれる。他者の心をも心所をも知るのだけれども、他心心所智といわずただ〕他心智〔という〕如くである。

（櫻部［1997］p. 228）

〔漢訳からの英訳〕ideationless attainment

When one has been detached with regard to the third, but not to the fourth *dhyāna*, there is a disjoined *dharma*, named the **ideationless attainment**, [which can cause] the cessation of the thought and thought-concomitants of one in the stage of the fourth *dhyāna*. Although all thought and thought-concomitants are ceased when one produces this attainment; it [specifically] receives the name "Ideationless" as it is [practised] for the special purpose of eradicating ideations (*saṃjñā*). It is like the name "Knowledge of Others' Thought" [given to that knowledge specially concerned with the knowing of others' mind, even though it knows both the thought and the thought-concomitants of others].

（DHAMMAJOTI［2008］p. 112）

〔漢訳からの仏訳〕recueillement sans conscience

Lorsqu'on s'est détaché de la troisième sphère d'extase (*tṛtīyadhyānavirakta*), mais point de la quatrième, on peut avoir un dharma dissocié (*viprayukta*) qui détruit la pensée (*citta*) et les mentaux (*caitta*) de la terre de quatrième extase. Ce dharma a nom : «**recueillement sans conscience**» (*asaṃjñisamāpatti*). Quoiqu'on détruise toute pensée (*citta*) et tous dharma mentaux (*caitasika-dharma*) en produisant ce recueillement, on l'appelle «sans conscience» (*asaṃ-jñin*) (en considérant) spécialement le fait qu'il exclut les notions (*saṃjñā*). De façon analogue, on parle du «savoir de la pensée d'autrui» (*paracittajñāna*).

（VELTHEM［1977］pp. 58–59）

64. nirodhasamāpatti

【七十五法】pp. 170–172【百法】pp. 233–237【パーリ文献】なし（cf. nirodha: pp. 212–215）

Madhyamakapañcaskandhaka

【訳例】抑止の精神統一
【チベット語訳】'gog pa'i sñoms par 'jug pa

【定義的用例】

〔和訳〕

抑止の精神統一とは何か。無所有処の貪欲を離れた者にとっての、寂静に住まうことの表象作用（→14. saṃjñā）が先行する注意（→20. manaskāra）による、心と心所法の抑止である[1]。

[1]『中観五蘊論』のチベット語訳は ci yaṅ med pa'i skye mched las 'dod chags とするが、『牟尼意趣荘厳』のチベット語訳を参考に、las を la と訂正して理解する。また、それに続く箇所では、『中観五蘊論』のチベット語訳は 'dod chags daṅ bral ba gnas pa'i とするが、『牟尼意趣荘厳』と『阿毘達磨集論』の解説を参考に、'dod chags daṅ bral ba'i źi bar gnas pa'i と訂正して理解する。なお、この箇所に関しては、『牟尼意趣荘厳』では、サンスクリット（mokṣavihāra）とチベット語訳（źi bar gnas pa）に差が見られ、『五蘊論』のチベット語訳は、『中観五蘊論』と同様に、śānta に相当する語を欠く。

〔チベット語訳〕

[a...]**'gog pa'i sñoms par 'jug pa** gaṅ źe na / ci yaṅ med pa'i skye mched las[1] 'dod chags daṅ bral ba[2] gnas pa'i 'du śes sṅon du btaṅ ba'i yid la byed pas sems daṅ sems las byuṅ ba'i chos 'gog pa gaṅ yin pa'o[...a] //

[1] sic read *la*. [2] sic read *ba'i źi bar*.

[a]『品類足論』: 無想定云何。謂已離遍淨染未離上染出離想作意為先心心所滅。（T, vol. 26, 694a19–20）

PSk: nirodhasamāpattiḥ katamā / ākiñcanyāyatanavītarāgasya bhavāgrād uccalitasya śānta-vihārasañjñāpūrvakena manasikāreṇāsthāvarāṇām ekatyānāṃ ca sthāvarāṇāṃ cittacaitasikānāṃ dharmāṇāṃ yo nirodhaḥ / (p. 14, *ll.* 10–13)

AS: nirodhasamāpattiḥ katamā / ākiñcanyāyatanavītarāgasya bhavāgrād calitasya śāntavihārasaṃjñāpūrvakena manasikāreṇāsthāvarāṇām cittacaitasikānāṃ dharmāṇāṃ nirodhe nirodhasamāpattir iti prajñaptiḥ // (p. 18, *ll.* 25–27)

（C 262a2 3, D 265b2–3, G 363b4–5, N 293b3–4, P 304a5–6; Lindtner［1979］p. 142, *ll.* 24–27, Zh, vol. 60, p. 1598, *ll.* 2–5）

参考文献（1）

Munimatālaṃkāra

【原語】 nirodhasamāpatti
【チベット語訳】 'gog pa'i sñoms par 'jug pa

【定義的用例】

〔原文〕

nirodhasamāpattir ākiñcanyāyatanavītarāgasya mokṣavihārasaṃjñāpūrvakeṇa manasikāreṇa yaś cittacaitasikānāṃ dharmāṇāṃ nirodhaḥ //

（李・加納［2015］p. 34, *ll.* 15–17）

〔チベット語訳〕

'gog pa'i sñoms par 'jug pa ni ci yaṅ med pa'i skye mched la 'dod chags daṅ bral ba'i źi bar gnas pa'i 'du śes sṅon du btaṅ ba'i yid la byed pas gaṅ sems daṅ sems las byuṅ ba'i chos rnams 'gog pa'o //

（C 135a5–6, D 135b3–4, G 214a4–5, N 157a2–3, P 162b2–3; Akahane and Yokoyama［2015］p. 116, *l.* 19–p. 117, *l.* 1, 磯田［1991］p. 8, *ll.* 35–37, Zh, vol. 63, p. 1208, *ll.* 4–10）

【先行研究における翻訳】

〔原文からの和訳〕

滅尽定とは、無処有処において出離した者にとっての、解脱住の想念を前提とした作意による、心、心所の諸法の滅である。

（李ほか 近刊予定）

参考文献（2）

Abhidharmāvatāra

【チベット語訳】'gog pa'i sñoms par 'jug pa
【漢訳】滅定

【定義的用例】

〔チベット語訳〕

'gog pa'i sñoms par 'jug pa ni ci yaṅ med pa'i skye mched kyi 'dod chags daṅ bral ba [1)] srid pa'i rtse mo'i sems daṅ sems las byuṅ ba 'jug pa daṅ mi mthun pa'i chos so // 'byuṅ ba chen po mñam pa ñid du byed pas sñoms par 'jug pa'o //

[1)] CD insert /.

（C 319a4–5, D 318a4–5, G 514b2–3, N 423a3–4, P 411b1–2; Dhammajoti［2008］p. 249, *ll*. 14–17, Zh, vol. 82, p. 1588, *ll*. 2–5）

〔漢訳〕

滅定者謂已離無所有處染有頂心心所法滅有不相應法。能令大種平等相續故名爲（1 **定滅** 1）。

[1)] sic read 滅定. 大正蔵は「定滅」とするが、脚注に挙げられる宋元明本と宮内省本の異読を採り、「滅定」と読む。

（T, vol. 28, 987a2–4）

【先行研究における翻訳と訳例】

〔チベット語訳からの和訳〕

滅尽定 nirodhasamāpatti とは、無所有処より離貪し、有頂〔地〕の心・心所の生起することに背く法である。〔身体を構成している〕大種を平静 sama ならしめるから定 samāpatti である。

（櫻部［1997］p. 229）

64. nirodhasamāpatti

〔漢訳からの英訳〕cessation-attainment

When one has been detached with regard to the abode of no-thingness (*ākiṃcanyāyatana*), there is a disjoined *dharma* [which can cause] the cessation of the thought and thought-concomitants of one in [the stage of] the existence-peak. As it causes the even (*sama*) continuation of the Great Elements, it is named the **cessation-attainment** (*nirodha-samāpatti*).

(DHAMMAJOTI〔2008〕p. 112)

〔漢訳からの仏訳〕recueillement d'extinction

Le **recueillement d'extinction** (*nirodhasamāpatti*) est un dharma dissocié (*viprayukta*) qui, une fois qu'on s'est détaché du lieu du néant (*ākiṃcanyāyatanavirakta*), détruit les pensées et les mentaux du sommet de l'existence (*bhavāgra*) et réalise la série égale des grands éléments (*mahābhūtasamatāsādhanā*). Pour toutes ces raisons, il est dit «**recueillement d'extinction**» (*nirodhasamāpatti*).

(VELTHEM〔1977〕p. 59)

65. jīvitendriya

【七十五法】pp. 173–174【百法】pp. 219–221【パーリ文献】pp. 216–218

Madhyamakapañcaskandhaka

【訳例】生命力
【チベット語訳】srog gi dbaṅ po

【定義的用例】

〔和訳〕

生命力とは何か。三界における寿命である。

〔チベット語訳〕

srog gi dbaṅ po gaṅ źe na / khams gsum pa'i tshe'o //

（C 262a4, D 265b3–4, G 363b6, N 293b4–5, P 304a7; Lindtner［1979］p. 143, *l*. 1, Zh, vol. 60, p. 1598, *ll*. 7–8）

参考文献（1）

Munimatālaṃkāra

【原語】jīvitendriya
【チベット語訳】srog gi dbaṅ po

【定義的用例】

〔原文〕

jīvitendriyaṃ traidhātukam āyuḥ //

（李・加納［2015］p. 35, *l*. 3）

〔チベット語訳〕

srog gi dbaṅ po ni khams gsum pa'i tshe'o //

（C 135a7, D 135b5, G 214b1, N 157a4, P 162b4–5; Akahane and Yokoyama［2015］p. 117, *l.* 8, 磯田［1991］p. 8, *ll.* 39–40, Zh, vol. 63, p. 1208, *l.* 13）

【先行研究における翻訳】

〔原文からの和訳〕

命根とは、三界所属の寿命である。

（李ほか 近刊予定）

参考文献（2）

Abhidharmāvatāra

【チベット語訳】srog gi dbaṅ po
【漢訳】命根

【定義的用例】

〔チベット語訳〕

khams gsum pa'i tshe sṅon gyi las kyis 'phaṅs[1] pa skye mched drug gi rgyun 'brel pa gnas pa'i rgyur gyur pa / 'gro bar gdags[2] pa'i rgyu gaṅ yin pa de ni **srog gi dbaṅ po** źes bya'o //

[1] *'phoṅs* CD　[2] *gdag* GP

（C 319b5, D 318b5, G 515a6–b1, N 423b5–6, P 412a2–3; Dhammajoti［2008］p. 250, *ll.* 23–25, Zh, vol. 82, p. 1589, *ll.* 9–12）

〔漢訳〕

先業所引六處相續無間斷因依之施設四生五趣是名**命根**亦名爲壽。

（T, vol. 28, 987a22–23）

【先行研究における翻訳と訳例】

〔チベット語訳からの和訳〕

先の業によって引かれた三界の寿であって、六処が相続して絶えないことの因となる、趣〔としての生存〕を立てる因なるもの、がすなわち**命根** jīvitendriya といわれる。

（櫻部［1997］p. 230）

〔漢訳からの英訳〕vital faculty

[A real entity] projected by previous *karma*, serving as the cause for the uninterrupted series of the six entrances (*āyatana*) [of the human personality], and forming the basis for the designation (*prajñapti*) of the four births and the five planes of existences — this is named the **vital faculty**. It is also called the life-principle (*āyus*).

（Dhammajoti［2008］p. 114）

〔漢訳からの仏訳〕organe vital

Les six bases (*ṣaḍāyatana*) sont projetées (*ākṣipta*) par les actes antérieurs (*pūrvakarman*). A cause de la non-destruction de la série (*saṃtānāvipranāśa*), on leur désigne un support (*āśrayaprajñapti*) dans les quatre voies de naissance (*yoni*) et les cinq destinées (*gati*). Ce support a nom «**organe vital**» (*jivitendri-ya*) ou «longévité» (*āyuḥ*).

（Velthem［1977］p. 62）

66. jāti

【七十五法】pp. 175–176【百法】pp. 252–254【パーリ文献】なし

Madhyamakapañcaskandhaka

【訳例】生起
【チベット語訳】skye ba

【定義的用例】

〔和訳〕

生起とは何か。グループ（蘊）が生じることである。

〔チベット語訳〕

[a]…**skye ba** gaṅ źe na / phuṅ po mṅon par 'grub pa'o…[a] //

[a]『品類足論』: 生云何。謂令諸蘊起。（T, vol. 26, 694a25–26）

（C 262a5, D 265b5, G 364a2, N 293b6, P 304b1; Lindtner〔1979〕p. 143, *l*. 9, Zh, vol. 60, p. 1598, *l*. 13）

参考文献（1）

Munimatālaṃkāra

【原語】jāti
【チベット語訳】skye ba

【定義的用例】

〔原文〕

jātiḥ skandhābhinirvṛttiḥ //

（李・加納〔2015〕p. 35, *l*. 4）

〔チベット語訳〕

skye ba ni phuṅ po mṅon par grub pa'o //

（C 135b1, D 135b6, G 214b1–2, N 157a5, P 162b5–6; Akahane and Yokoyama［2015］p. 117, *l*. 13, 磯田［1991］p. 9, *l*. 1, Zh, vol. 63, p. 1208, *ll*. 15–16）

【先行研究における翻訳】

〔原文からの和訳〕

生とは、蘊の生起（abhinirvṛtti）である。

（李ほか 近刊予定）

参考文献（2）

Abhidharmāvatāra

【チベット語訳】 skye ba
【漢訳】 生

【定義的用例】

〔チベット語訳〕

skye ba ni chos skye ba'i naṅ gi yan lag ste / raṅ gi nus pa 'thob pa'i rgyu'o // chos skye ba'i rgyu gñis te / naṅ gi yan[1)] lag daṅ [2)] phyi'i yan lag go // de la naṅ gi yan lag ni **skye ba**'o // phyi'i yan lag ni rgyu daṅ rkyen rnams so //

[1)] *ya ne* C　[2)] CD insert /.

（C 320a6–7, D 319a6, G 516a4–5, N 424b2–3, P 412b4–5; Dhammajoti［2008］p. 252, *ll*. 6–8, Zh, vol. 82, p. 1590, *ll*. 18–21）

〔漢訳〕

諸法生時有内因力令彼獲得各別功能。即此内因説名**生**相。謂法生因總有二種。一内二外。内謂**生**相。外謂六因或四縁性。

（T, vol. 28, 987b18–20）

66. jāti

【先行研究における翻訳と訳例】

〔チベット語訳からの和訳〕

生 jāti は法を生ずる内の支であって、〔法がそれ〕自らの能力を得ることの因である。法を生ずる因は二であって、内の支と外の支とである。その中、内の支とは**生**である。外の支とは因と縁とである。

（櫻部［1997］p. 231）

〔漢訳からの英訳〕production

When *dharma*-s are produced, there is a force of internal cause which makes them achieve their specific functions (*vṛtti* / *vyāpāra* / *sāmarthya*). It is this internal cause that is called the **production**-characteristic (*jāti-lakṣaṇa*). The causes of production of *dharma*-s are two-fold: (i) internal and (ii) external. The former is the **production**-characteristic and the latter comprises the six causes (*hetu*) or the four conditions (*pratyaya*).

（DHAMMAJOTI［2008］p. 116）

〔漢訳からの仏訳〕naissance

Les dharma ont en naissant la force d'une cause interne (*adhyātmahetubala*) qui leur fait obtenir chacun une efficace (*vṛtti*) particulière. Semblable cause interne est nommée «caractère de **naissance**» (*jātilakṣaṇa*). Disons que les causes de la naissance des dharma sont de deux espèces : internes (*adhyātma)* ou externes (*bāhya*). Les internes constituent les caractères de **naissance** (*jātilakṣaṇa*) et les externes les six causes (*hetu*) et les quatre conditions (*pratyaya*).

（VELTHEM［1977］p. 65）

67. sthiti

【七十五法】pp. 177–178【百法】pp. 258–260【パーリ文献】なし

Madhyamakapañcaskandhaka

【訳例】存続
【チベット語訳】gnas pa

【定義的用例】

〔和訳〕

存続とは何か。生じた諸法が消失しないことである。

〔チベット語訳〕

[a]…**gnas pa** gaṅ że na / skyes pa'i chos rnams [1] rnam par mi ñams pa'o…[a] //

[1] G inserts *rnam*.

[a]『品類足論』: 住云何。謂令已生諸行不壞。(T, vol. 26, 694a26–27)

（C 262a6, D 265b5–6, G 364a2–3, N 293b7, P 304b1–2; Lindtner［1979］p. 143, *ll*. 11–12, Zh, vol. 60, p. 1598, *ll*. 14–15）

参考文献（1）

Munimatālaṃkāra

【原語】sthiti
【チベット語訳】gnas pa

【定義的用例】

〔原文〕

sthitir utpannānāṃ dharmāṇām avināśaḥ //

（李・加納［2015］p. 35, *l*. 5）

〔チベット語訳〕

gnas pa ni skyes pa'i chos rnams ma źig pa'o //

（C 135b1, D 135b6, G 214b2, N 157a5, P 162b6; Akahane and Yokoyama［2015］p. 117, *ll*. 14–15, 磯田［1991］p. 9, *l*. 2, Zh, vol. 63, p. 1208, *ll*. 16–17）

【先行研究における翻訳】

〔原文からの和訳〕

住とは、生起した諸法が滅していないことである。

（李ほか 近刊予定）

参考文献（2）

Abhidharmāvatāra

【チベット語訳】gnas pa
【漢訳】住

【定義的用例】

〔チベット語訳〕

gnas pa ni 'bras bu gźan 'phen pa'i dus kyi gnas kyi rgyu ste / chos gnas na 'bras bu gźan 'phen nus par 'gyur ro // de bas na gaṅ gi dbaṅ gis 'bras bu 'phen pa'i chos de ni **gnas pa** źes bya'o //

（C 320a7–b1, D 319a7–b1, G 516a6–b1, N 424b3–4, P 412b6–7; Dhammajoti［2008］p. 252, *ll*. 15–17, Zh, vol. 82, p. 1591, *ll*. 3–5）

〔漢訳〕

能引別果暫時住因説名**住**相。謂有爲法於暫住時各有勢力能引別果令暫時住。此引別果勢力内因説名**住**相。

（T, vol. 28, 987b23–26）

【先行研究における翻訳と訳例】

〔チベット語訳からの和訳〕

住 sthiti は別な果を引く、〔法を〕暫らく〔現在に〕とどまらしめる因である。法は〔現在に〕とどまる時、別な果を引き得ることとなる。このゆえに、その力によって〔有為〕法が〔等流〕果を引くところのものが**住**といわれる。

（櫻部［1997］p. 231）

〔漢訳からの英訳〕duration

The cause which enables [a *dharma*] to stay temporarily, so as to be able to project a distinct fruit, is named the **duration**-characteristic (*sthiti*): When a conditioned *dharma* is staying temporarily, it has the power of projecting a distinct fruit. This internal cause, which enables [a *dharma*] to stay temporily[1)] in this power of projecting a distinct fruit, is named the **duration**-characteristic.

1) sic read *temporarily*.

（DHAMMAJOTI［2008］p. 116）

〔漢訳からの仏訳〕durée

La cause d'une durée temporaire se nomme «caractère de **durée**» (*sthiti-lakṣaṇa*). Les dharma conditionnés (*saṃskṛta*), dès qu'ils sont là un instant, ont une puissance qui leur confère le fruit spécial (*anyaphala*) de durée momentanée. La cause interne (*adhyātmahetu*) de la puissance qui projette ledit fruit spécial est appelée «caractère de **durée**» (*sthitilakṣaṇa*).

（VELTHEM［1977］p. 65）

68. jarā

【七十五法】pp. 179–180【百法】pp. 255–257【パーリ文献】なし

Madhyamakapañcaskandhaka

【訳例】変異
【チベット語訳】rga ba

【定義的用例】

〔和訳〕

変異とは何か。グループ（蘊）が熟することである。

〔チベット語訳〕

[a…]**rga ba** gaṅ źe na / phuṅ po yoṅs[1)] su smin pa'o[…a] //[2)]

[1)] *yoṅ* G [2)] / CGNP

[a] 『品類足論』: 老云何。謂令諸蘊熟。（T, vol. 26, 694a26）

（C 262a5–6, D 265b5, G 364a2, N 293b6–7, P 304b1; Lindtner［1979］p. 143, *l.* 10, Zh, vol. 60, p. 1598, *ll.* 13–14）

参考文献（1）

Munimatālaṃkāra

【原語】jarā
【チベット語訳】rga ba

【定義的用例】

〔原文〕

jarā skandhaparipākaḥ //

（李・加納［2015］p. 35, *ll.* 4–5）

〔チベット語訳〕

rga ba ni phuṅ po yoṅs su smin pa'o //

（C 135b1, D 135b6, G 214b2, N 157a5, P 162b6; Akahane and Yokoyama［2015］p. 117, *ll*. 13–14, 磯田［1991］p. 9, *ll*. 1–2, Zh, vol. 63, p. 1208, *l*. 16）

【先行研究における翻訳】

〔原文からの和訳〕

老とは、蘊の円熟である。

（李ほか 近刊予定）

参考文献（2）

Abhidharmāvatāra

【チベット語訳】rga ba
【漢訳】老

【定義的用例】

〔チベット語訳〕

dga'[1)] **ba** ni 'bras bu gñis pa 'phen nus pa la gnod pa'i rgyu'o //

1) sic read *rga*.

（C 320b1, D 319b1, G 516b1, N 424b4–5, P 412b7; Dhammajoti［2008］p. 252, *l*. 21, Zh, vol. 82, p. 1591, *ll*. 6–7）

〔漢訳〕

老謂衰損引果功能令其不能重引別果。

（T, vol. 28, 987b27–28）

【先行研究における翻訳と訳例】

〔チベット語訳からの和訳〕

老 jarā は〔重ねて〕第二の果を引く能力をさまたげる因である。

（櫻部［1997］p. 231）

68. jarā

〔漢訳からの英訳〕 deterioration

Deterioration (*jarā*) is that which impairs (*vi-*√*han*) [a *dharma*'s] efficacy of projecting fruit, rendering it incapable of further projecting another distinct fruit.

（DHAMMAJOTI［2008］p. 116）

〔漢訳からの仏訳〕 vieillesse

La **vieillesse** (*jarā*) signifie «destruction». Elle projette un fruit dont l'efficace (*sāmarthya*) est de rendre incapable de reproduire le fruit spécial (*anyaphala*) (de durée).

（VELTHEM［1977］p. 65）

69. anityatā

【七十五法】pp. 181–182【百法】pp. 261–263【パーリ文献】なし

Madhyamakapañcaskandhaka

【訳例】無常
【チベット語訳】mi rtag pa

【定義的用例】

〔和訳〕

無常とは何か。生じた有為（縁起的な存在）が消失することである。

〔チベット語訳〕

[a]…**mi rtag pa** gaṅ źe na / 'dus byas skyes pa rnams rnam par 'jig pa'o…[a] //

[a]『品類足論』: 無常云何。謂令已生諸行滅壊。(T, vol. 26, 694a27–28)

（C 262a6, D 265b6, G 364a3, N 293b7, P 304b2; Lindtner［1979］p. 143, *ll*. 13–14, Zh, vol. 60, p. 1598, *ll*. 15–16）

参考文献（1）

Munimatālaṃkāra

【原語】anityatā
【チベット語訳】mi rtag pa ñid

【定義的用例】

〔原文〕

anityatā utpannānāṃ dharmāṇāṃ vināśaḥ //

（李・加納［2015］p. 35, *ll*. 5–6）

〔チベット語訳〕

mi rtag pa ñid ni skyes pa'i chos rnams 'jig pa'o //

（C 135b1, D 135b6, G 214b2, N 157a5–6, P 162b6–7; Akahane and Yokoyama［2015］p. 117, *ll*. 15–16, 磯田［1991］p. 9, *ll*. 2–3, Zh, vol. 63, p. 1208, *ll*. 17–18）

【先行研究における翻訳】

〔原文からの和訳〕

無常性とは、生起した諸法が滅することである。

（李ほか 近刊予定）

参考文献（2）

Abhidharmāvatāra

【チベット語訳】mi rtag pa ñid
【漢訳】無常、滅

【定義的用例】

〔チベット語訳〕

mi rtag pa ñid ni gnod par byed nus pa 'das par byed pa'i rgyu ste / chos gaṅ gis da ltar las spos nas 'das par byed pa'i chos de ni **mi rtag pa** de ñid ces bya'o //

（C 320b2, D 319b2, G 516b2–3, N 424b5–6, P 412b8–413a1; Dhammajoti［2008］p. 252, *ll*. 27–29, Zh, vol. 82, p. 1591, *ll*. 9–11）

〔漢訳〕

無常者謂功能損已令現在法入過去因。謂有別法名爲**滅**相。令從現在墮過去世。

（T, vol. 28, 987c2–4）

【先行研究における翻訳と訳例】

〔チベット語訳からの和訳〕

無常性 anityatā はさまたげをなす能力を過去とする因である。〔有為法を〕現在から転じて過去とならしめるところの法がすなわちこの**無常性**である。

（櫻部［1997］p. 232）

〔漢訳からの英訳〕 impermanence, disappearance

Impermanence (*anityatā*) is that which causes a present *dharma*, whose activity having been impaired [by the deterioration-characteristic] to enter into the past: There exists a distinct *dharma* named **disappearance** — [or **impermanence** —] characteristic (*vyaya-lakṣaṇa*) which causes [a *dharma*] to go from the present into the past.

（Dhammajoti［2008］p. 116）

〔漢訳からの仏訳〕 impermanence, destruction

L'**impermanence** (*anityatā*) est une efficace qui cause l'entrée des dharma présents (*pratyutpanna*) dans le passé (*atīta*), après leur altération. C'est dire qu'il y a un dharma distinct nommé «caractère de **destruction**» (*vyayalakṣaṇa*) réalisant la sortie hors du présent et la chute dans le passé.

（Velthem［1977］p. 66）

70. nāmakāya

【七十五法】pp. 183–184【百法】pp. 242–244【パーリ文献】pp. 219–220

Madhyamakapañcaskandhaka

【訳例】名称の集合
【チベット語訳】miṅ gi tshogs

【定義的用例】

〔和訳〕

名称の集合とは何か。命名することが名称である。

〔チベット語訳〕

miṅ gi tshogs gaṅ źe na / [a]…miṅ 'dogs pa ñid ni miṅ ṅo…[a] //

[a] AKBh ad II. 47: saṃjñākaraṇaṃ nāma / tadyathā rūpaṃ śabda ity evamādiḥ / (p. 80, *l.* 13; 櫻部〔1969〕p. 346)

ADV: nāmaparyāyaḥ saṃjñākaraṇaṃ yathā ghaṭa iti / (p. 109, *l.* 12; 三友〔2007〕p. 407)

（C 262a6, D 265b6, G 364a3, N 293b7, P 304b2; LINDTNER〔1979〕p. 143, *l.* 15, Zh, vol. 60, p. 1598, *ll.* 16–17）

参考文献（1）

Munimatālaṃkāra

【原語】nāmakāya
【チベット語訳】miṅ gi tshogs

【定義的用例】

〔原文〕

nāmakāyāḥ saṃjñāyā adhivacanam etat /

（李・加納［2015］p. 35, *l*. 8）

〔チベット語訳〕

miṅ gi tshogs ni miṅ gi tshig bla dags[1] 'di'o //

[1] *dwags* CD

（C 135b1, D 135b6, G 214b2–3, N 157a6, P 162b7; Akahane and Yokoyama［2015］p. 117, *l*. 18, 磯田［1991］p. 9, *ll*. 3–4, Zh, vol. 63, p. 1208, *l*. 18）

【先行研究における翻訳】

〔原文からの和訳〕

名身とは、名称（saṃjñā）の同義語（adhivacana）がそれである。

（李ほか 近刊予定）

参考文献（2）

Abhidharmāvatāra

【チベット語訳】miṅ gi tshogs
【漢訳】名身

【定義的用例】

〔チベット語訳〕

da ni **miṅ gi tshogs** la sogs pa brjod par bya'o // de la gaṅ dag ṅag rnams la rag las te skye ba / śes pa bźin du don gyi tshul gyis[1] gnas lta bu'i rnam par[2] raṅ gi don khoṅ du chud par byed pa /[3] 'du śes daṅ / ṅag daṅ /[4] yi ge'i 'bru źes rnam graṅs gźan gyis brjod par bya ba de dag ni / go rims bźin du miṅ daṅ [5] tshig daṅ [6] yi ge rnams śes par bya'o // … (7de la[7] gzugs sgra źes bya ba la sogs pa'o // … miṅ daṅ tshig daṅ (8yi ge so so na maṅ ba ni / **miṅ** daṅ / tshig daṅ /[8] yi ge'**i tshogs** rnams (9źes bya'o[9] //

[1] *gyi* GNP [2] *pa* GNP [3) 4] om GNP [5) 6] CD insert /. [7] sic read *de la miṅ ni*. See AA（Ch.）: 此中名者謂色等想。（T, vol. 28, 988a3）and SS: *miṅ gi dpe bstan pa'i phyir / de la miṅ ni źes bya ba la sogs pa smos so //*（D 293b5, P 383b1） [8] om. GNP [9] *śes pa'o* CD

（C 321a3–b2, D 320a3–b2, G 517a6–518a1, N 425b2–426a1, P 413b2–414a1; Dhammajoti〔2008〕p. 254, *ll.* 2–30, Zh, vol. 82, p. 1592, *l.* 17–p. 1593, *l.* 17）

〔漢訳〕

名身句身文身等者謂依語生。如智帶義影像而現。能詮自義名名句文。即是想章字之異目。… 此中名者謂色等想。… 此三各別合集同類説之爲身。

（T, vol. 28, 987c23–988a7）

【先行研究における翻訳と訳例】

〔チベット語訳からの和訳〕

今や**名身**などが説かれなければならない。ここで、〔名 nāman・句 pada・文 vyañjana とは、〕ことば vāc によって生ずるものであり、あたかも智の如く、〔その〕対象の在り方をもって〔対象の体を生じて〕存在するに似た類〔の法〕であり、自らの対象をあらわすものであって、名想 saṃjñā・語句 vākya・字 akṣara という別な同義語によって言われるところのものが、その順序に、名・句・文であると知るべきである。… この中、〔名とは〕「色」「声」などというものである。… 名と句と文とのそれぞれの多数なるが**名**〔**身**〕（名のあつまり）・句〔**身**〕・文**身**である、という。

（櫻部〔1997〕pp. 233–234）

〔漢訳からの英訳〕 group of words

Words, phrases and syllables are those which are produced with the support of speech (*vāc*), and which causes the understanding [in each case] the respective signified (*svārtha-pratyāyaka*), in a similar manner as knowledge (*jñāna*), manifesting with the representation/image 影像 of the signified (*artha*). These are the synonyms, respectively, for name (*saṃjñā*); sentence (*vākya*) and phoneme (*akṣara*). … Here, by a word is meant a name, like "*rūpa*", etc. … When the three are assembled into their collection (*samukti*), they are known respectively as a group (*kāya*) [of words, of phrases, and of syllables].

（Dhammajoti〔2008〕pp. 118–119）

〔漢訳からの仏訳〕 groupe des noms

Pour ce qui est du **groupe des noms** (*nāmakāya*), du groupe des phrases (*pada-kāya*) et du groupe des phonèmes (*vyañjanakāya*), disons qu'ils naissent en s'appuyant sur la voix (*vāk*), qu'ils se manifestent comme des savoirs assumant l'apparence des choses (*artha*) et qu'ils peuvent rendre compte d'un sens spécifique. Parler de noms (*nāman*), de phrases (*pada*) ou de phonèmes (*vyañ-jana*), c'est utiliser une nomenclature autre que celle de «notions» (*saṃjñā*), «discours» (*vākya*), «sons vocaux» (*akṣara*). … Parmi eux, le nom est la notion même des visibles (*rūpasaṃjñā*) , etc. … Chacun de ces trois représente une collection (*samavāya*) particulière, un genre (*sabhāga*) dont l'appellation est «groupe» (*kāya*).

（VELTHEM ［1977］ pp. 68–69）

71. padakāya

【七十五法】pp. 185–187【百法】pp. 245–247【パーリ文献】なし

Madhyamakapañcaskandhaka

【訳例】文の集合
【チベット語訳】tshig gi tshogs

【定義的用例】

〔和訳〕

文の集合とは何か。諸々の意味に関して音節が揃っていることである。

〔チベット語訳〕

tshig gi tshogs gaṅ źe na / don dag gi yi ge yoṅs su rdzogs pa'o //

（C 262a6–7, D 265b6, G 364a3, N 294a1, P 304b2–3; LINDTNER［1979］p. 143, *l*. 17, Zh, vol. 60, p. 1598, *ll*. 17–18）

参考文献（1）

Munimatālaṃkāra

【原語】padakāya
【チベット語訳】tshig gi tshogs

【定義的用例】

〔原文〕

padakāyā akṣaraparipūrir eṣā /

（李・加納［2015］p. 35, *l*. 8）

〔チベット語訳〕

tshig gi tshogs ni yi ge yoṅs su rdzogs pa 'di'o //

（C 135b1–2, D 135b6–7, G 214b3, N 157a6, P 162b7; AKAHANE and YOKOYAMA［2015］p. 117, *ll.* 18–19, 磯田［1991］p. 9, *l.* 4, Zh, vol. 63, p. 1208, *ll.* 18–19）

【先行研究における翻訳】

〔原文からの和訳〕

句身とは、音節を揃えたもの（文）がそれである。

（李ほか 近刊予定）

参考文献（2）

Abhidharmāvatāra

【チベット語訳】tshig gi tshogs
【漢訳】句身

【定義的用例】

〔チベット語訳〕

da ni miṅ gi tshogs la sogs pa brjod par bya'o // de la gaṅ dag ṅag rnams la rag las te skye ba / śes pa bźin du don gyi tshul gyis[1)] gnas lta bu'i rnam par[2)] raṅ gi don khoṅ du chud par byed pa /[3)] 'du śes daṅ / ṅag daṅ /[4)] yi ge'i 'bru źes rnam graṅs gźan gyis brjod par bya ba de dag ni / go rims bźin du miṅ daṅ [5)] tshig daṅ [6)] yi ge rnams śes par bya'o // … de la … tshig ni yi ge'i 'bru ji sñed kyis / 'dod pa'i don yoṅs su rdzogs par 'gyur ba ste / dper na [7)] sdig pa thams cad mi bya'o [8)] źes bya ba la sogs pa tshigs su bcad pa daṅ / 'jig rten na yaṅ [(9]lhas byin pa[9)] dkar mo khrid de śog ces bya ba la sogs pa lta bu'o // … miṅ daṅ tshig daṅ [(10]yi ge so so na maṅ ba ni / miṅ daṅ / **tshig** daṅ /[10)] yi ge**'i tshogs** rnams [(11]źes bya'o[11)] //

[1)] *gyi* GNP [2)] *pa* GNP [3)] [4)] om. GNP [5)] [6)] [7)] [8)] CD insert /. [9)] *lha sbyin pa* CD, *lha byin pa* P [10)] om. GNP [11)] *śes pa'o* CD

（C 321a3–b2, D 320a3–b2, G 517a6–518a1, N 425b2–426a1, P 413b2–414a1; DHAMMAJOTI［2008］p. 254, *ll.* 2–30, Zh, vol. 82, p. 1592, *l.* 17–p. 1593, *l.* 17）

71. padakāya

〔漢訳〕

名身**句身**文身等者謂依語生。如智帶義影像而現。能詮自義名名句文。即是想章字之異目。… 此中 … 句者謂能詮義究竟。如説諸惡莫作等頌。世間亦説。提婆達多驅白牛來搆取乳等。… 此三各別合集同類説之爲身。

（T, vol. 28, 987c23–988a7）

【先行研究における翻訳と訳例】

〔チベット語訳からの和訳〕

今や名身などが説かれなければならない。ここで、〔名 nāman・句 pada・文 vyañjana とは、〕ことば vāc によって生ずるものであり、あたかも智の如く、〔その〕対象の在り方をもって〔対象の体を生じて〕存在するに似た類〔の法〕であり、自らの対象をあらわすものであって、名想 saṃjñā・語句 vākya・字 akṣara という別な同義語によって言われるところのものが、その順序に、名・句・文であると知るべきである。… この中、… 句とは、字（= 文）のある限りによって、〔語ろうと〕欲する意味が完全であることである。たとえば「すべての悪をなすなかれ」などという偈〔のごとくで〕あり、世間一般においても、「デーヴァダッタよ，白〔牛〕を牽いて来い、」などというごとくである。… 名と句と文とのそれぞれの多数なるが名〔身〕（名のあつまり）・**句**〔身〕・文**身**である、という。

（櫻部［1997］pp. 233–234）

〔漢訳からの英訳〕 group of phrases

Words, phrases and syllables are those which are produced with the support of speech (*vāc*), and which causes the understanding [in each case] the respective signified (*svārtha-pratyāyaka*), in a similar manner as knowledge (*jñāna*), manifesting with the representation/image 影像 of the signified (*artha*). These are the synonyms, respectively, for name (*saṃjñā*); sentence (*vākya*) and phoneme (*akṣara*). … Here, … By a phrase is meant that which expresses complete meaning; as for example the verse "Not to do evil", etc. In the world, people also utter [such statements as] "Devadatta, drive the white cow here for milking", etc. … When the three are assembled into their collection (*samukti*), they are known respectively as a group (*kāya*) [of words, of phrases, and of syllables].

（Dhammajoti［2008］pp. 118–119）

71. padakāya

〔漢訳からの仏訳〕 groupe des phrases

Pour ce qui est du groupe des noms (*nāmakāya*), du **groupe des phrases** (*pada-kāya*) et du groupe des phonèmes (*vyañjanakāya*), disons qu'ils naissent en s'appuyant sur la voix (*vāk*), qu'ils se manifestent comme des savoirs assumant l'apparence des choses (*artha*) et qu'ils peuvent rendre compte d'un sens spécifique. Parler de noms (*nāman*), de phrases (*pada*) ou de phonèmes (*vyañ-jana*), c'est utiliser une nomenclature autre que celle de «notions» (*saṃjñā*), «discours» (*vākya*), «sons vocaux» (*akṣara*). … Parmi eux, … La phrase (*pada*) est ce qui exprime les choses de manière développée, comme lorsqu'on prononce la stance : «Ne faites pas de péchés (*pāpa*), etc.», ou bien encore, mondainement : «Devadatta fouette la vache blanche, s'en va traire et prendre son lait». … Chacun de ces trois représente une collection (*samavāya*) particulière, un genre (*sabhāga*) dont l'appellation est «groupe» (*kāya*).

（VELTHEM〔1977〕pp. 68–69）

72. vyañjanakāya

【七十五法】pp. 188–189【百法】pp. 248–251【パーリ文献】なし

Madhyamakapañcaskandhaka

【訳例】音節の集合
【チベット語訳】yi ge'i tshogs

【定義的用例】

〔和訳〕

音節の集合とは何か。諸々のシラブルそれ自体が**音節の集合**と言われる。

〔チベット語訳〕

yi ge'i tshogs gaṅ źe na / yi ge rnams ñid **yi ge'i tshogs** źes brjod do //

（C 262a7, D 265b6–7, G 364a3–4, N 294a1, P 304b3; Lindtner〔1979〕p. 143, *ll*. 18–19, Zh, vol. 60, p. 1598, *ll*. 18–19）

参考文献（1）

Munimatālaṃkāra

【原語】vyañjanakāya
【チベット語訳】yi ge'i tshogs

【定義的用例】

〔原文〕

vyañjanakāyo 'kṣarāṇi //

（李・加納〔2015〕p. 35, *l*. 9）

〔チベット語訳〕

yi ge'i tshogs ni yi ge rnams so //

（C 135b2, D 135b7, G 214b3, N 157a6, P 162b7–8; Akahane and Yokoyama［2015］p. 117, *ll*. 19–20, 磯田［1991］p. 9, *ll*. 4–5, Zh, vol. 63, p. 1208, *ll*. 19–20）

【先行研究における翻訳】

〔原文からの和訳〕

文身とは、諸々の音節（単音節）である。

（李ほか 近刊予定）

参考文献（2）

Abhidharmāvatāra

【チベット語訳】yi ge'i tshogs
【漢訳】文身

【定義的用例】

〔チベット語訳〕

da ni miṅ gi tshogs la sogs pa brjod par bya'o // de la gaṅ dag ṅag rnams la rag las te skye ba / śes pa bźin du don gyi tshul gyis[1)] gnas lta bu'i rnam par[2)] raṅ gi don khoṅ du chud par byed pa /[3)] 'du śes daṅ / ṅag daṅ /[4)] yi ge'i 'bru źes rnam graṅs gźan gyis brjod par bya ba de dag ni / go rims bźin du miṅ daṅ [5)] tshig daṅ [6)] yi ge rnams śes par bya'o // … de la … yi ge[7)] ni 'di lta ste / a[8)] źes bya ba yi ge 'bru gcig go //[9)] miṅ daṅ tshig daṅ [(10]yi ge so so na maṅ ba ni / miṅ daṅ / tshig daṅ /[10)] **yi ge'i tshogs** rnams [(11]źes bya'o[11)] //

[1)] *gyi* GNP [2)] *pa* GNP [3) 4)] om. GNP [5) 6)] CD insert /. [7)] *ge'i* GNP [8)] *'aṅ* GNP [9)] om. N [10)] om. GNP [11)] *śes pa'o* CD

（C 321a3–b2, D 320a3–b2, G 517a6–518a1, N 425b2–426a1, P 413b2–414a1; Dhammajoti［2008］p. 254, *ll*. 2–30, Zh, vol. 82, p. 1592, *l*. 17–p. 1593, *l*. 17）

72. vyañjanakāya

〔漢訳〕

名身句身**文身**等者謂依語生。如智帶義影像而現。能詮自義名名句文。即是想章字之異目。… 此中 … 文者即是［褒-保+可］壹等字。此三各別合集同類説之爲身。

（T, vol. 28, 987c23–988a7）

【先行研究における翻訳と訳例】

〔チベット語訳からの和訳〕

今や名身などが説かれなければならない。ここで、〔名 nāman・句 pada・文 vyañjana とは、〕ことば vāc によって生ずるものであり、あたかも智の如く、〔その〕対象の在り方をもって〔対象の体を生じて〕存在するに似た類〔の法〕であり、自らの対象をあらわすものであって、名想 saṃjñā・語句 vākya・字 akṣara という別な同義語によって言われるところのものが、その順序に、名・句・文であると知るべきである。… この中、… 文とは、たとえば、アという一つの字の如きである。名と句と文とのそれぞれの多数なるが名〔身〕(名のあつまり)・句〔身〕・**文身**である、という。

（櫻部［1997］pp. 233–234）

〔漢訳からの英訳〕 group of syllables

Words, phrases and syllables are those which are produced with the support of speech (*vāc*), and which causes the understanding [in each case] the respective signified (*svārtha-pratyāyaka*), in a similar manner as knowledge (*jñāna*), manifesting with the representation/image 影像 of the signified (*artha*). These are the synonyms, respectively, for name (*saṃjñā*); sentence (*vākya*) and phoneme (*akṣara*). … Here, … By a syllable is meant a phoneme like "a", "i", etc. When the three are assembled into their collection (*samukti*), they are known respectively as a group (*kāya*) [of words, of phrases, and of syllables].

（Dhammajoti［2008］pp. 118–119）

〔漢訳からの仏訳〕 groupe des phonèmes

Pour ce qui est du groupe des noms (*nāmakāya*), du groupe des phrases (*pada-kāya*) et du **groupe des phonèmes** (*vyañjanakāya*), disons qu'ils naissent en s'appuyant sur la voix (*vāk*), qu'ils se manifestent comme des savoirs assumant l'apparence des choses (*artha*) et qu'ils peuvent rendre compte d'un sens spécifique. Parler de noms (*nāman*), de phrases (*pada*) ou de phonèmes (*vyañjana*), c'est utiliser une nomenclature autre que celle de «notions» (*saṃjñā*), «discours» (*vākya*), «sons vocaux» (*akṣara*). ... Parmi eux, ... Quant au phonème (*vyañjana*), c'est un son vocal (*akṣara*), a, i, ... Chacun de ces trois représente une collection (*samavāya*) particulière, un genre (*sabhāga*) dont l'appellation est «groupe» (*kāya*).

(VELTHEM [1977] pp. 68–69)

73. ākāśa

【七十五法】pp. 190–192【百法】pp. 283–285【パーリ文献】pp. 221–224

Madhyamakapañcaskandhaka

【訳例】空間
【チベット語訳】nam mkha'

【定義的用例】

〔和訳〕

… **空間**とは何か。諸々の物質的な存在（色）の場であり、物質的な要素が存在しないことが**空間**である。

〔チベット語訳〕

… [a…]**nam mkha'** gaṅ źe na / gaṅ gzugs rnams kyi go 'byed ciṅ gzugs med pa ni **nam mkha'**o[…a] //

[a] PSk: ākāśaṃ katamat / yo rūpāvakāśaḥ / (p. 18, *l*. 14)

AS: nam mkha' gaṅ źe na / gzugs med ciṅ byed pa thams cad kyi go 'byed pa'i phyir ro // (D 54a5, P 62b5, サンスクリット欠)

（C 263a2–3, D 266b3, G 365a4, N 294b5–6, P 305a8; Lindtner［1979］p. 145, *ll*. 3–5, Zh, vol. 60, p. 1600, *ll*. 14–15）

参考文献（1）

Munimatālaṃkāra

【原語】ākāśa
【チベット語訳】nam mkha'

【定義的用例】

〔原文〕

yo dharmo 'nyān dharmān nāvṛṇoty anyair vā nāvriyate tad anāvaraṇam avakāśadātṛ bhṛśam asyāntaḥ kāśante bhāvā ity **ākāśam** gaganam / asphuṭam asphāraṇīyaṃ rūpagatena //

（李・加納〔2015〕p. 38, *l*. 21–p. 39, *l*. 2）

〔チベット語訳〕

chos gaṅ chos gźan rnams mi sgrib pa'am gźan rnams kyi sgrib[1] bya ma yin pa de ni[2] mi sgrib la go skabs 'byed pa'o // 'di'i bar du dṅos po rnams śin tu[3] gsal ba'i phyir / bar gsal te **nam mkha'** yin la gzugs su gyur pas mi gsal la spror med pa'o //

[1] *bsgrib* CD [2] om. GNP [3] *du* P

（C 136b5–6, D 137a3–4, G 216b6–217a2, N 159a2–3, P 164b5–6; Akahane and Yokoyama〔2015〕p. 124, *ll*. 4–8, 磯田〔1991〕 p. 10, *ll*. 27–30, Zh, vol. 63, p. 1212, *ll*. 3–6）

【先行研究における翻訳】

〔原文からの和訳〕

他の諸法を覆い隠すことがない法、あるいは他〔の諸法〕によって覆い隠されることがない法は、覆いを持たず、間隙を提供するものであり、その中では（antaḥ）諸物がしっかりと（bhṛśaṃ）顕現する（kāśante）ので、**虚空**（ākāśa）という。つまり空間（gagana）である。色の種類としては明瞭でなく、広がることもない。

（李ほか 近刊予定）

参考文献（2）

Abhidharmāvatāra

【チベット語訳】nam mkha'
【漢訳】虚空

73. ākāśa

【定義的用例】

〔チベット語訳〕

nam mkha' ni bsags pa'i rdzas skye (1ba de'i1) skabs 'byed (2pa'i bdag ñid do2) //

1) *ba'i* G　2) *pa de'i bdag ñid ni nam mkha'o* CDP

（C 323a1, D 321b6, G 520a1, N 427b1, P 415b1; Dhammajoti［2008］p. 259, *l*. 2, Zh, vol. 82, p. 1596, *ll*. 19–20）

〔漢訳〕

容有礙物是**虚空**相。此増上力彼得生故。能有所容受是**虚空**性故。

（T, vol. 28, 988b25–26）

【先行研究における翻訳と訳例】

〔チベット語訳からの和訳〕

虚空 ākāśa は、〔極微の〕積集したものが生ずるための空間を性とする。

（櫻部［1997］p. 236）

〔漢訳からの英訳〕space

Space (*ākāśa*) has the characteristic of accommodating resistant things; as it is by the dominant (*adhipati*) force of this that they are capable of being produced, and as it is the nature of **Space** to be accommodative.

（Dhammajoti［2008］p. 124）

〔漢訳からの仏訳〕espace

Contenir les choses résistantes (*sapratighadravya*), voilà la caractéristique de l'**espace** (*ākāśa*). La force souveraine (*adhipatibala*) de ce dernier leur donne naissance. Sa nature propre est l'aptitude à recevoir tout ce qui peut être contenu.

（Velthem［1977］p. 74）

74. pratisaṃkhyānirodha

【七十五法】pp. 193–196【百法】pp. 286–289【パーリ文献】なし

Madhyamakapañcaskandhaka

【訳例】考察による抑止
【チベット語訳】so sor brtags pa'i 'gog pa

【定義的用例】

〔和訳〕

考察による抑止とは何か。抑止であり、それは〔有漏の諸法から〕離れることである。

〔チベット語訳〕

[a]…**so sor brtags pa'i 'gog pa** gaṅ źe na / gaṅ 'gog pa de ni 'bral ba'o…[a] //

[a] PSk: pratisaṅkhyānirodhaḥ katamaḥ / yo nirodhaḥ / sa ca visaṃyogaḥ / sa punaḥ kleśaprati-pakṣeṇa skandhānām atyantam anutpādaḥ / (p. 19, *ll*. 4–6)

AS: so sor brtags pas 'gog pa gaṅ źe na / gaṅ 'gog la de ni bral ba'o // (D 54a5–6, P 62b6, サンスクリット欠)

（C 263a3, D 266b4, G 365a4–5, N 294b6, P 305a8–b1; Lindtner〔1979〕p. 145, *ll*. 6–7, Zh, vol. 60, p. 1600, *ll*. 17–18）

参考文献（1）

Munimatālaṃkāra

【原語】pratisaṃkhyānirodha
【チベット語訳】so sor brtags pas 'gog pa

【定義的用例】

〔原文〕

pratisaṃkhyayāryayā prajñayā labhyaḥ **pratisaṃkhyānirodhas** tadyathā sopadhiśeṣo nirvāṇadhātur yatra kleśabandhanavimuktaskandhamātram //

（李・加納［2015］p. 39, *ll*. 3–4）

〔チベット語訳〕

so sor brtags pa 'phags pa'i[1)] śes rab kyis thob par bya ba ni **so sor brtags pas 'gog pa** ste / 'di ltar phuṅ po lhag ma daṅ bcas pa'i mya ṅan las 'das pa'i dbyiṅs te gaṅ du ñon moṅs pa'i 'chiṅ ba las rnam par grol ba'i phuṅ po tsam mo //

[1)] *pa* GNP

（C 136b6–7, D 137a4–5, G 217a2–3, N 159a3–5, P 164b6–8; AKAHANE and YOKOYAMA［2015］p. 124, *ll*. 10–13, 磯田［1991］p. 10, *ll*. 30–33, Zh, vol. 63, p. 1212, *ll*. 6–9）

【先行研究における翻訳】

〔原文からの和訳〕

択滅とは、択、つまり聖なる慧によって獲得されるもの（滅）である。すなわち有余依涅槃界のことであり、そこにおいては煩悩の束縛から解放された蘊だけがある。

（李ほか 近刊予定）

参考文献（2）

Abhidharmāvatāra

【チベット語訳】so sor brtags pas 'gog pa
【漢訳】擇滅

【定義的用例】

〔チベット語訳〕

so sor brtags pas 'gog pa ni sdug bsṅal spoṅ ba'o // sdug bsṅal gaṅ źe na [1)] mdor bsdu na / skye ba ni sdug bsṅal lo // 'di lta ste / dge sloṅ dag sdug bsṅal ni srid pa mṅon par 'grub pa'o źes rgya cher gsuṅs so // srid pa mṅon par 'grub pa'i 'jug pa de'i 'jug pa med pa ni spoṅ ba źes bya ste / rluṅ rgyu ba thogs par byed pa brag lta bur gnas pa gaṅ yin pa de ni / **so sor brtags pas 'gog pa** źes bya'o // 'dis bden pa bźi po dag la so sor brtags[2] pas / so sor brtags pa ste / blo'i bye brag dge ba'o // des 'gog pa thob pa gaṅ yin pa de ni **so sor brtags pas 'gog pa**'o //

[1] CD insert /. [2] *rtogs* GNP

（C 323a3–5, D 322a1–4, G 520a4–b1, N 427b4–6, P 415b5–8; DHAMMAJOTI［2008］p. 260, *ll.* 2–11, Zh, vol. 82, p. 1597, *ll.* 8–15）

〔漢訳〕

衆苦永斷説名**擇滅**。衆苦者何。謂諸生死。如世尊説。苾芻當知。諸有若生即説爲苦。諸有即是生死別名。有若不生名苦永斷。如堤堰水。如壁障風。令苦不生名爲**擇滅**。擇謂揀擇。即勝善慧於四聖諦數數簡擇。彼所得滅立**擇滅**名。

（T, vol. 28, 988c4–9）

【先行研究における翻訳と訳例】

〔チベット語訳からの和訳〕

択滅 pratisaṃkhyānirodha とは苦を断ずることである。苦とは何か。要するに生 jāti（生れること）は苦である。たとえば、「比丘らよ、苦は有 bhava（生存）を生ずることである、」云云と説かれている。有を生ずることを繰り返す〔のが苦で〕あり、それを繰り返すことが無くなるのが断といわれるのであって、風の行くのを障げる岩の如く在るものが**択滅**といわれる。これによって四諦を簡択するから択であり、〔それは〕すなわち特殊な覚知のはたらきである。そ〔の択〕によって得られる滅がすなわち**択滅**である。

（櫻部［1997］p. 237）

〔漢訳からの英訳〕cessation through deliberation

The absolute annihilation (*atyanta-prahāṇa*) of all unsatisfactoriness (*duḥkha*) [past, future and present] is named **cessation through deliberation** (*pratisaṃkhyā-nirodha*). What is unsatisfactoriness? Births and deaths. Thus, the Bhagavat has said, "The very production of becoming (*bhava*) is said to be unsatisfactoriness." The becomings are synonymous with births and deaths.

When no becoming is produced, it is said to be the absolute annihilation of unsatisfactoriness. The **cessation through deliberation** is that which causes the non-production of unsatisfactoriness — [A real entity which is a positive presence:] like a dike holding back the water or a screen blocking the wind. By deliberation (*pratisaṃkhyā*) is meant the deliberating (*pratisaṃkhyāna*). It is a special kind of wholesome understanding (*kuśalaprajñā-viśeṣa*). The **cessation through deliberation** is the name given to that cessation acquired through the repeated deliberation of this [understanding] with regard to the Four Noble Truths.

（DHAMMAJOTI［2008］p. 125）

〔漢訳からの仏訳〕suppression due à la sapience

Quand la douleur est définitivement arrêtée, on dit qu'il y a **suppression due à la sapience** (*pratisaṃkhyānirodha*). Qu'est-ce que la douleur? Toute la transmigration (*saṃsāra*). Le Bienheureux (*bhagavat*) a dit : «Sachez, ô moines (*bhikṣu*) qu'à la naissance de toute existence on peut dire qu'il y a douleur (*duḥkha*)». Existence est ici synonyme de transmigration (*saṃsāra*). Si l'existence ne doit plus naître, on parlera d'une suppression définitive de la douleur. Ledit ***pratisaṃkhyānirodha*** empêche la douleur de naître, à l'instar d'une digue qui retient l'eau ou d'une paroi qui retient le vent. *Pratisaṃkhyā* signifie sapience, étant une excellente sagesse (*prajñāviśeṣa*). La suppression (*nirodha*) obtenue par la sapience (*pratisaṃkhyā*) continuellement exercée (*abhīkṣṇam*) à l'endroit des quatre vérités saintes (*caturāryasatya*), voilà ce qu'on nomme **«*pratisaṃkhyānirodha*»**.

（VELTHEM［1977］p. 75）

75. apratisaṃkhyānirodha

【七十五法】pp. 197–200【百法】pp. 290–293【パーリ文献】なし

Madhyamakapañcaskandhaka

【訳例】考察によらない抑止
【チベット語訳】so sor ma brtags pa'i 'gog pa

【定義的用例】

〔和訳〕

考察によらない抑止とは何か。抑止であるが、〔有漏の諸法から〕離れることではない。

〔チベット語訳〕

[a]...**so sor ma brtags pa'i 'gog pa** gaṅ źe na / gaṅ 'gog pa la (1'bral ba1) ma yin pa'o...[a] //

1) *'brel pa* C

[a] PSk: apratisaṅkhyānirodhaḥ katamaḥ / yo nirodhaḥ / na ca visaṃyogaḥ / sa punar yo vinā kleśapratipakṣeṇa skandhānām atyantam anutpādaḥ / (p. 19, *ll*. 1–3)

AS: so sor brtags pa ma yin pa'i 'gog pa gaṅ źe na / gaṅ 'gog la bral ba ma yin pa'o // (D 54a5, P 62b5–6, サンスクリット欠)

（C 263a3, D 266b3–4, G 365a4, N 294b6, P 305a8; Lindtner［1979］p. 145, *ll*. 5–6, Zh, vol. 60, p. 1600, *ll*. 15–16）

参考文献（1）

Munimatālaṃkāra

【原語】apratisaṃkhyānirodha
【チベット語訳】so sor brtags min gyi 'gog pa

【定義的用例】

〔原文〕

anyo **'pratisaṃkhyānirodho** yo hetuvaikalyena tadyathā nirupadhiśeṣo nirvāṇadhātur ātyantikaskandhaprabandhavicchittilakṣaṇaḥ //

（李・加納［2015］p. 39, *ll*. 5–6）

〔チベット語訳〕

gźan **so sor brtags min gyi 'gog pa** ni gaṅ rgyu daṅ rkyen ma tshaṅ ba ste / 'di ltar phuṅ po lhag ma med pa'i mya ṅan las 'das pa'i dbyiṅs phuṅ po'i 'chiṅ ba śin tu[1] chad pa'i mtshan ñid can no //

[1] *du* NP

（C 136b7–137a1, D 137a5–6, G 217a3–4, N 159a5, P 164b8–165a1; AKAHANE and YOKOYAMA［2015］p. 124, *ll*. 15–17, 磯田［1991］p. 10, *ll*. 33–35, Zh, vol. 63, p. 1212, *ll*. 10–12）

【先行研究における翻訳】

〔原文からの和訳〕

それ以外の**非択滅**とは、〔諸法が生じるための〕因を欠くことによる〔滅である〕。すなわち、無余依涅槃界のことであり、蘊とのつながりの究極的な切断を定義的特質とする。

（李ほか 近刊予定）

参考文献（2）

Abhidharmāvatāra

【チベット語訳】so sor brtags pa ma yin pas 'gog pa
【漢訳】非擇滅

【定義的用例】

〔チベット語訳〕

so sor brtags pas 'gog pa las gźan pa / ma 'oṅs pa'i chos kyi[1] skye ba la gtan du bgegs su gyur pa'i chos so sor brtags pas [2] 'gog pa med par rkyen ma tshaṅ ba ñid kyis thob pa gaṅ yin pa de ni [3] **so sor brtags pa ma yin pas 'gog pa** źes bya ste / …

[1] om. CD [2] GNP insert /. [3] CD insert /.

（C 324a2–3, D 323a2–3, G 521b3–4, N 428b3–4, P 416b6–8; Dhammajoti［2008］p. 262, *ll*. 2–5, Zh, vol. 82, p. 1599, *ll*. 13–16）

〔漢訳〕

非擇滅者謂有別法畢竟障礙未來法生。但由闕縁非由擇得。

（T, vol. 28, 989a4–5）

【先行研究における翻訳と訳例】

〔チベット語訳からの和訳〕

択滅と別なる、未来法の生ずるのを徹底的に障げる atyantapratibandha 法であって、択〔すなわち慧〕によっての滅では無く、ただ縁が欠けることだけによって、得られるところの〔滅〕が**非択滅** apratisaṃkhyānirodha といわれる。

（櫻部［1997］p. 239）

〔漢訳からの英訳〕cessation independent of deliberation

The **cessation independent of deliberation** (*apratisaṃkhyā-nirodha*) is a distinct *dharma* (*dharmāntara*) which absolutely obstructs (*atyantavighna-bhūta*) the production of a future *dharma*. It is acquired simply by the deficiency in the conditions (*pratyayavaikalyāt*) [necessary for the production of the *dharma*], not through deliberation (*na pratisaṃkhyayā labhyate*).

（Dhammajoti［2008］p. 127）

〔漢訳からの仏訳〕suppression non due à la sapience

Il s'agit d'un dharma particulier qui fait définitivement obstacle (*atyantavighna*) à la naissance des dharma futurs (*anāgatadharmotpatti*). On l'obtient seulement à cause d'une insuffisance des conditions (*pratyayavaikalya*) et point à cause de la sapience (*pratisaṃkhyā*).

（Velthem［1977］p. 78）

索引 Index

以下に示すのは本用例集で見出し語となっている七十五法対応語のサンスクリット、チベット語訳、漢訳の索引である。ただし、サンスクリットでは『牟尼意趣荘厳』から想定される原語と異なる見出し語を用いる場合（例えば、spṛśya と spraṣṭavya）があり、チベット語訳ではテキスト間で訳語が異なる場合があるが、サンスクリットとチベット語訳の索引では、それらすべての語について該当する頁数を示した。漢訳の索引では『入阿毘達磨論』の漢訳で用いられる七十五法対応語の訳語について該当する頁を示した。

サンスクリット Sanskrit

A

adveṣa **136**–139, 219
adhimokṣa **107**–110
anapatrāpya **169**, 171
anityatā **266**, 268
apatrapā 129
apatrāpya **129**, 131
apratisaṃkhyānirodha **288**–290
apramāda **146**–149, 154, 156
aprāpti 233, **236**, 238
alobha **132**–135
avijñapti **45**, 47–48, 52–55
avidyā **150**, 152–153
avihiṃsā **140**, 142
asaṃjñisamāpatti 243, 245, **246**–249

Ā

ākāśa **281**–283
āśraddhya 114, **159**–160
āsaṃjñika **242**–245
āhrīka 167
āhrīkya **166**, 168–169

Ī

īrṣyā **181**–184

U

upanāha **201**–203
upekṣā 63, 66–67, 71–73, **122**–125

AU

auddhatya **164**–165

K

kāya 10, 13, 16, **17**–19, 31, 48, 56, 58, 62–63, 72, 144, 162–164, 199–200, 209
kāyendriya **17**–18, 41, 56, 63

kaukṛtya **204**–206
kauśīdya 119, **157**–158
krodha **172**–174, 219

G

gandha **32**–35, 56, 81

GH

ghrāṇa 10, **11**–13, 16, 19, 56, 63
ghrāṇendriya **11**–12, 56, 63

C

cakṣurindriya . . . **2**, 4, 5, 8, 11, 14, 17, 56, 63, 91
cakṣus **2**, 4–7, 8, 11, 14, 17, 56, 61, 63, 67, 72, 91
cetanā 45–46, 48–49, 62, **82**–85, 86, 188–190

CH

chanda **86**, 88–90, 241

J

jarā **263**–265
jāti **257**, 259, 286
jihvā 10, 13, **14**, 16, 19, 56, 63
jihvendriya **14**–15, 56, 63
jīvitendriya **254**, 256

N

nāmakāya 74, **269**–270, 272, 276, 279
nirodhasamāpatti **250**–253

P

padakāya 272, **273**, 276, 279
prajñā 67, **96**–97, 99, 135, 139, 228–229, 285, 287
pratigha 136–138, 172, **219**, 221
pratisaṃkhyānirodha **284**–287
pradāśa **185**–187
pramāda 148–149, **154**, 156
praśrabdhi **143**–145
prāpti 146, **232**–233, 235, 236

M

mada **198**, 200
manaskāra 2, 4, 86, **103**–104, 106, 107–108, 246, 250
māna **222**–227
māyā **192**–194
mātsarya **178**, 180
middha 144, **207**–209
mrakṣa **175**–177

R

rasa **36**–38, 56, 81
rāga 58, 66, **217**–218, 235, 246–247, 250–251
rūpa 2, 4, 6, 7, 8, 11, 14, 17, **20**–21,

24–25, 45, 47–48, 53–55, 56, 61, 76, 81, 200, 224, 227, 269, 271–272, 281–282

V

vicāra 67, 80–81, **214**–216
vicikitsā **228**–231
vijñāna 2, 4, 6–7, 25, 31, 35, 38, 47–48, **56**, 58, 60–61, 62, 66–67, 72–73, 74–76, 81, 82–83, 86, 89, 91–92, 94, 103, 107, 207, 210–213, 214, 216
vitarka 62, 80–81, **210**–213, 214
vihiṃsā 140, 172–174, **188**–191
vīrya 90, **119**–121, 157–158
vedanā 61, **62**, 66–68, 71–73, 81, 92, 94–95
vyañjanakāya 272, 276, **277**, 279

Ś

śabda 2, 4, **26**–28, 30–31, 46, 56, 76, 81, 269
śāṭhya **195**–197
śraddhā 62, 67, **114**–118, 159–160, 235
śrotra 3, **8**–11, 13, 14, 16, 17, 19, 56, 63
śrotrendriya . . . 3, **8**–9, 11, 14, 17, 56, 63

S

saṃjñā 4, **74**, 76, 80–81, 212–213, 246–249, 250–251, 272, 276, 280
sabhāgatā **239**–241
samādhi 53, 55, 103–105, **111**–113, 143
sthiti **260**, 262
styāna 143–145, **161**–163
sparśa 67, 71–72, 81, **91**–92, 94
spṛśya 40–41
spraṣṭavya 2, **39**–40, 43–44, 56
smṛti **100**–102, 195

H

hrī **126**–128, 166

チベット語訳 Tibetan Translation

K

skal ba mñam pa **239**
skal ba mñam pa ñid 240
skye ba **257**–258

KH

khoṅ khro (ba) 136–138, **219**–220
khon du 'dzin pa **201**–202
khrel med pa **169**–170
khrel yod (pa) **129**–130
khro ba **172**–174
'khon du 'dzin pa **201**–202

G

'gog pa'i sñoms par 'jug pa **250**–252
'gyod pa **204**–205
rga ba **263**–264
rgod pa **164**–165
rgyags pa **198**–199
sgyu **192**–194
sgra 3, **26**–29, 57, 77, 270

Ṅ

ṅa rgyal **222**–226
ṅo tsha 126–127
ṅo tsha med pa **166**–168
ṅo tsha śes pa **126**–127

C

lce **14**–15, 65, 70
lce'i dbaṅ po 10, 13, **14**–16, 19, 57

CH

'chab pa **175**–176

Ñ

gñid 144, **207**–208

T

tiṅ ṅe 'dzin 51, 104, **111**–112, 143
btaṅ sñoms 65, 68, 70, **122**–124
rtog pa 64, 211–212

TH

the tshom **228**–230
thob pa **232**–233
'thob pa 234
'thob pa med pa 237

D

dad pa 64, 67, **114**–116, 234
dus che ba 186
dran pa **100**–101
dri **32**–34, 57, 79

'du śes **74**–77, 79, 212, 246–248, 250–251
'du śes med pa (pa) **242**–244
'du śes med pa'i sñoms par 'jug pa . . . 243, **246**–248
'dun pa **86**–89
'dod chags **217**–218, 234, 246–248, 250–252
'dod chags med pa 133

N

nam mkha' **281**–283
gnas pa **260**–261
rna ba 4, **8**–10, 11, 14, 17, 65, 70
rna ba'i dbaṅ po **8**–10, 13, 16, 19, 57
rnam par rtog pa 79, **210**
rnam par mi 'tshe ba **140**–141
rnam par 'tshe ba 172, 174, **188**–191
rnam par rig byed ma yin pa **45**–51
rnam par śes pa 3, 6, 23, 29, 34, 37, 42, 46, 48, **56**–60, 64–65, 67–68, 70, 75, 77, 79, 82–83, 87, 89, 91–92, 94, 103–104, 107, 207–208, 210–212, 214, 216
sna **11**, 13, 65, 70
sna'i dbaṅ po 10, **11**–13, 16, 19, 57

P

dpyod pa **214**–216

PH

phrag dog **181**–182

B

bag med pa 148, **154**–155
bag yod (pa) **146**–148, 154

M

ma chags pa **132**, 134
ma thob pa **236**–237
ma dad pa 115, **159**
ma rig pa **150**–152
mi rtag pa **266**–267
mi rtag pa ñid **266**–267
mig **2**–6, 8, 11, 14, 17, 59, 65, 68, 70, 91, 93
mig gi dbaṅ po **2**–5, 57
miṅ gi tshogs **269**–270, 274, 278
mos pa **107**–109
rmugs pa 143–144, **161**–162

TS

brtson 'grus 90, **119**–120

TSH

tshig gi tshogs **273**–274
tshor ba **62**, 64–70, 79, 92–93
'tshig pa **185**–186

Ź

źe sdaṅ med pa **136**–138

Z

gzugs 3–4, 6, 8, 11, 14, 17, **20**–23, 57, 59, 91, 270

Y

yi ge'i tshogs 270, 274, **277**–278
yid la byed pa 3, 87, **103**–105, 107–108, 246–247, 250–251
g-yo **195**–197

R

rigs mthun pa ñid 239–240
reg pa 70, **91**–94
reg bya 3, **39**–42, 57
ro **36**–37

L

lus **17**–18, 65, 70
lus kyi dbaṅ po 10, 13, 16, **17**–19, 41, 57
le lo 119, **157**

Ś

śin tu sbyaṅs pa **143**–145
śes rab 67, **96**–98, 228–229, 285

S

sems pa 48, 64, **82**–84, 87
ser sna **178**–179
so sor brtags pa ma yin pas 'gog pa 289–290
so sor brtags pa'i 'gog pa **284**
so sor brtags pas 'gog pa 284–286
so sor brtags min gyi 'gog pa . . . 288–289
so sor ma brtags pa'i 'gog pa **288**
srog gi dbaṅ po **254**–255

漢訳 Chinese Translation

あ

惡作（あくさ、おさ）............205
恚（い）.......................221
慧（え）.......................98
誑（おう）.................193–194

か

害（がい）............174, 190–191
愧（き）......................130
疑（ぎ）.................229–230
憍（きょう）...............199–200
輕安（きょうあん）.........144–145
句身（くしん）.....271, 274–275, 279
懈怠（けだい）............157–158
慳（けん）....................179
眼（げん）................6, 60, 70
香（こう）..................33–34
虚空（こくう）............282–283
恨（こん）................202–203
惛沈（こんじん）.......145, 162–163

さ

作意（さい）..................105
慚（ざん）................127–128
思（し）.......................84
伺（し）...............79, 215–216
色（しき）.......6, 22–23, 51, 60, 271
識（しき）.....6, 23, 29, 34, 38, 59–60, 70, 79, 94, 212, 216
嫉（しつ）................182–183
捨（しゃ）................70, 124
受（じゅ）.........60, 69–70, 79, 94
住（じゅう）..................261
衆同分（しゅどうぶん）.....240–241
聲（しょう）...............29, 79
生（しょう）..................258
勝解（しょうげ）..............109
精進（しょうじん）...90, 120–121, 157
定（じょう）..............112–113
掉擧（じょうこ）..............165
身（しん）.........10, 13, 16, 18–19
信（しん）........116–117, 159, 234
尋（じん）.................79, 212
睡眠（すいめん）...........51, 208
舌（ぜつ）.........10, 13, 15–16, 19
想（そう）.............79, 212, 248
觸（そく、spraṣṭavya）.....42–43, 79
觸（そく、sparśa）........70, 93–94

た

擇滅（ちゃくめつ）........285–286
諂（てん）................196–197
得（とく）....................234
貪（とん）................218, 234

な

耳（に）..............10, 13, 16, 19
念（ねん）................101–102
惱（のう）................186–187

は

鼻（び）..............10, 13, 16, 19

非擇滅（ひちゃくめつ）.....289–290
非得（ひとく）.................237
不害（ふがい）.............141–142
覆（ふく）.................176–177
不信（ふしん）.............159–160
不放逸（ふほういつ）.......148, 155
忿（ふん）....................174
放逸（ほういつ）...........148, 155

ま

慢（まん）.................225–227
味（み）..................37–38, 79
命根（みょうこん）.............255
名身（みょうしん）.....270–271, 275, 279
無愧（むき）..................170
無慚（むざん）.............167–168
無常（むじょう）...............267
無瞋（むしん）.................138
無想事（むそうじ）.........243–244
無想定（むそうじょう）.......244, 247–248
無貪（むとん）.................134
無表（むひょう）.............50–51
無明（むみょう）...........151–152
滅（めつ）....................267
滅定（めつじょう）.............252
文身（もんしん）........271, 275, 278–279

や

欲（よく）..................89–90

ら

老（ろう）.....................264

『中観五蘊論』における五位七十五法対応語—仏教用語の現代基準訳語集および定義的用例集—バウッダコーシャ IV〔インド学仏教学叢書 20〕

2017年3月15日　初版第一刷発行
著　者　宮崎　泉（代表）
横山　剛　岡田英作
高務祐輝　林　玄海
発行者　インド学仏教学叢書
編集委員会
代表　蓑輪顕量
〒113-0033 東京都文京区本郷 7-3-1
東京大学文学部インド哲学仏教学研究室内
発売所　山喜房佛書林
〒113-0033 東京都文京区本郷 5-28-5
電話 03-3811-5361

ISBN 978-4-7963-0280-7